21世纪高等教育金融学精讲教程

THE ESSENCE OF ACCOUNTING FOR FINANCIAL INSTITUTIONS

# 金融企业会计精讲

李晓梅 编著

FINANCE

东北财经大学出版社·大连
Dongbei University of Finance & Economics Press

图书在版编目（CIP）数据

金融企业会计精讲 / 李晓梅编著 . —大连 ：东北财经大学出版社，2015.2
（21 世纪高等教育金融学精讲教程）
ISBN 978-7-5654-1811-2

Ⅰ. 金… Ⅱ. 李… Ⅲ. 金融企业-会计-高等学校-教材 Ⅳ. F830.42

中国版本图书馆 CIP 数据核字（2015）第 015019 号

东北财经大学出版社出版
（大连市黑石礁尖山街 217 号 邮政编码 116025）
教学支持：（0411）84710309
营 销 部：（0411）84710711
总 编 室：（0411）84710523
网 址：http://www.dufep.cn
读者信箱：dufep@dufe.edu.cn

大连图腾彩色印刷有限公司印刷 东北财经大学出版社发行

幅面尺寸：170mm×230mm 字数：412 千字 印张：22 1/4 插页：1
2015 年 2 月第 1 版 2015 年 2 月第 1 次印刷

责任编辑：郭 洁 责任校对：孙 萍
封面设计：张智波 版式设计：钟福建

定价：35.00 元

本教材得到中央财经大学
“会计类专业群（改革试点）”
项目资助

# 前言

本书是作者2014年初出版的《金融会计》的精讲版本。

《金融会计》一书根据财政部2006年发布的《企业会计准则》及相关的解释类规范，以及中国人民银行及金融行业发布的其他内部规范，主要对我国中央银行、商业银行及各主要非银行金融企业（保险企业除外）的重要业务的会计核算进行较为系统的说明。

而本书的重点则在于金融企业——商业银行、证券公司、基金公司等的会计核算内容。力求以简洁的篇幅承载丰富的内容，通过清晰的架构和流畅的阐述，体现我国金融改革、会计改革及会计信息化在金融企业中的最新成果，力求通过凭证展示、流程图解、例题、练习等形式，凸显实务操作性，增强可用性。

相信本书的出版会给不同层次、不同需要的读者以更多选择的空间。

本书在写作过程中参阅了许多国内外相关资料（见参考文献），在此对这些文献的作者表示感谢。

由于编者水平有限，书中难免出现疏漏甚至错误，恳请读者批评指正。

**李晓梅**

2014年岁尾

# 目录


第一章 金融企业会计概述……1
学习目标……1
第一节 金融企业的组成与基本职能……1
第二节 金融企业会计对象和目标……3
第三节 金融企业会计规范……4
第四节 基本核算方法……7
本章小结……17
关键概念……18
思考与应用……18
附录1 证券投资基金和期货公司增设会计科目表……18
附录2 商业银行基本凭证示例……20
附录3 明细核算与综合核算账、表格式示例……23
第二章 存款业务核算……27
学习目标……27
第一节 存款业务概述……27
第二节 单位存款的核算……30
第三节 储蓄存款业务的核算……32
第四节 存款利息的计算……36
本章小结……42
关键概念……42

思考与应用 …… 42
第三章　贷款业务核算 …… 44
学习目标 …… 44
第一节　贷款业务概述 …… 44
第二节　贷款业务的核算 …… 47
第三节　贴现业务的核算 …… 55
本章小结 …… 59
关键概念 …… 59
思考与应用 …… 59
第四章　国内支付结算业务核算 …… 60
学习目标 …… 60
第一节　国内支付结算业务概述 …… 60
第二节　票据结算业务的核算 …… 63
第三节　结算方式的核算 …… 82
第四节　信用卡的核算 …… 91
第五节　国内信用证的核算 …… 96
本章小结 …… 106
关键概念 …… 106
思考与应用 …… 106
第五章　外汇业务核算 …… 108
学习目标 …… 108
第一节　外汇业务概述 …… 108
第二节　外汇买卖业务的核算 …… 113
第三节　外汇存贷款业务的核算 …… 117
第四节　国际结算业务的核算 …… 129
本章小结 …… 142
关键概念 …… 142
思考与应用 …… 142
第六章　银行间支付清算业务核算 …… 144
学习目标 …… 144
第一节　支付清算业务概述 …… 144
第二节　中国人民银行大额实时支付系统的核算 …… 148
第三节　中国人民银行小额批量支付系统的核算 …… 156

第四节 银行业金融机构行内支付系统的核算…… 163
**本章小结**…… 168
**关键概念**…… 168
**思考与应用**…… 168
**第七章 中间业务的核算**…… 169
**学习目标**…… 169
第一节 中间业务概述…… 169
第二节 担保类业务的核算…… 173
第三节 承诺类业务的核算…… 175
第四节 衍生工具的核算…… 177
**本章小结**…… 189
**关键概念**…… 189
**思考与应用**…… 189
**第八章 证券公司会计**…… 190
**学习目标**…… 190
第一节 证券公司业务概述…… 190
第二节 自营证券业务的核算…… 192
第三节 证券经纪业务的核算…… 198
第四节 证券承销业务的核算…… 203
第五节 其他证券业务的核算…… 206
**本章小结**…… 209
**关键概念**…… 209
**思考与应用**…… 210
**第九章 信托投资公司会计**…… 211
**学习目标**…… 211
第一节 信托及信托业务的种类…… 211
第二节 信托存款与委托存款业务的核算…… 213
第三节 信托贷款与委托贷款业务的核算…… 216
第四节 信托投资与委托投资业务的核算…… 219
第五节 其他信托业务的核算…… 223
**本章小结**…… 225
**关键概念**…… 225
**思考与应用**…… 226

第十章　租赁公司会计…… 227
学习目标…… 227
第一节　租赁业务概述…… 227
第二节　经营租赁业务的核算…… 229
第三节　融资租赁业务的核算…… 231
第四节　其他租赁业务简介…… 240
本章小结…… 243
关键概念…… 243
思考与应用…… 243
第十一章　期货经纪公司会计…… 245
学习目标…… 245
第一节　期货经纪公司业务概述…… 245
第二节　商品期货业务的核算…… 248
本章小结…… 261
关键概念…… 261
思考与应用…… 261
第十二章　证券投资基金会计…… 263
学习目标…… 263
第一节　证券投资基金概述…… 263
第二节　证券投资基金发行及增减变动的核算…… 267
第三节　证券投资基金投资业务的核算…… 270
第四节　证券投资基金损益的核算…… 285
本章小结…… 290
关键概念…… 290
思考与应用…… 290
第十三章　损益和所有者权益核算…… 291
学习目标…… 291
第一节　收入的核算…… 291
第二节　费用的核算…… 296
第三节　利润的核算…… 300
第四节　所有者权益的核算…… 304
本章小结…… 313
关键概念…… 313

**思考与应用** …… 313
**第十四章　财务报告** …… 314
**学习目标** …… 314
第一节　企业财务报告概述 …… 314
第二节　商业银行财务报告 …… 316
第三节　其他金融企业的财务报告 …… 332
**本章小结** …… 343
**关键概念** …… 343
**思考与应用** …… 343
**参考文献** …… 344

# 第一章 金融企业会计概述

## 学习目标

1. 了解我国金融企业的组成和基本职能
2. 熟悉金融企业会计对象和目标
3. 掌握会计信息质量特征
4. 掌握金融企业会计的基本核算方法

## 第一节 金融企业的组成与基本职能

### 一、金融企业的组成

金融企业是金融机构的重要组成部分。金融机构通常由银行和非银行金融机构组成。

银行是以存款、贷款、汇兑及储蓄等业务承担信用中介的金融机构。现代银行按其在市场经济发展过程中的经济功能和作用划分，可分为中央银行、商业银行和其他专业银行三种类型，其中商业银行是典型的金融企业。

商业银行是以营利为目，以多种金融负债筹集资金，并以多种金融资产为经营对象，具有信用创造功能的金融机构。商业银行是现代金融体系的主体，它是依照公司法设立的吸收存款、发放贷款、办理结算等金融业务而获取利润的企业法人。商业银行是银行体系中的重要组成部分。

非银行金融机构是指除商业银行以外的其他的金融企业，统称为非银行金融机构或金融公司，包括保险公司、证券公司、信托投资公司、租赁公司、基金管理公司、期货公司、财务公司等。

商业银行和非银行金融机构共同构成了金融企业。

## 二、我国金融企业的基本职能

### （一）商业银行（也称银行业金融机构）

我国商业银行是自主经营、独立核算、自担风险、自负盈亏、自我约束、自我发展的具有法人地位和权利的金融企业，以利润为经营目标，以流动性、安全性、效益性为经营原则。商业银行的主要经营业务有：吸收公众存款；发放短、中、长期贷款；办理国内外结算；办理票据贴现；发行金融债券；买卖政府债券；从事同业拆借；买卖外汇；提供信用证服务及担保；代理保险业务；提供保险箱服务以及经中国人民银行批准的其他业务。

### （二）保险公司

保险公司是经营保险业务和投资业务的经济组织，其主营业务是保险业务，具体包括财产保险、人身保险和再保险。保险公司的投资业务是指保险公司在组织经济补偿或给付保险金的经营过程中，将收取的保险费积聚起来形成保险资金，并按规定用于投资使之增值的业务活动。

### （三）证券公司

我国的证券公司分为两类，即综合类证券公司和经纪类证券公司。综合类证券公司的业务包括证券经纪业务、证券自营业务、证券承销业务和经国务院证券监督管理机构核定的其他证券业务。经纪类证券公司只允许专门从事证券经纪业务，即只能专门从事代理客户买卖股票、债券、基金、可转换债券、认股权证等业务。

### （四）信托投资公司

信托投资公司是专门从事信托投资业务的公司，目前主要业务有：信托业务，如信托存款、信托贷款和信托投资等；委托业务，如委托存款、委托贷款和委托投资等；代理业务，如代理保管、代理收付、代理有价证券的发行和买卖、信用担保等；咨询业务，如资信咨询、项目可行性咨询、投资咨询和金融咨询等。

### （五）租赁公司

租赁公司是从事金融租赁业务的公司，其主要业务有：动产和不动产的租赁、转租赁和回租赁业务；各种租赁业务所涉及标的物的购买业务；出租物和抵偿租金产品的处理业务；向金融机构借款及其他融资业务；吸收特定项目下的信托存款；租赁项目下的流动资金贷款业务；外汇业务等。

### （六）基金管理公司

基金管理公司是依据法律、法规和基金契约，负责基金的经营和管理操作的公司。其主要业务有：证券投资基金的发行和赎回；管理和运用证券投资基金从事股票、债券等金融工具的投资等。

（七）财务公司

财务公司是由企业集团内部集资组建的，主要为集团内部成员筹集和融通资金、提供金融服务的公司。其主要业务有：存贷款、结算、票据贴现、融资租赁、投资、委托及代理发行有价证券等。

## 第二节　金融企业会计对象和目标

金融企业会计是一种特殊行业的专门会计，是根据会计学的基本原理和基本方法，针对金融业务的工作特点而制定的特种会计，适用于金融系统的会计核算和经营管理。

### 一、金融企业会计对象

会计对象是指会计所要核算和监督的内容。一般来说，会计主体能以货币表现的经济活动即价值运动是广泛和抽象意义上的会计对象。

为了便于确认、计量、记录和报告，必须按照经济业务不同方面的影响而将其分为不同的内容，即对会计对象的具体内容进行初次分类，这就形成了会计要素。按照我国《企业会计准则》的规定，会计要素分为资产、负债、所有者权益、收入、费用、利润六项。

金融企业会计对象从总体上看，依然是资金运动所体现的六大会计要素，但金融企业的资金运动形式区别于其他企业的资金运动形式。

就银行而言，其资金运动形式表现为：社会货币资金→银行信贷资金→社会货币资金。银行对信贷资金的经营主要体现为吸收存款和发放贷款，因此贷款是银行最主要的资产，存款是其最主要的负债；贷款获得的利息收入是银行最主要的营业收入，而存款发生的利息支出是银行最主要的经营成本。此外，各项中间业务形成的手续费及佣金收支也是构成银行收入、费用的重要内容。将一定时期的收入与费用相配比，就形成了银行的利润。

非银行金融机构与商业银行的会计要素在分类上相同，但在内容上有所不同。非银行金融机构的资金来源主要是发行股票、债券等，且主要从事非贷款的其他金融业务，如保险、信托、租赁等。

### 二、金融企业会计目标

《企业会计准则——基本准则》明确规定，企业财务报告的目标是向财务会计报告使用者提供与企业财务状况、经营成果和现金流量有关的会计信息，反映企业管理层受托责任履行情况，有助于财务会计报告使用者做出经济决策。财务会计报告使用者包括投资人、债权人、政府及有关部门和社会公众等。

保护投资者利益是市场经济发展的必然，金融企业的投资者关心其投资的风险与报酬，他们需要会计信息来帮助他们做出有关投资的决策；债权人关心债务企业的偿债能力和财务风险，他们需要财务信息对金融企业的还本付息能力做出合理的评估；政府及有关部门需要金融企业的财务信息来监管其业务活动、制定税收政策、进行收税征管和国民经济统计等；社会公众也关心金融企业对所在地经济做出的贡献，如环境友好、增加就业、提供社区服务等。

现代企业制度强调企业所有权和经营权相分离，金融企业管理层受出资人之托经营管理金融企业，负有受托责任。财务报告应当反映金融企业管理层受托责任的履行情况，这样才有助于外部投资者和债权人等评价金融企业的经营管理责任和资源使用的有效性。

## 第三节　金融企业会计规范

### 一、现行金融企业会计规范

2006 年，《企业会计准则》（以下简称新会计准则）全面发布，要求自 2007 年 1 月 1 日起在上市公司范围内实施，同时鼓励其他企业执行。同年，中国银监会发布《关于银行业金融机构全面执行〈企业会计准则〉的通知》，要求已经上市的银行业金融机构全面执行新准则；政策性银行、中国农业银行、非上市的股份制银行、中国邮政储蓄银行、城市商业银行、信托公司、财务公司、金融租赁公司、汽车金融公司、货币经纪公司、外资银行等从 2008 年起按照新会计准则编制财务报告；农村商业银行、农村合作银行、农村信用社、城市信用社、三类新型农村金融机构等从 2009 年起按照新会计准则编制财务报告，具备条件的可以提前执行；金融资产管理公司待转制完成后的次年按新会计准则编制财务报告，但不得晚于 2009 年。

对于其他金融公司，相关监管机构也陆续发布了执行准则的细则等规范。根据中国证监会《关于基金管理公司及证券投资基金执行〈企业会计准则〉的通知》的要求，中国证券业协会制定并发布了《证券投资基金会计核算业务指引》，要求自 2007 年 7 月 1 日起实施。同年，根据证监会《关于期货经纪公司执行〈企业会计准则〉有关新旧衔接事宜的通知》，中国期货业协会组织期货公司制定了《期货公司会计科目设置及核算指引》这一自律规则，协会要求各会员单位在执行《企业会计准则》的相关会计核算业务中遵照执行。为提高信托业务有关会计信息的质量和可比性，完善信托业务风险管理，银监会决定自2010年1月1日起，信托公司对信托业务的会计核算执行新会计准则。

## 二、金融企业会计的基本前提

会计的基本前提（或称基本假设）是指会计人员为了实现会计目标，而对错综复杂、变化不定的会计环境所做出的合乎情理的假定。金融企业会计的四个基本前提分别是：会计主体、持续经营、会计分期、货币计量。

（一）会计主体

会计主体是指会计工作为之服务的特定单位或组织，是会计工作特定的空间范围。凡是有能力拥有资源、承担义务、独立或相对独立的特定单位或组织，都可以且需要进行独立核算，成为一个会计主体。会计主体可以是一个企业，也可以是若干家企业通过控股关系组织起来的集团公司。一个会计主体可能包括几个会计主体，如总公司和分公司；几个会计主体也可合并为一个会计主体，如联营公司。

（二）持续经营

持续经营是指会计主体的业务经营活动能够按照既定目标持续不断地经营下去。只有在持续经营的前提下，资金才能实现周而复始的循环与周转，会计人员才能分期记账，定期进行财务报告，会计处理方法才能保持一致性和稳定性，才能以权责发生制为基础确定本期的收益和费用，解决资产计价和负债偿还等问题。

（三）会计分期

会计分期是指将会计主体的持续经营活动人为地分割为一定的期间，分期结算账目，报告财务状况，以满足有关各方对财务信息的需求。我国《企业会计准则》规定，会计分期按公历起讫日期分为年度、半年度、季度和月度。会计分期前提解决了会计核算和监督的时间范围问题。

（四）货币计量

货币计量是指会计信息应以货币为计量尺度。我国金融企业的会计核算以人民币为记账本位币。业务收支以外币为主的企业，可以选定某种外币作为记账本位币，但编制的会计报表应折算为人民币反映。境外企业向国内有关部门报送的会计报表也应折算为人民币反映。

## 三、金融企业会计核算的基础和会计信息质量要求

（一）核算基础——权责发生制

金融企业应以权责发生制为基础进行会计确认、计量和报告。

权责发生制又称应计制，是指凡是当期已经实现的收入和已经发生或应当负担

的费用，不论款项是否收付，都应作为当期的收入和费用；凡是不属于当期的收入和费用，即使款项已在当期收付，也不应作为当期的收入和费用。权责发生制原则主要是解决收入和费用何时予以确认、确认多少的问题。根据权责发生制进行收入和费用的核算，能够更加准确地反映特定会计期间真实的财务状况和经营成果。

（二）会计信息质量特征

《企业会计准则——基本准则》对会计信息有如下质量要求：

1. 客观性。又称真实性，是指金融企业会计核算应当以实际发生的交易或事项为依据，如实地反映其财务状况、经营成果和现金流量。具体包括真实性、可靠性和可验证性三方面含义。

2. 相关性。又称有用性，是指金融企业提供的会计信息应当与信息使用者密切相关，能够满足宏观经济管理的需要，满足各有关方面了解企业财务状况、经营成果和现金流量的需要，满足企业加强内部经营管理的需要。

3. 可比性。又称统一性，是指金融企业应当按照规定的会计处理方法进行会计核算，会计指标应当口径一致，相互可比。可比的含义主要是：横向上，本企业与其他同性质企业的会计信息可比；纵向上，本企业现时资料与历史资料可比。

4. 及时性。是指金融企业的会计核算应当及时进行，不得提前或延后。会计信息的价值在于帮助信息使用者做出经济决策，具有时效性。为保证会计信息的及时性，务必做到三点：及时收集会计信息，及时对会计信息进行加工处理，及时传递会计信息。

5. 明晰性。是指金融企业的会计核算应当清晰明了，便于理解和运用。明晰性原则作为会计信息的重要质量特征，要求在会计核算中，会计记录应当准确清晰，凭证填制、账簿登记应当依据合法，账户对应关系清楚，文字摘要完整，会计报表应做到项目完整、数字准确、勾稽关系清楚。

6. 谨慎性。又称稳健性，是指金融企业的会计核算应当认真、谨慎，不得多计资产或收益，也不得少计负债或费用。谨慎性原则是针对经济活动中的不确定因素，要求在会计处理上保持小心谨慎的态度，充分考虑到可能发生的风险和损失，当某些经济业务或会计事项存在不同会计处理程序和方法时，在不影响合理反映的情况下，尽可能选择不虚增利润或夸大所有者权益的会计处理程序和方法，以便对防范风险起到预警作用。

7. 重要性。是指金融企业在会计核算中对不同的交易或事项应当区别对待，根据其重要程度，采用不同的处理方法。它要求对资产、负债、损益等有较大影响，进而影响财务会计报告使用者做出合理判断的重要会计事项，必须按规定的会计方法和程序进行处理，并在财务会计报告中予以充分准确地披露；对于次要的会计事项，在不影响会计信息真实性和不至于误导财务会计报告使用者做出正确判断的前提下，可适当简化处理。

8. 实质重于形式。是指金融企业应当按照交易或事项的实质和经济现实进行会计核算，不应当仅仅以它们的法律形式作为会计核算的依据。实际工作中，交易或事项的外在法律形式或人为形式并不总能完全反映其实质内容，此原则能够保证会计核算信息与客观经济事实相符，从而提高会计信息的质量。

# 第四节　基本核算方法

所谓基本核算方法，是指企业日常会计核算采用的会计科目、记账方法、会计凭证、账簿、账务处理程序、报表等的具体设计和安排。金融企业由于业务类型不同，并没有完全统一的基本核算方法。由于商业银行在凭证使用、账簿设置和账务处理程序方面比较特殊，本章将予以重点介绍。金融公司在基本核算方法上可参照一般企业及商业银行的做法，并结合自身业务特色，组织日常会计核算。

## 一、会计科目的设置及分类

会计科目是对会计对象的具体内容进行分类反映的标志或名称，它是设置账户、分类记载会计事项的工具，也是确定报表项目的基础。

金融企业应依照《企业会计准则指南》（2006）中的科目表规定的科目名称和核算内容设置和使用会计科目，处理经济业务（会计科目表见表 1-1）。

表 1-1　　企业会计科目名称和编号

| 顺序号 | 编号 | 会计科目名称 | | 顺序号 | 编号 | 会计科目名称 | |
|---|---|---|---|---|---|---|---|
| | | 一、资产类 | | 80 | 2202 | 应付账款 | |
| 1 | 1001 | 库存现金 | √ | 81 | 2203 | 预收账款 | |
| 2 | 1002 | 银行存款 | √ | 82 | 2211 | 应付职工薪酬 | √ |
| 3 | 1003 | 存放中央银行款项 | √ | 83 | 2221 | 应交税费 | √ |
| 4 | 1011 | 存放同业 | √ | 84 | 2231 | 应付利息 | √ |
| 5 | 1012 | 其他货币资金 | | 85 | 2232 | 应付股利 | √ |
| 6 | 1021 | 结算备付金 | √ | 86 | 2241 | 其他应付款 | √ |
| 7 | 1031 | 存出保证金 | √ | 87 | 2251 | 应付保单红利 | |
| 8 | 1101 | 交易性金融资产 | √ | 88 | 2261 | 应付分保账款 | |
| 9 | 1111 | 买入返售金融资产 | √ | 89 | 2311 | 代理买卖证券款 | √ |

续表

| 顺序号 | 编号 | 会计科目名称 | | 顺序号 | 编号 | 会计科目名称 | |
|---|---|---|---|---|---|---|---|
| 10 | 1121 | 应收票据 | | 90 | 2312 | 代理承销证券款 | √ |
| 11 | 1122 | 应收账款 | | 91 | 2313 | 代理兑付证券款 | √ |
| 12 | 1123 | 预付账款 | | 92 | 2314 | 代理业务负债 | √ |
| 13 | 1131 | 应收股利 | √ | 93 | 2401 | 递延收益 | |
| 14 | 1132 | 应收利息 | √ | 94 | 2501 | 长期借款 | |
| 15 | 1201 | 应收代位追偿款 | | 95 | 2502 | 应付债券 | √ |
| 16 | 1211 | 应收分保账款 | | 96 | 2601 | 未到期责任准备金 | |
| 17 | 1212 | 应收分保合同准备金 | | 97 | 2602 | 保险责任准备金 | |
| 18 | 1221 | 其他应收款 | √ | 98 | 2611 | 保户储金 | |
| 19 | 1231 | 坏账准备 | √ | 99 | 2621 | 独立账户负债 | |
| 20 | 1301 | 贴现资产 | √ | 100 | 2701 | 长期应付款 | |
| 21 | 1302 | 拆出资金 | √ | 101 | 2702 | 未确认融资费用 | √ |
| 22 | 1303 | 贷款 | √ | 102 | 2711 | 专项应付款 | |
| 23 | 1304 | 贷款损失准备 | √ | 103 | 2801 | 预计负债 | √ |
| 24 | 1311 | 代理兑付证券 | √ | 104 | 2901 | 递延所得税负债 | √ |
| 25 | 1321 | 代理业务资产 | √ | | | 三、共同类 | |
| 26 | 1401 | 材料采购 | | 105 | 3001 | 清算资金往来 | √ |
| 27 | 1402 | 在途物资 | | 106 | 3002 | 货币兑换 | √ |
| 28 | 1403 | 原材料 | | 107 | 3101 | 衍生工具 | √ |
| 29 | 1404 | 材料成本差异 | | 108 | 3201 | 套期工具 | √ |
| 30 | 1405 | 库存商品 | | 109 | 3202 | 被套期项目 | √ |
| 31 | 1406 | 发出商品 | | | | 四、所有者权益类 | |
| 32 | 1407 | 商品进销差价 | | 110 | 4001 | 实收资本 | √ |
| 33 | 1408 | 委托加工物资 | | 111 | 4002 | 资本公积 | √ |
| 34 | 1411 | 周转材料 | | 112 | 4101 | 盈余公积 | √ |
| 35 | 1421 | 消耗性生物资产 | | 113 | 4102 | 一般风险准备 | √ |

续表

| 顺序号 | 编号 | 会计科目名称 | | 顺序号 | 编号 | 会计科目名称 | |
|---|---|---|---|---|---|---|---|
| 36 | 1431 | 贵金属 | √ | 114 | 4103 | 本年利润 | √ |
| 37 | 1441 | 抵债资产 | √ | 115 | 4104 | 利润分配 | √ |
| 38 | 1451 | 损余物资 | | 116 | 4201 | 库存股 | √ |
| 39 | 1461 | 融资租赁资产 | √ | | | 五、成本类 | |
| 40 | 1471 | 存货跌价准备 | | 117 | 5001 | 生产成本 | |
| 41 | 1501 | 持有至到期投资 | √ | 118 | 5101 | 制造费用 | |
| 42 | 1502 | 持有至到期投资减值准备 | √ | 119 | 5201 | 劳务成本 | |
| 43 | 1503 | 可供出售金融资产 | √ | 120 | 5301 | 研发支出 | |
| 44 | 1511 | 长期股权投资 | √ | 121 | 5401 | 工程施工 | |
| 45 | 1512 | 长期股权投资减值准备 | √ | 122 | 5402 | 工程结算 | |
| 46 | 1521 | 投资性房地产 | √ | 123 | 5403 | 机械作业 | |
| 47 | 1531 | 长期应收款 | √ | | | 六、损益类 | |
| 48 | 1532 | 未实现融资收益 | √ | 124 | 6001 | 主营业务收入 | √ |
| 49 | 1541 | 存出资本保证金 | √ | 125 | 6011 | 利息收入 | √ |
| 50 | 1601 | 固定资产 | √ | 126 | 6021 | 手续费及佣金收入 | √ |
| 51 | 1602 | 累计折旧 | √ | 127 | 6031 | 保费收入 | |
| 52 | 1603 | 固定资产减值准备 | √ | 128 | 6041 | 租赁收入 | √ |
| 53 | 1604 | 在建工程 | √ | 129 | 6051 | 其他业务收入 | √ |
| 54 | 1605 | 工程物资 | √ | 130 | 6061 | 汇兑损益 | √ |
| 55 | 1606 | 固定资产清理 | √ | 131 | 6101 | 公允价值变动损益 | √ |
| 56 | 1611 | 未担保余值 | √ | 132 | 6111 | 投资收益 | √ |
| 57 | 1621 | 生产性生物资产 | | 133 | 6201 | 摊回保险责任准备金 | |
| 58 | 1622 | 生产性生物资产累计折旧 | | 134 | 6202 | 摊回赔付支出 | |
| 59 | 1623 | 公益性生物资产 | | 135 | 6203 | 摊回分保费用 | |
| 60 | 1631 | 油气资产 | | 136 | 6301 | 营业外收入 | √ |
| 61 | 1632 | 累计折耗 | | 137 | 6401 | 主营业务成本 | √ |

续表

| 顺序号 | 编号 | 会计科目名称 | | 顺序号 | 编号 | 会计科目名称 | |
|---|---|---|---|---|---|---|---|
| 62 | 1701 | 无形资产 | √ | 138 | 6402 | 其他业务成本 | √ |
| 63 | 1702 | 累计摊销 | √ | 139 | 6403 | 营业税金及附加 | √ |
| 64 | 1703 | 无形资产减值准备 | √ | 140 | 6411 | 利息支出 | √ |
| 65 | 1711 | 商誉 | √ | 141 | 6421 | 手续费及佣金支出 | √ |
| 66 | 1801 | 长期待摊费用 | √ | 142 | 6501 | 提取未到期责任准备金 | |
| 67 | 1811 | 递延所得税资产 | √ | 143 | 6502 | 提取保险责任准备金 | |
| 68 | 1821 | 独立账户资产 | | 144 | 6511 | 赔付支出 | |
| 69 | 1901 | 待处理财产损溢 | √ | 145 | 6521 | 保单红利支出 | |
| | | 二、负债类 | | 146 | 6531 | 退保金 | |
| 70 | 2001 | 短期借款 | √ | 147 | 6541 | 分出保费 | |
| 71 | 2002 | 存入保证金 | √ | 148 | 6542 | 分保费用 | |
| 72 | 2003 | 拆入资金 | √ | 149 | 6601 | 销售费用 | |
| 73 | 2004 | 向中央银行借款 | √ | 150 | 6602 | 管理费用 | √ |
| 74 | 2011 | 吸收存款 | √ | 151 | 6603 | 财务费用 | |
| 75 | 2012 | 同业存放 | √ | 152 | 6604 | 勘探费用 | |
| 76 | 2021 | 贴现负债 | √ | 153 | 6701 | 资产减值损失 | √ |
| 77 | 2101 | 交易性金融负债 | √ | 154 | 6711 | 营业外支出 | √ |
| 78 | 2111 | 卖出回购金融资产款 | √ | 155 | 6801 | 所得税费用 | √ |
| 79 | 2201 | 应付票据 | | 156 | 6901 | 以前年度损益调整 | √ |

注：带√的科目为金融企业（保险公司除外）专用会计科目。

（一）按资金性质分类

金融企业会计科目按资金性质可分为五类：资产类、负债类、共同类、所有者权益类和损益类。就金融企业而言，因核算上的需要，可以增设一些特殊业务的专用科目（证券投资基金和期货公司增设的会计科目表见本章附录1）。

1. 资产类科目。资产类科目是金融企业各项经济资源的分类名称。金融企业除需设置固定资产、无形资产和其他资产等一般企业共有的资产类科目外，大量资产类科目均为存出款项和发放贷款、拆出资金及垫款等。

2. 负债类科目。负债类科目是金融企业各项债务的分类名称。金融企业除需设置短期借款、应付职工薪酬、应交税费等一般企业共有的负债类科目以外，大量负债科目均为存入款项、拆入资金及代理业务产生的负债等。

3. 资产负债共同类科目。资产负债共同类科目既能反映金融企业的资产业务，又能反映金融企业的负债业务，如货币兑换和清算资金往来。此类科目的余额在借方表现为资产，余额在贷方表现为负债。在编制会计报表时应根据余额方向，分别纳入资产类或负债类科目反映。

4. 所有者权益类科目。所有者权益类科目是金融企业资本项目的分类名称，用来核算所有者投入资金以及留存收益的情况。前者包括实收资本和资本公积，后者包括盈余公积、一般风险准备和未分配利润。

5. 损益类科目。损益类科目是金融企业各项经营收入和费用支出的分类名称，用来核算金融企业的日常和非日常活动产生的损益等情况。此科目包括利息收入、利息支出、投资收益、业务及管理费等。

（二）按与资产负债表的关系分类

金融企业会计科目按与资产负债表的关系，可以分为表内科目和表外科目。

1. 表内科目。表内科目是指反映金融企业资金实际增减变化而纳入资产负债表内的科目。

2. 表外科目。表外科目是指反映金融企业确已发生而尚未涉及资金的实际增减变化，或不涉及资金增减变化而不列入资产负债表的科目，如“有价单证”、“空白重要凭证”等。

（三）按反映经济业务内容的详略程度分类

金融企业会计科目按反映经济业务内容的详略程度，可分为一级科日和二级科目。

1. 一级科目。其名称代号及核算内容具有较强的统一性，科目的设置及修改应高度集中。

2. 二级科目。可以由各金融企业根据自身业务的实际需要和权限增加设置。

## 二、记账方法

记账方法是指运用一定的记账原理和规则，将财务活动记入账簿，并通过试算平衡来检查账簿记录是否正确的一种技术方法。金融企业会计的记账方法包括复式记账法和单式记账法。经济业务发生后，涉及表内科目增减变化的采用复式记账法，未引起表内科目增减变化而只涉及表外科目增减变化的采用单式记账法。

（一）复式记账法

复式记账法就是对每一项经济业务，都要以对应相等的金额，同时在所涉及的两个或两个以上账户中进行登记的记账方法。在国际上，通常采用的复式记账法为借贷记账法。在我国，金融企业表内科目一律采用借贷记账法。

（二）单式记账法

单式记账法就是对发生的每一项经济业务只在一个账户中进行登记的记账方法。金融企业的表外科目一般采用单式记账法。

## 三、会计凭证

（一）会计凭证的分类及金融企业会计凭证的特点

会计凭证是记载经济业务，办理资金收付，明确业务经济责任，并具有法律效力的书面证明。它是金融企业办理业务和财务收支的主要依据。按填制程序和用途不同，会计凭证可分为原始凭证和记账凭证。

1. 原始凭证

原始凭证是在经济业务发生时直接取得或填制的会计凭证，是用来确定业务的执行和完成情况，并作为记账依据的最原始资料。按来源不同，原始凭证又可分为外来原始凭证和自制原始凭证。

外来原始凭证是在经济业务完成时从企业外部直接取得的凭证。商业银行的原始凭证大多为外来原始凭证。自制原始凭证是企业在办理经济业务过程中，根据业务需要而填制的各种专用凭证。

2. 记账凭证

根据不同的分类标准，记账凭证可分为不同的种类。

（1）明细账记账凭证和总账记账凭证。记账凭证按其是否是明细账的记载依据分为明细账记账凭证和总账记账凭证。在商业银行，由于明细账记账凭证在核算过程中要在企业内部各核算环节进行传递，故又称“传票”；银行的总账记账凭证为汇总记账凭证，又称“科目日结单”。

（2）单式记账凭证和复式记账凭证。记账凭证按其分录形式不同可分为单式记账凭证和复式记账凭证。单式记账凭证是在每张凭证上只填一个会计科目或账户，即一笔经济业务按其对应关系编制两张或两张以上的会计凭证；复式记账凭证是一笔经济业务所涉及的几个科目或账户都反映在一张凭证上。传统上，商业银行的手工核算主要使用单式记账凭证。

（3）基本凭证和特定凭证。商业银行的记账凭证按其性质或适用范围不同可分为基本凭证和特定凭证。

基本凭证又称通用凭证或一般凭证，是会计部门根据合法的原始凭证及业务事项自行编制的具有统一格式的凭证（格式见本章附录2）。

特定凭证又称专用凭证，是金融企业（特别是商业银行）根据各种业务的特殊需要指定充当的凭证。这类凭证一般由金融企业根据各种特殊需要制定，具有专门用途，并由金融企业统一印制发行，由客户在需要时一次套写数联提交金融企业，商业银行企业以其中一联或几联代记账凭证记账。

记账凭证应根据原始凭证填制，专门用以登记账簿，原始凭证则作为记账凭证的附件。但在商业银行的会计核算中，除某些业务需要自制记账凭证外，大多采用客户提交的或联行及代理行寄来的各种原始凭证，直接代替记账凭证进行账务处理。

### （二）会计凭证的编制

编制会计凭证是会计核算工作的起点和基础。编制凭证应做到要素齐全、内容完整、反映真实、数字正确、字迹清楚、书写规范、手续完备，且不得任意涂改。对外签发的凭证以及受理客户提交的凭证，其金额除填写阿拉伯数字的小写金额外，应同时填写中文大写数字，以防涂改，且大小写数字必须相符。

### （三）会计凭证的审核

为保证会计凭证的真实性与完整性，应对会计凭证进行审核，只有经过审核后合格的凭证，才能作为记账依据。会计凭证的审核要点主要有：

1. 是否为本金融企业受理的凭证。
2. 凭证内容、联数、附件是否齐全完整，是否超过有效期限。
3. 账号与户名是否相符。
4. 大小写金额是否一致，字迹有无涂改。
5. 取款是否超过存款余额、拨款限额或贷款额度。
6. 印鉴是否真实齐全。
7. 款项来源、用途是否符合政策和有关资金管理规定。
8. 计息、收费、赔偿金的计算是否正确。
9. 内部科目的账户名称使用是否正确等。

### （四）会计凭证的传递与保管

会计凭证的传递是指从收到或编制凭证起，通过审查凭证，账务处理，直到凭证装订保管为止的凭证运行路线和处理方式。会计凭证的传递一般包括规定合理的传递路线、时间，会计凭证在传递过程中的衔接手续等。

传统上，由于商业银行业务量大，会计凭证应按期整理装订。每日营业终了，对已办完核算手续的凭证应集中整理，按先表内科目、后表外科目的顺序排列。表内科目按科目编号先小号后大号的顺序进行整理。同一科目下再按现金传票在前、转账传票在后，借方传票在前、贷方传票在后依次排列。表外科目按收入、付出顺序排列。原始凭证及有关单证附于记账凭证后面，并加盖“附件”戳记。科目日结单装订在该科目各明细账记账凭证的前面，传票销号单则附在最后一并装订。装订成册的凭证，应由指定的会计人员负责妥善保管，年度终了，应移送财会档案室登记归档。

## 四、账簿和账务组织

（一）账簿的种类

金融企业会计账簿按其用途可分为序时账簿、分类账簿和备查账簿。

1. 序时账簿。序时账簿通常称为日记账，它是按照全部经济业务完成时间的先后顺序进行登记的账簿。在实际工作中，按照会计部门收到凭证的先后顺序即按照凭证的编号顺序进行登记。

2. 分类账簿。分类账簿是全面、系统地对资金循环和收支活动所作的分类记录。按照分类的概括程度不同，分类账簿又可分为明细分类账和总分类账。

明细分类账是按账户设置和登记的账簿。金融企业的明细分类账按每一会计科目下的开户单位或具体核算对象分户立账，并根据记账凭证的业务顺序逐笔连续记载。

总分类账是按会计科目设置的，是汇总明细分类账的主要工具。总分类账于每日营业终了，根据各科目日结单借、贷方发生额和今日余额进行登记。

任何科目总账的当日借方或贷方发生额或余额与其所属各分户账借方或贷方发生额或余额的合计数应相等。这种数量相等关系，能够使总分类核算与明细分类核算互相制约，是对总分类账和明细分类账进行核对、保证账账相符的重要依据。

3. 备查账簿。备查账簿是对某些在日记账和分类账等主要账簿中未能记载的事项进行补充登记的账簿。这种账簿属于辅助性登记，没有固定的格式，可根据需要加以设计。

（二）账务组织

账务组织是指总的账务结构体系，它包括明细核算和综合核算两个系统。明细核算对综合核算起补充作用，综合核算对明细核算起统驭作用，二者构成了一套完整的、科学的、严密的账务组织体系。

1. 明细核算。商业银行的明细核算按明细分类科目（分户）进行核算，以反映各明细账户资金增减变化及其结果的详细情况。它的具体形式和所使用的账表包括分户账、登记簿、余额表等。它的核算程序为：根据会计凭证登记分户账或登记簿，再根据分户账或登记簿编制余额表，最后与总账进行核对。

（1）分户账。分户账是企业会计账簿中具体反映经济业务的明细分类账簿，是明细核算的主要形式。分户账的格式分为甲、乙、丙、丁四种（见本章附录3）。

（2）登记簿。登记簿又称登记卡，是为了适应某些业务需要而设置的专用账簿。登记簿的格式根据业务需要可自行设计，一般都采用收入、付出、余额三栏的通用格式，根据表外科目传票采取单式记账方法进行登记处理。

（3）余额表。余额表是核对总账与分户账余额和计算利息的重要工具。余额表分为计息余额表和一般余额表（见本章附录3）。计息余额表适用于计息科目，它根据分户账的每日最后余额填列，当日未发生借贷业务的账户应按上日余额填列，使之能与总账核对余额，并计算计息积数。一般余额表适用于各种科目及账户登记余额使用。

2. 综合核算。综合核算是按总分类科目进行核算，综合、概括地反映各科目的资金增减变化情况，由各种总分类账组成的核算系统。商业银行综合核算所采用的主要形式包括科目日结单、总账、日计表等。其记账程序为：通过业务传票的审核编制科目日结单，然后根据科目日结单登记各科目总账，最后编制日计表。

（1）科目日结单。科目日结单（见本章附录3）又称总账记账凭证，是每天会计科目的当日借贷方发生额和凭证、附件张数的汇总记录，是监督明细账发生额、轧平当日账务的重要工具，也是记载总账的依据。每日营业终了，应按同一科目的凭证区分现金和转账凭证、借方或贷方发生额，各自加计总数填入科目日结单的有关栏目，并注明凭证张数。全部科目日结单相加的借贷方合计数必须平衡。

（2）总账。总账（见本章附录3）是综合核算与明细核算相互核对，统驭明细分户账的主要工具，是各科目的总括记录，也是编制日计表、月计表、业务状况报告表、资产负债表的依据。总账按科目设置，总账的发生额，应于每日营业终了，根据各科目日结单的借贷方发生额合计数分别填记；余额根据本科目的上日余额加减本日发生额后求出。

（3）日计表。日计表（见本章附录3）是反映当日业务活动和轧平全部账务的主要工具。日计表应每日编制，日计表上当日发生额和余额应根据总账各科目当日发生额和余额填记。日计表上借、贷方发生额和借、贷方余额合计数必须各自平衡。

3. 账务处理程序

金融企业的一般账务处理程序均为凭证—账簿—报表的处理过程，其中商业银行的常务处理较为特殊，商业银行的账务处理程序是将明细核算程序、综合核算程序和账务核对三个方面结合起来的一个完整的会计业务处理程序。在传统手工核算时代，商业银行账务处理程序的具体步骤如下：

①根据发生的银行业务编制或者受理审核会计凭证。

②根据审核无误的会计凭证登记分户账或现金收入、付出日记簿。

③根据分户账期末的余额正确地编制余额表。

以上是明细核算的基本程序。

④根据会计凭证编制科目日结单，并试算当天各科目所发生的借方和贷方发生额平衡。

⑤根据科目日结单登记总账并结出总账的期末余额。

⑥根据总账余额编制日计表，并试算日计表平衡。

这部分是综合核算的基本程序。然后进行账务的核对：

⑦将各总账余额与其所属分户账的余额合计核对相符。

⑧总账现金科目与现金收入日记簿、现金付出登记簿和现金库存账簿核对相符。

⑨现金库存登记簿和实存现金核对相符。

商业银行账务处理程序如图 1-1 所示。

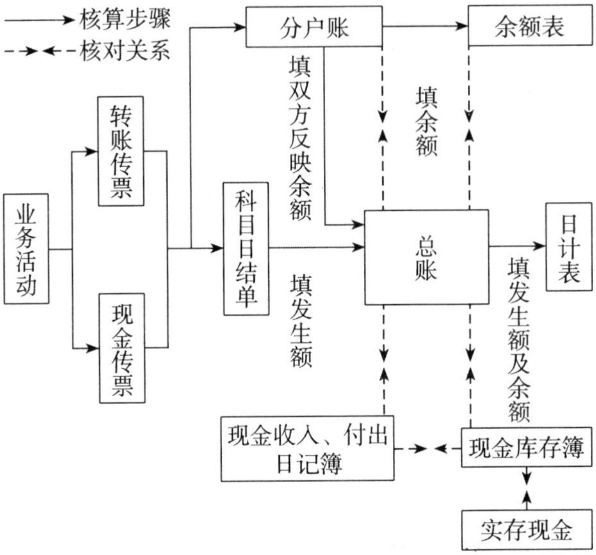


**图 1-1 商业银行账务处理程序**

目前，金融企业普遍应用了计算机核算系统，在电算化条件下，柜员办理业务只要按照系统提示的画面和有关规定在计算机中录入必要的原始信息，系统就会自动将有关数据过渡到相应的会计科目上，并生成账簿。整个账务处理都是由系统自动完成的，柜员只是在上班、下班、中途交接班时打印柜员重要凭证日结表、柜员现金收付日结表，营业结束时打印交易流水和汇总传票（类似科目汇总表而非科目日结单)。

在计算机操作环境下，商业银行的明细核算、综合核算和账务核对系统的运行方式如图 1-2 所示。

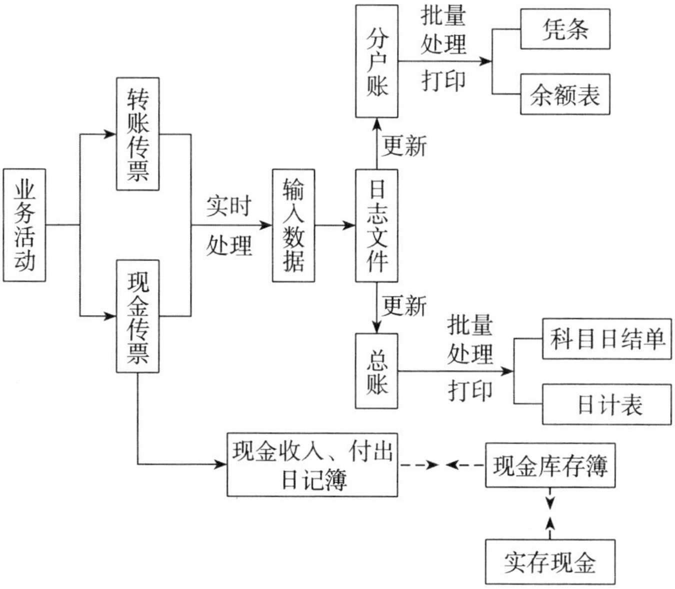


**图 1-2 商业银行的明细核算、综合核算和账务核对系统的运行方式**

编制会计报表是账务处理程序的最后一步，也是财务会计信息最后形成的过程。作为会计信息的载体，金融企业会计报表按照反映内容的不同可分为以下几种：资产负债表、利润表、所有者权益变动表、现金流量表和报表附注。各会计报表的具体格式及编制方法将在第 14 章做出详细介绍。

## 本章小结

1. 金融企业通常由银行和非银行金融机构组成。

2. 金融企业会计是根据会计学的基本原理和基本方法，针对金融业务的工作特点而制定的特种会计，适用于金融系统的会计核算和经营管理。

3. 金融企业遵循企业会计准则及行业监管机构制定的会计规范，以权责发生制为核算基础，会计信息需满足准则规定的质量要求。

4. 金融企业的基本核算方法与一般企业有所不同，特别是商业银行，在凭证、账簿及账务处理程序方面均具有特殊性。

## 关键概念

金融企业　商业银行　非银行金融机构　权责发生制　基本核算方法

## 思考与应用

1. 简述我国金融企业的基本特征和组成。
2. 分析金融会计信息的使用者及其决策需求。
3. 商业银行的财务报告如何满足外部利益相关者的需求？
4. 简述金融企业会计要素的特点及会计信息质量特征对各要素确认、计量的影响。
5. 商业银行会计凭证包括哪些类别？
6. 商业银行的账务组织包括哪些内容？有何特点？

## 附录1　证券投资基金和期货公司增设会计科目表

**证券投资基金会计科目表**

| 顺序号 | 编号 | 会计科目名称 | 顺序号 | 编号 | 会计科目名称 |
| --- | --- | --- | --- | --- | --- |
| 一、资产类 | | | 二、负债类 | | |
| 1 | 1002 | 银行存款 | 15 | 2001 | 短期借款 |
| 2 | 1021 | 结算备付金 | 16 | 2101 | 交易性金融负债 |
| 3 | 1031 | 存出保证金 | 17 | 2202 | 卖出回购金融资产款 |
| 4 | 1102 | 股票投资 | 18 | 2203 | 应付赎回款 |
| 5 | 1103 | 债券投资 | 19 | 2204 | 应付赎回费 |
| 6 | 1104 | 资产支持证券投资 | 20 | 2206 | 应付管理人报酬 |
| 7 | 1105 | 基金投资 | 21 | 2207 | 应付托管费 |
| 8 | 1106 | 权证投资 | 22 | 2208 | 应付销售服务费 |
| 9 | 1202 | 买入返售金融资产 | 23 | 2209 | 应付交易费用 |
| 10 | 1203 | 应收股利 | 24 | 2221 | 应交税费 |
| 11 | 1204 | 应收利息 | 25 | 2231 | 应付利息 |
| 12 | 1207 | 应收申购款 | 26 | 2232 | 应付利润 |
| 13 | 1221 | 其他应收款 | 27 | 2241 | 其他应付款 |
| 14 | 1501 | 待摊费用 | 28 | 2501 | 预提费用 |

续表

| 顺序号 | 编号 | 会计科目名称 | 顺序号 | 编号 | 会计科目名称 |
|---|---|---|---|---|---|
| 三、共同类 | | | 五、损益类 | | |
| 29 | 3003 | 证券清算款 | 38 | 6011 | 利息收入 |
| 30 | 3101 | 远期投资 | 39 | 6101 | 公允价值变动损益 |
| 31 | 3102 | 其他衍生工具 | 40 | 6111 | 投资收益 |
| 32 | 3201 | 套期工具 | 41 | 6302 | 其他收入 |
| 33 | 3202 | 被套期项目 | 42 | 6403 | 管理人报酬 |
| 四、所有者权益类 | | | 43 | 6404 | 托管费 |
| 34 | 4001 | 实收基金 | 44 | 6406 | 销售服务费 |
| 35 | 4011 | 损益平准金 | 45 | 6407 | 交易费用 |
| 36 | 4103 | 本期利润 | 46 | 6411 | 利息支出 |
| 37 | 4104 | 利润分配 | 47 | 6605 | 其他费用 |
| | | | 48 | 6901 | 以前年度损益调整 |

**期货公司专用会计科目表**

| 资产类 | 负债类 | 损益类 |
|---|---|---|
| 期货保证金存款 | 应付货币保证金 | 手续费收入 |
| 应收货币保证金 | 应付质押保证金 | 佣金收入 |
| 应收质押保证金 | 应付手续费 | 佣金支出 |
| 应收结算担保金 | 应付佣金 | 提取期货风险准备金 |
| 应收风险损失款 | 期货风险准备金 | |
| 应收佣金 | 应付期货投资者保障基金 | 业务及管理费—监管费、年会费、席位使用费、客户服务费、提取期货投资者保障基金等 |
| 期货会员资格投资 | | |
| | 所有者权益类 | |
| | 一般风险准备 | |

## 附录2 商业银行基本凭证示例

**××银行 现金收入传票**

总字第 号

(贷) ____________ 字第 号

(借) 现金____________ 年 月 日

| 户名或账号 | 摘要 | 金额 | | | | | | | | | | |
|---|---|---|---|---|---|---|---|---|---|---|---|---|
| | | 亿 | 千 | 百 | 十 | 万 | 千 | 百 | 十 | 元 | 角 | 分 |
| | | | | | | | | | | | | |
| | | | | | | | | | | | | |
| | | | | | | | | | | | | |
| 合计 | | | | | | | | | | | | |

会计 出纳 复核 记账

**××银行 现金支出传票**

总字第 号

(借) ____________ 字第 号

(贷) 现金____________ 年 月 日

| 户名或账号 | 摘要 | 金额 | | | | | | | | | | |
|---|---|---|---|---|---|---|---|---|---|---|---|---|
| | | 亿 | 千 | 百 | 十 | 万 | 千 | 百 | 十 | 元 | 角 | 分 |
| | | | | | | | | | | | | |
| | | | | | | | | | | | | |
| | | | | | | | | | | | | |
| 合计 | | | | | | | | | | | | |

会计 出纳 复核 记账

**××银行 转账借方传票**

总字第 号

科目(借) 字第 号

对方科目(贷) ____________ 年 月 日

| 户名或账号 | 摘要 | 金额 | | | | | | | | | | |
|---|---|---|---|---|---|---|---|---|---|---|---|---|
| | | 亿 | 千 | 百 | 十 | 万 | 千 | 百 | 十 | 元 | 角 | 分 |
| | | | | | | | | | | | | |
| | | | | | | | | | | | | |
| | | | | | | | | | | | | |
| 合计 | | | | | | | | | | | | |

会计 出纳 复核 记账

**××银行　转账贷方传票**

总字第　　　号
字第　　　号

科目（贷）

对方科目（借）________　　　　年　月　日

| 户名或账号 | 摘要 | 金额 | | | | | | | | | | |
|---|---|---|---|---|---|---|---|---|---|---|---|---|
| | | 亿 | 千 | 百 | 十 | 万 | 千 | 百 | 十 | 元 | 角 | 分 |
| | | | | | | | | | | | | |
| | | | | | | | | | | | | |
| | | | | | | | | | | | | |
| 合计 | | | | | | | | | | | | |

会计　　　　出纳　　　　复核　　　　记账

**××银行　特种转账借方传票**

总字第　　　号
字第　　　号

年　月　日

<table>
<tr><td rowspan="3">付款人</td><td>全称</td><td colspan="3"></td><td rowspan="3">收款人</td><td>全称</td><td colspan="3"></td></tr>
<tr><td>账号或地址</td><td colspan="3"></td><td>账号或地址</td><td colspan="3"></td></tr>
<tr><td>开户银行</td><td></td><td>行号</td><td></td><td>开户银行</td><td></td><td>行号</td><td></td></tr>
<tr><td rowspan="2">金额</td><td colspan="5" rowspan="2">人民币<br>（大写）</td><td colspan="4">千 | 百 | 十 | 万 | 千 | 百 | 十 | 元 | 角 | 分</td></tr>
<tr><td colspan="4"></td></tr>
<tr><td colspan="2">原凭证金额</td><td></td><td>赔偿金</td><td></td><td colspan="5"></td></tr>
<tr><td colspan="2">原凭证名称</td><td></td><td>号　码</td><td></td><td colspan="5" rowspan="2">科目（借）<br>对方科目（贷）<br><br>会计　　复核　　记账</td></tr>
<tr><td>转账原因</td><td colspan="4"><br>银行盖章</td></tr>
</table>

**××银行　特种转账贷方传票**　　　　总字第　　　号

年　月　日　　　　字第　　　号

<table>
<tr><td rowspan="3">付款人</td><td>全称</td><td colspan="3"></td><td rowspan="3">收款人</td><td>全称</td><td colspan="3"></td></tr>
<tr><td>账号或地址</td><td colspan="3"></td><td>账号或地址</td><td colspan="3"></td></tr>
<tr><td>开户银行</td><td></td><td>行号</td><td></td><td>开户银行</td><td></td><td>行号</td><td></td></tr>
<tr><td rowspan="2">金额</td><td colspan="5" rowspan="2">人民币<br>（大写）</td><td colspan="4">千 百 十 万 千 百 十 元 角 分</td></tr>
<tr><td colspan="4"></td></tr>
<tr><td colspan="2">原凭证金额</td><td></td><td>赔偿金</td><td></td><td colspan="5"></td></tr>
<tr><td colspan="2">原凭证名称</td><td></td><td>号　码</td><td></td><td colspan="5" rowspan="2">科目（贷）<br>对方科目（借）<br>会计　　复核　　记账</td></tr>
<tr><td>转账原因</td><td colspan="4">银行盖章</td></tr>
</table>

**××银行　表外科目收入传票**　　　　总字第　　　号

年　月　日　　　　字第　　　号

| 户名 | 摘要 | 表外科目代号 | 金额 | | | | | | | | | | |
|---|---|---|---|---|---|---|---|---|---|---|---|---|---|
| | | | 亿 | 千 | 百 | 十 | 万 | 千 | 百 | 十 | 元 | 角 | 分 |
| | | | | | | | | | | | | | |
| | | | | | | | | | | | | | |
| | | | | | | | | | | | | | |

会计　　　　保管　　　　复核　　　　记账

**××银行　表外科目付出传票**　　　　总字第　　　号

年　月　日　　　　字第　　　号

| 户名 | 摘要 | 表外科目代号 | 金额 | | | | | | | | | | |
|---|---|---|---|---|---|---|---|---|---|---|---|---|---|
| | | | 亿 | 千 | 百 | 十 | 万 | 千 | 百 | 十 | 元 | 角 | 分 |
| | | | | | | | | | | | | | |
| | | | | | | | | | | | | | |
| | | | | | | | | | | | | | |

会计　　　　保管　　　　复核　　　　记账

## 附录3　明细核算与综合核算账、表格式示例

**甲种账**

本账总页数
本户页数

户名：　　　　账号：　　　　领用凭证记录

<table>
<tr><td colspan="2">年</td><td rowspan="2">摘要</td><td rowspan="2">凭证号码</td><td rowspan="2">对方科目代号</td><td>借方</td><td>贷方</td><td rowspan="2">借或贷</td><td>余额</td><td rowspan="2">复核盖章</td></tr>
<tr><td>月</td><td>日</td><td>（位数）</td><td>（位数）</td><td>（位数）</td></tr>
<tr><td></td><td></td><td></td><td></td><td></td><td></td><td></td><td></td><td></td><td></td></tr>
</table>

会计　　　　记账

**乙种账**

本账总页数
本户页数

户名：　　　　账号：　　　　领用凭证记录　　　　利率：

<table>
<tr><td colspan="2">年</td><td rowspan="2">摘要</td><td rowspan="2">凭证号码</td><td rowspan="2">对方科目代号</td><td>借方</td><td>贷方</td><td rowspan="2">借或贷</td><td>余额</td><td rowspan="2">日数</td><td>积数</td><td rowspan="2">复核盖章</td></tr>
<tr><td>月</td><td>日</td><td>（位数）</td><td>（位数）</td><td>（位数）</td><td>（位数）</td></tr>
<tr><td></td><td></td><td></td><td></td><td></td><td></td><td></td><td></td><td></td><td></td><td></td><td></td></tr>
</table>

会计　　　　记账

**丁种账**

本账总页数
本户页数

户名：　　　　账号：　　　　领用凭证记录　　　　利率：

<table>
<tr><td colspan="2">年</td><td rowspan="2">账号</td><td rowspan="2">户名</td><td rowspan="2">摘要</td><td rowspan="2">凭证号码</td><td rowspan="2">对方科目代号</td><td>借方</td><td colspan="3">销账</td><td>贷方</td><td rowspan="2">借或贷</td><td>余额</td><td rowspan="2">复核盖章</td></tr>
<tr><td>月</td><td>日</td><td>（位数）</td><td>年</td><td>月</td><td>日</td><td>（位数）</td><td>（位数）</td></tr>
<tr><td></td><td></td><td></td><td></td><td></td><td></td><td></td><td></td><td></td><td></td><td></td><td></td><td></td><td></td><td></td></tr>
</table>

会计　　　　记账

**登记簿**

本账总页数
本户页数

户名：　　　　单位：

| 年 | | 摘要 | 收入 | | 付出 | | 余额 | | 复核盖章 |
|---|---|---|---|---|---|---|---|---|---|
| 月 | 日 | | 数量 | 金额（位数） | 数量 | 金额（位数） | 数量 | 金额（位数） | |
| | | | | | | | | | |

**计息余额表**

科目名称：　　　　年　　月　　　　共　　页
科目代号：　　　　利率　　　　第　　页

| 账号 / 户名 / 日期 / 余额 | | | | | 复核盖章 |
|---|---|---|---|---|---|
| ⋮<br>10天小计<br>⋮ | | | | | |
| 本月合计 | | | | | |
| 至上月底未计息积数 | | | | | |
| 应加应减积数 | | | | | |
| 至本月底累计未计息积数 | | | | | |
| 至结息日累计计息积数 | | | | | |
| 利息 | | | | | |

**一般余额表**

年　　月　　日　　　　共　　页　第　　页

| 科目代号 | 户名 | 摘要 | 余额（位数） | 科目代号 | 户名 | 摘要 | 余额（位数） |
|---|---|---|---|---|---|---|---|
| | | | | | | | |

**科目日结单**

年　　月　　日

| 借方 | | | 贷方 | | |
|---|---|---|---|---|---|
| 传票张数 | | 金额<br>（位数） | 传票张数 | | 金额<br>（位数） |
| 现金 | 张 | | 现金 | 张 | |
| 转账 | 张 | | 转账 | 张 | |
| 合计 | 张 | | 合计 | 张 | |

会计　　　　复核　　　　经办

**总　账**

科目名称：　　　　　　　　第　　号

| 年　　月份 | 借方 | | 贷方 | | |
|---|---|---|---|---|---|
| 上年底余额 | | | | | |
| 本年度累计发生额 | | | | | |
| 上月底余额 | | | | | |
| 日期 | 发生额 | | 余额 | | 复核盖章 |
| | 借方 | 贷方 | 借方 | 贷方 | |
| 1<br>⋮<br>10 天小计<br>⋮<br>20 天小计<br>⋮<br>31 | | | | | |
| 合计 | | | | | |
| 自年初累计 | | | | | |
| 本期累计计息积数 | | | | | |
| 本月累计未计息积数 | | | | | |

会计主管　　　　记账

**日计表**

年　　月　　日　　　　　　　共　　页　第　　页

| 科目代号 | 科目名称 | 本日发生额 | | 余额 | | 科目代号 |
|---|---|---|---|---|---|---|
| | | 借方 | 贷方 | 借方 | 贷方 | |
| | | （位数） | （位数） | （位数） | （位数） | |
| | | | | | | |

行长（主任）　　　　会计　　　　复核　　　　制表

# 第二章 存款业务核算

## 学习目标

1. 了解商业银行存款业务的种类和管理规定
2. 掌握单位存款业务的核算
3. 熟悉储蓄存款的种类与核算程序
4. 掌握活期存款利息的核算方法
5. 了解定期存款利息的核算方法

## 第一节　存款业务概述

### 一、存款的意义和种类

存款是商业银行（以下简称银行）以信用的方式吸收社会暂时闲置资金的筹资活动。存款是银行业金融机构重要的负债业务和信贷资金的主要来源。

存款的分类标准较多，这里列举与会计核算有关的分类方式和类别，并对部分内容加以解释。

（一）按产生来源的不同，可以分为原始存款和派生存款

原始存款，也称现金存款或直接存款，是指银行吸收的现金存款或从央行贷款或再贴现所形成的存款。派生存款，也称转账存款或间接存款，是指银行将原始存款用于贷款等资产业务后形成的存款。

（二）按资金的性质不同，可以分为财政性存款和一般性存款

财政性存款是指各级财政拨入的预算资金或应上缴财政的各项资金以及财政

安排的专项资金。这部分存款业务属金融机构代理的人民银行业务，所涉及的资金属于人民银行信贷资金，是人民银行基础货币的组成部分，应全部上缴人民银行。一般性存款是指银行吸收的企事业单位存款、个人储蓄存款、机关团体存款及财政预算外存款等，这部分存款应按一定比例上缴人民银行，形成存款准备金。

（三）按存款的期限不同，可分为活期存款和定期存款

（四）按存取款的方式不同，可分为支票存款、存单存款、存折存款、通知存款、协定存款等

（五）按存款币种的不同，可分为人民币存款和外币存款

## 二、银行存款账户的开立与管理

为加强对存款及其结算账户的管理，各存款人应按规定在银行开立各种结算账户。

（一）存款账户的种类

存款账户按管理要求的不同划分为基本存款账户、一般存款账户、临时存款账户和专用存款账户。

1. 基本存款账户。是存款人因办理日常转账结算和现金收付的需要而开立的银行结算账户。基本存款账户是存款人的主要账户。存款人日常经营活动的资金收付及其工资、奖金等现金的支取，应通过该账户办理。

2. 一般存款账户。是存款人因借款或其他结算需要，在基本存款账户开户行以外的银行营业机构开立的银行结算账户。该账户用于办理存款人借款转存、借款归还和其他结算的资金收付。该账户可以办理现金缴存，但不得办理现金支取。

3. 专用存款账户。是存款人按照法律、行政法规和规章，对其特定用途资金进行专项管理和使用而开立的银行结算账户。专用存款账户用于办理各项专用资金的收付。

4. 临时存款账户。是存款人因临时需要并在规定期限内使用而开立的银行结算账户。该账户用于办理临时机构以及存款人临时经营活动发生的资金收付。

（二）存款账户的管理①

1. 单位基本存款账户的存款人只能在银行开立一个基本存款账户。申请人开立基本存款账户时，应向开户银行出具工商行政管理机关核发的企业法人执照或营

---

① 中国人民银行．人民币银行结算账户管理办法．中国人民银行令〔2003〕第5号．

业执照正本，有关部门的证明、批文等证明文件之一。

2. 存款人开立基本存款账户、临时存款账户和预算单位开立专用存款账户实行核准制度，经人民银行核准后，由开户行核发开户登记证。但存款人因注册验资需要开立的临时存款账户除外。

3. 存款人可以自主选择银行开立结算账户。开户可以实行双向选择，存款人可以自主选择银行，银行也可以自愿选择存款人开立账户，银行不得违反规定强行拉客户在本行开户，任何单位和个人也不能干预存款人在银行开立和使用账户。

4. 存款人开立和使用银行结算账户应当遵守法律、行政法规，不得利用银行结算账户进行偷逃税款、逃废债务、套取现金及其他违法犯罪活动，也不允许出租和转让他人。

## 三、存款业务核算的要求

### （一）正确、及时地办理存款业务

为了使存款人的资金能够及时到账，款项能够及时对外支付，金融企业在办理存款业务时应按照规定的操作程序，认真审查相关凭证，正确使用有关会计科目及账户，及时进行账务处理，充分保证存款业务的核算质量。

### （二）维护存款人的合法权益

单位和个人存入银行的资金作为金融企业的负债，银行只是暂时取得了对资金的使用权而没有所有权。因此，除国家法律和有关制度另有规定外，银行不得代任何单位或个人查询、冻结、扣划存款人账户内的存款。银行对于应计利息的存款要正确、及时地计付利息。

### （三）遵循银行不垫款原则

在银行开立存款账户的存款人委托金融企业办理款项支付时，必须在其存款账户上保持有足够的资金，存款人签发的各种支款凭证的金额必须小于其存款账户余额，银行作为支付中介，不可以代垫款项。银行为保证资金的安全，在办理现金收入业务时，应先收款、后记账；在办理现金付出业务时，应先记账、后付款；在办理转账业务时，应先记付款单位账，后记收款单位账。

## 四、主要会计科目及核算内容

存款业务核算涉及的主要会计科目及核算内容见表 2-1。

表 2-1　　存款业务会计科目及其核算内容

| | 名称 | 主要核算内容 |
|---|---|---|
| 负债类 | 吸收存款 | 核算企业（银行）吸收的除同业存放款项以外的其他各种存款。余额反映在贷方，反映企业吸收的除同业存放款项以外的其他各项存款余额。本科目应当按照存款类别及存款单位，分别“本金”、“利息调整”等进行明细核算 |
| | 应付利息 | 核算商业银行按照合同约定支付的利息，包括吸收存款、分期付息到期还本的长期借款、发行债券等应支付的利息。应按存款的种类进行明细核算 |
| 损益类 | 利息支出 | 核算企业（银行）发生的利息支出，包括吸收存款、与其他金融机构（中央银行、同业等）之间发生资金往来业务、卖出回购金融资产等产生的利息支出。应按利息支出项目进行明细核算 |

# 第二节　单位存款的核算

## 一、单位活期存款业务的核算

单位活期存款存取的方式主要有两种，即存取现金和转账存取。其中转账存取存款主要是通过办理各种结算方式和运用信用支付工具实现的，本节只叙述存取现金的处理方法。

### （一）存入现金的核算

单位存入现金时，应填写一式两联现金缴款单（见表 2-2）交银行柜台。银行柜员审查凭证点收现金，登记现金收入日记簿，并复核签章后，将第一联加盖“现金收讫”章后作为回单退交存款人，第二联代现金收入传票登记单位存款分户账。其会计分录为：

借：库存现金

　贷：吸收存款——单位活期存款——××户

### （二）支取现金的核算

支票户向银行支取现金时，应签发现金支票，并在支票上加盖预留印鉴，由收款人背书后提交银行柜员。柜员接到现金支票后，应重点审查：支票是否真实；记载事项是否齐全；大小写金额是否相符；是否超过提示付款期限（支票的提示付款期限从出票日起 10 天）；其签章与预留印鉴是否相符；出票人账户是否有足够支付的存款；是否背书等。经审查无误后，以现金支票代现金付出传票登记分户账后，凭以付款。其会计分录为：

表 2-2　　　　　　　　　　**现金缴款单（收入凭证）**

年　　月　　日

| | |
|---|---|
| 总字第 | 号 |
| 现金日记账顺序 | 号 |

<table>
<tr><td rowspan="2">缴款人</td><td>全称</td><td colspan="2"></td><td colspan="2">款项来源</td><td colspan="8"></td></tr>
<tr><td>账号</td><td colspan="2"></td><td colspan="2">缴款部门</td><td colspan="8"></td></tr>
<tr><td colspan="6" rowspan="2">人民币（大写）</td><td>十</td><td>万</td><td>千</td><td>百</td><td>十</td><td>元</td><td>角</td><td>分</td></tr>
<tr><td></td><td></td><td></td><td></td><td></td><td></td><td></td><td></td></tr>
<tr><td>券别</td><td>张数</td><td></td><td>券别</td><td>张数</td><td></td><td colspan="8" rowspan="2"></td></tr>
<tr><td>⋮</td><td>⋮</td><td>⋮</td><td>⋮</td><td>⋮</td><td></td></tr>
</table>

会计　　　　　　复核　　　　　　记账　　　　　　出纳

借：吸收存款——单位活期存款——××户

　贷：库存现金

现金支票作为登记现金付出日记簿的依据。银行柜员配款复核后，向取款人支付现金。

## 二、定期存款的核算

单位如有在一定时期内闲置不用的资金，可在银行办理定期存款。单位定期存款是单位存入款项时约定期限，到期支取本息的一种存款业务。

定期存款金额起点为 1 万元，多存不限，本金一次存入，存入时由银行发给存单，到期一次支取本息。存期分为 3 个月、6 个月、1 年、2 年、3 年、5 年六个档次。

### （一）存入定期存款

单位存入定期存款时，应按存款金额签发活期存款账户转账支票交开户银行。银行按规定审查无误后，以支票作转账借方传票并凭以填制一式三联单位定期存款证实书。经复核后，以第一联代定期存款转账贷方传票，第三联作定期存款卡片账，第二联加盖业务公章和经办人员名章后交存款人作存款凭据。其会计分录为：

借：吸收存款——单位活期存款——××户

　贷：吸收存款——单位定期存款——××户

### （二）支取定期存款

单位持存单支取定期存款时，银行会计人员核对定期存款分户账。核对无误后，计算出利息，填制利息清单，并在存单上加盖“结清”戳记。以存单代定期存款转账借方传票，卡片账作附件，另编制三联特种转账传票，一联代利息支出科目转账借方传票，一联代活期存款账户转账贷方传票，另一联代收账通知交存款人。

借：吸收存款——单位定期存款——××户

应付利息——定期存款利息支出户

贷：吸收存款——单位活期存款——××户

定期存款到期后，如果单位要求续存，可以按结清旧户另开新户办理。

### 三、对账与销户

（一）对账

对账是指银行与单位核对存款账户余额。银行与开户单位的经济往来，由于双方记账时间有先后以及发生技术性差错等原因，会导致双方账务不相符或产生未达账项。为了及时查清未达账项，保证内外账务相符和保护存款安全，银行必须与开户单位经常进行账务核对。具体做法是由客户根据银行出具的对账单进行逐笔勾对，发现问题，及时与开户银行沟通解决。

（二）销户

存款单位因迁移、合并、停产等原因不再使用原来存款账户时，应及时到银行办理销户手续。银行办理销户时，应首先与销户单位核对存款账户余额，核对相符后，对应计算利息的存款账户，要结清利息。对支票存款户，应收回所有空白支票，对存折存款户，应收回存折注销。然后将原存款账户的余额转入其他存款账户或其他地区金融机构。撤销后的账户应停止使用。

## 第三节　储蓄存款业务的核算

### 一、储蓄存款的原则和种类

储蓄是聚集零星钱财，将零星钱财存放银行生息，以货币使用权让渡给银行的一种信用行为。储蓄存款是银行通过信用方式对广大居民的货币收入进行集中和再分配的一种重要形式。大力开展储蓄业务对利国、利民、利己有着重要意义。

（一）储蓄原则

为了正确执行国家保护和鼓励人民储蓄的政策，银行对个人储蓄存款实行“存款自愿，取款自由，存款有息和为储户保密”的原则。同时，银行办理储蓄存款业务应实行实名制，即以本人有效身份证件的姓名办理存入手续。

1. 存款自愿，取款自由。存款存多少，存期长短，存入哪家银行，何时存取，都由储户自己决定。对定期存款，也可按照储蓄章程规定办理提前支取。

2. 存款有息。银行对储户的各种储蓄存款，都应该按照规定付给利息。

3. 为储户保密。银行有责任对储户的存款情况保守秘密。公安、司法机关因审理案件需要查询有关个人储蓄资料时，应按规定提出书面查询公函，经县支行以上的银行核对，在指定的储蓄所提供情况，查询单位不得擅自查阅账册，并对银行提供的情况保密。此外，任何单位和个人不得向银行查询储户存款情况，银行工作人员如有违反上述原则的现象，应视情节轻重追究责任。

（二）储蓄种类

储蓄按期限不同，分为活期储蓄和定期储蓄两大类。其中定期储蓄可分为整存整取、零存整取、整存零取、存本取息、定活两便、协议存款、通知存款、教育储蓄。

按币种不同，可分为人民币储蓄、外币储蓄。

在我国，银行在大多数城市已基本实现了电脑储蓄。办理电脑储蓄业务的处所，建立有单独的连通系统，并在管辖行和各储蓄所分别设立地区计算机中心、本所计算机中心和终端机进行联网。业务发生后，由终端机输入本所计算机中心的小型计算机，然后再定时或批量输入区计算中心的主计算机。电脑储蓄亦应遵守“钱账分管”、“现金收入业务先收款后记账”、“现金付出业务先记账后付款”的基本规定。

## 二、活期储蓄存款的核算

（一）开户

活期储蓄存款的特点是：一元起存，多存不限，随时存取，不定期限。适用于居民生活待用货币的存储。

储户第一次存入活期储蓄存款，应填写存款凭条，连同存款人的身份证件和现金一并交存银行。银行柜员审查凭条和清点现金无误后，开立并登记活期储蓄存款分户账，并为储户开立存折或借记卡，并登记开销户登记簿。其会计分录如下：

借：库存现金

　贷：吸收存款——活期储蓄存款——××户

存款人可以为自己的活期存折或借记卡设定密码或预留银行印鉴。

（二）续存

储户续存时，将存折（或借记卡）和现金一并交柜员，口述存入金额。柜员检验存折（卡）、点收款项无误后，调出储户分户账，录入存款金额并打印存款凭证交储户签字确认。会计分录与开户时相同。

（三）支取

活期储蓄存款支取时，储户将所持存折或借记卡交银行，并口述支取金额。凭密码或印鉴支取的，应在取款时核对密码或印鉴。银行柜员调出账户核对无误后，减记储户存款余额，打印取款凭证交储户签字确认后，将款项交给储户。其会计分录如下：

借：吸收存款——活期储蓄存款——××户

　贷：库存现金

（四）销户

储户支取全部存款不再续存时，称为销户。储户应将存折或借记卡交银行，银行核对密码或印鉴后，计算销户利息，打印取款凭证和利息清单交储户签字确认，交付现金给储户；同时需收回存折或借记卡，并登记开销户登记簿。其会计分录如下：

借：吸收存款——活期储蓄存款——××户

　　利息支出（或应付利息）

　贷：库存现金

## 三、定期储蓄存款的核算

定期储蓄存款是指存入时约定存款期限，一次或分次存入本金，到期一次或分次支取本金和利息的一种储蓄方式。

定期储蓄存款按存取方式不同，可分为整存整取、零存整取、整存零取和存本取息等。由于定期储蓄各个类型只是在存期、利率及处理流程上不同，核算方面区别不大，这里重点介绍整存整取定期储蓄存款的核算。

（一）整存整取定期储蓄存款的核算

整存整取定期储蓄存款是本金一次存入，约定存期，到期一并支取本息的储蓄存款。此种储蓄 50 元起存，多存不限，存期分为 3 个月、半年、1 年、2 年、3 年、5 年六个档次。

1. 开户

储户来银行开户时，应填写存款凭条，连同身份证件和现金交给银行。银行审核凭证和身份证件，根据存款凭证的金额清点现金。经点收无误后，打印相关凭证交储户签字确认，为储户开立定期存款账户（存单、定期一本通或银行卡）。其会计分录如下：

借：库存现金

贷：吸收存款——整存整取定期储蓄存款——××户

同时，登记开销户登记簿。储户也可设置密码或预留银行印鉴。

2. 支取

（1）到期支取。储户到期取款时，银行核对存单、一本通存折或银行卡；若大额支取还应出示身份证件。验证密码或印鉴无误后，按规定计算出应付利息，销记开销户登记簿，将本息交付储户。其会计分录如下：

借：吸收存款——整存整取定期储蓄存款——××户

利息支出——定期存款利息支出户

贷：库存现金

（2）过期支取。储户持过期存单取款时，其处理手续与到期支取相同，但利息计算应包括到期利息和过期利息。

（3）提前支取。存款尚未到期，储户如急需用款，可以凭本人身份证件办理全部提前支取或部分提前支取。

全部提前支取时，应交验存款人身份证件，经查验无误后，按提前支取规定计付利息。其余手续与到期支取相同。

部分提前支取时，除对支取部分按提前支取办法支付本息并注销原存款外，对未取部分（续存本金）应按新开立定期存款账户办理。其会计分录如下：

借：吸收存款——整存整取定期储蓄存款——××户（全部本金）

利息支出——定期储蓄利息支出户（提前支取部分利息）

贷：库存现金（提前支取部分应给储户的本息）

定期储蓄存款——整存整取定期储蓄存款——××户（续存本金）

（二）关于其他定期储蓄存款

零存整取定期储蓄存款是存款时约定期限，每月固定存入一定数额本金，到期一次支取本息的一种储蓄存款。这种储蓄存款每月存入一次，如中途漏存一次，应在次月补存。

存本取息定期储蓄存款是指本金一次存入，在约定存期内分次支取利息，到期支取本金的一种储蓄存款。存本取息通常以 5 000 元起存，多存不限，由银行发给存款凭证，到期一次支取本金，利息凭存单分期支取，由储户与银行商定每月或几个月支取一次。

整存零取定期储蓄存款是本金一次存入，约定存期，分次支取本金，到期支取利息的一种储蓄存款。其最低起存金额为 1 000 元人民币。

定活两便储蓄是一种本金一次存入，不约定存期，可随时一次支取本息的存款方式。它既有活期之便，又有定期之利。一般以 50 元起存，多存不限。记名式定活两便储蓄存款的会计核算手续基本上与整存整取定期储蓄相同。不记名式存单一般固定面额，分50元和100元两种，可以在约定范围内通存通兑。

个人通知储蓄是一次存入本金，不约定存期，支取时需提前通知银行（提前1天或7天），约定支取时间和金额，一次或多次提取存款的储蓄。个人通知储蓄存款的起存金额为5万元。最低支取金额为5万元，存款人需一次存入，一次或分次支取。利率以取款当日中国人民银行公告的利率为准。

# 第四节　存款利息的计算

## 一、利息计算的一般规定

（一）计息范围

银行吸收存款人资金，除财政性预算内存款以及有特殊规定的款项不计利息外，应按规定支付利息。会计部门应按结息期和计算方法，准确地计算利息。对于应付而未付的存款利息按权责发生制进行核算。

（二）计息时间

存期是存款的时间，一般说存期“算头不算尾”，也就是存入日计算利息，支取日不计算利息，其计算方法是从存入日算至支取的前一日。

具体计算利息时，对定期存款与活期存款的存期计算有所不同。

定期存款计算利息时，按照存期“算头不算尾”的方法，从存入日算至支取的前一日为止。存期一般按对年、对月计算。

单位活期存款除非清户，一般均连续不间断发生存取款业务，因此，活期存款利息一般采取定期结息的做法，即按季结计利息。具体方法是采用余额表或乙种账计算计息积数，对活期存款的存期也就按照实际天数计算，所谓实际天数就是按照日历天数，大月按31天计算，小月按30天计算，平月按28天（或29天）计算。

个人储蓄的活期存款按季度计算利息，每季末月20日为结息日，从上季末月21日至本季末月20日。

单位和个人的定期存款其利息的计算，根据存期的档次，于存款到期日，利随本清。

（三）利息计算公式

利息=本金（存款金额）×存期×利率

本金元位起息，元位以下不计息。计算的利息保留到分位，分位以下四舍五入。利率是指一定存款的利息与存款本金的比率。利率由国务院授权中国人民银行制定与公布，各金融机构执行。

利率表示为：年利率%、月利率‰、日利率‱。在运用不同利率时应注意它们的相互关系：年利率÷12=月利率，月利率÷30=日利率。

---

**【相关链接】 中国人民银行《银行会计基本规范指导意见》节选**

七、计息规则

第三十三条 银行应根据规定的利率、结息日期和计息方法结计利息。

第三十四条 银行于结息日结计利息，所计利息应计入结息日次日账。

第三十五条 银行采用积数计息法的，应按实际天数结计利息，计算公式是：

利息=累计计息积数×日利率

累计计息积数=每日余额累计数

第三十六条 年利率换算为日利率的关系是：

日利率（‱）=年利率（%）÷360

第三十七条 定期存款（或贷款）到期日为节假日，在节假日前最后一个营业日支取（或归还），应扣除到期日与支取（归还）日之间的天数（算头不算尾，下同）按合同利率计算的利息。

节假日后支取存款，按过期支取存款计算利息。

节假日后第一个营业日归还贷款，按合同利率加收到期日与归还日之间天数的利息，节假日后第一个营业日未归还贷款，从该日起按逾期贷款计算利息。

法律、法规另有规定的，从其规定。

（资料来源 中国人民银行．银行会计基本规范指导意见．银发〔2002〕370号．2002.）

---

## 二、单位存款利息的核算

### （一）单位活期存款利息的核算

由于活期存款存取频繁，存款余额经常发生变动，因此，银行在实际工作中通常采用累计日积数法计息。累计日积数是各存款账户每日最后余额的逐日累计数。其计算公式为：

利息=累计应计息日积数×（月利率÷30）

1. 余额表计息

采用该方法计息，银行会计部门每日营业终了，将各计息分户账的最后余额按户抄列在积息余额表内（当日余额未变动的，照抄上日余额）。如遇错账冲正，应在余额表的“应加积数”、“应减积数”栏内调整计息积数。结息日，逐户将全季的累计积数乘以日利率，即得出各户应计利息数。计息余额表见表2-3。

表 2-3　　　　　　　　　　　　　　××银行计息余额表

20××年 9 月份

科目名称：吸收存款　　　　　　　　　利率：月 0.6‰　　　　　　　　共　　页　第　　页

| 日期、余额 \ 账号、户名 | 20××…0401 | 20××…0402 | … |
|---|---|---|---|
| | X 公司 | Y 公司 | … |
| 至上月底累计未计息积数 | 12 320 000 | （略） | |
| 1 | 11 200 | | |
| 2 | 45 000 | | |
| 3 | 45 000 | | |
| 4 | 45 000 | | |
| 5 | 33 200 | | |
| 6 | 22 100 | | |
| 7 | 22 100 | | |
| 8 | 22 100 | | |
| 9 | 24 300 | | |
| 10 | 24 300 | | |
| 10 天小计 | 294 300 | | |
| ⋮ | | | |
| 20 天小计 | 680 000 | | |
| ⋮ | | | |
| 本月合计 | 1 030 000 | | |
| 应加积数① | 71 000 | | |
| 应减积数 | | | |
| 至结息日累计应计息积数② | 10 371 000 | | |
| 至本月底未计息积数③ | 350 000 | | |

①应加积数和应减积数是因账务记载中出现的差错、做出更正后调整积数造成的。本例中的应加积数为本计息期内漏记 X 公司转账收入一笔，金额 1 420 元，5 天以后发现，更正后累计 5 天的应加积数为 71 000 元。

②至结息日累计应计息积数 = 至上月底累计未计息积数+20 天小计+应加积数

= 12 320 000+680 000+71 000 = 10 371 000

③至本月底未计息积数 = 本月合计-20 天小计

= 1 030 000-680 000 = 350 000

【例 2-1】根据表 2-3 的计息余额表，计算 M 公司第三季度的利息并转账。

第三季度利息 = 10 371 000×（0.6‰÷30） = 207.42（元）

借：利息支出　　207.42

　贷：应付利息　　207.42

转入单位活期存款账户时：

借：应付利息　　207.42

　贷：吸收存款——单位活期存款——甲公司户　　207.42

2. 账页计息

采用乙种账结计利息的，存款账户使用带积数的乙种账。当存款人存款账户发生资金收付后，按前一次最后余额乘以该余额的实存天数计算出积数，记入账页的“日数”和“积数”栏内。如更换账页，应将累计积数过入新账页第一行内，待结息日营业终了，加计本结息期内的累计天数和累计积数，以积数乘以日利率，即可得出应付利息数。计息分户账见表 2-4。

表 2-4　××银行吸收存款分户账

户名：X 公司　　账号：20××…0401　　利率：月 0.6‰

| 20××年 | | 摘要 | 借方 | 贷方 | 借或贷 | 余额 | 日数 | 积数 |
|---|---|---|---|---|---|---|---|---|
| 月 | 日 | | | | | | | |
| 9 | 1 | 承前页 | | | 贷 | | … | 12 320 000 |
| | | | | | | 11 200 | 1 | 11 200 |
| 9 | 2 | 转贷 | | 33 800 | 贷 | 45 000 | 3 | 135 000 |
| 9 | 5 | 转借 | 11 800 | | 贷 | 33 200 | 1 | 33 200 |
| 9 | 6 | 转借 | 11 100 | | 贷 | 22 100 | 3 | 66 300 |
| 9 | 9 | 转贷 | | 2 200 | 贷 | 24 300 | 2 | 48 600 |
| | ⋮ | ⋮ | | | | ⋮ | ⋮ | ⋮ |
| 9 | 20 | 结息 | | | | | … | 10 371 000 |
| 9 | 21 | 转息 | | 207.42 | | … | | |

计算利息和转账分录与余额表计息法相同。

3. 单位定期存款利息计算

单位定期存款的利息计算采取利随本清的办法，即在存款到期日支取本金的同时一并计付利息。

【例 2-2】S 公司存入银行定期存款 500 000 元，定期 2 年，年利率假定为

3.33%，3 月 20 日到期，该单位于 4 月 1 日来行支取，支取日活期存款年利率为 0.36%，其利息计算如下（假定以前年度未计提应付利息）：

到期利息＝500 000×2× 3.33%＝33 300（元）

逾期利息＝500 000×12×（0.36%÷360）＝60（元）

借：利息支出　　33 360
　贷：应付利息　　33 360

借：吸收存款——单位定期存款——N 单位户　　500 000
　　应付利息　　33 360
　贷：吸收存款——单位活期存款——N 单位户　　533 360

## 三、储蓄存款利息的核算

1. 活期储蓄存款利息的核算

按规定，活期储蓄存款按季结息，银行按当日活期储蓄存款挂牌利率结计利息，每季末月 20 日为结息日，从上季末月 21 日至本季末月 20 日。未到结息日清户的，利息按清户日活期储蓄利率计算，算至清户日前一日为止。

2. 定期储蓄存款利息的核算

（1）整存整取定期储蓄存款利息的计算

根据《储蓄管理条例》的规定，整存整取定期储蓄存款在原定存期内的利息，一律按存入日银行挂牌公告的利率计付利息，存期内遇利率调整，不分段计息；整存整取定期储蓄存款未到期，储户全部或部分提前支取的，提前支取部分按支取日活期储蓄存款利率计息，其余部分到期时，按原存入日挂牌公告的定期储蓄存款利率计息；整存整取定期储蓄存款过期支取的，除约定自动转存的以外，其超过原定存期的部分，按支取日活期储蓄存款利率计息。应付利息计算公式如下：

应付利息＝本金×存期×利率

【例 2-3】储户王平 20×2 年 4 月 16 日存入整存整取定期储蓄存款 80 000 元，定期 2 年，年利率为 3.06%。该档利率 20×4 年 2 月 21 日调至 2.99%，王彤 20×4 年 4 月 16 日到期支取（假定以前年度未计提应付利息）。

应付利息＝80 000 × 2 × 3.06%＝4 896（元）

借：利息支出　　4 896
　贷：应付利息　　4 896

借：吸收存款——定期储蓄存款——王平户　　80 000
　　应付利息　　4 896
　贷：库存现金　　84 896

（2）零存整取定期储蓄存款利息的计算

零存整取定期储蓄存款按约定存期到期支取的计息，根据不同情况，可以采用不同的计算方法。在实际工作中，常用的计算方法有固定基数法、月积数法和日积数法三种。

①固定基数法是指事先算出每元存款利息基数，到期乘以存款余额的计息方法。这种方法适用于存款逐月全存，到期支取的计息，计算公式为：

每元存款利息基数＝（1+存款月数）÷2 ×月利率

【例 2-4】储户王平于 20×4 年 3 月 18 日来银行办理零存整取定期储蓄存款，月存 1 600 元，存期 1 年，月利率为 1.425‰，于次年 3 月 18 日支取。

每元存款利息基数＝（1+12）÷2 ×1.425‰＝0.0092625（元）

应付利息＝19 200 × 0.0092625＝177.84（元）

3 年期、5 年期的存款也可以按各档利率，参照上述公式算出基数，乘以存款余额，计算应付利息。

②月积数法是适用于存款已到期，但有漏存月份情况下的计算利息的方法。将零存整取储蓄存款分户账的每月存款余额乘以所存月数，就是月积数。到期支取时，按月积数之和乘以同档月利率，即为应付利息数。

③日积数法，即储户每次来存款时，根据存入发生额乘以业务发生日至存款到期日的天数（算头不算尾），取得计息积数，按“存加取减”的原则，结出积数余额。到期日，以积数余额乘以存入日约定利率即为应付利息数。如储户提前支取，则按“存加取减”的原则，从积数余额中扣除未存满约定存期所产生的积数（即提前支取金额乘以提前支取日算至到期日的天数），结出计息积数，乘以支取日银行挂牌公告的活期储蓄存款利率，即为应付利息数。

过期支取的应付利息为到期息与过期息之和。到期息按正常规定计算，过期息则按最后余额与过期月数及支取日挂牌公告的活期储蓄存款利率计息；提前支取可比照整存整取定期储蓄存款的计息办法计算利息，不满整月的零头天数不计利息。

（3）存本取息定期储蓄存款利息的计算

存本取息每次支取的利息数可按如下公式计算：

每次支取利息数＝（本金×存款月数×月利率）÷支取利息次数

【例 2-5】储户王平于 20×3 年 6 月 10 日存入本金 200 000 元，存期 1 年，月利率为 1.65‰，每 3 个月支取利息一次。

每次支取利息数＝（200 000×12×1.65‰）÷4＝990（元）

（4）整存零取定期储蓄存款利息的核算

在这种储蓄存款方式下，到期计息可采用本金平均数法和月积数法。本金平均数法计息公式为：

到期应付利息 =（全部本金+每次支取本金额）÷2×存期×月利率

【例 2-6】储户王平一次存入本金 36 000 元，1 年期，每月支取一次 3 000 元，月利率为 1.65‰，最后一次支取日期为到期日，连同利息一并支取。

到期应付利息 =（36 000+3 000）÷2 × 12 × 1.65‰ = 386.10（元）

储户在存期内若要求部分提前支取，可提前支取一至二次，但必须在以后月份内停取一至二次。剩余款项的支取日按原定日期不变。如果提前支取全部余额，则根据实存金额及实存日期，按规定的活期储蓄利率计息；过期支取，可比照零存整取储蓄存款原则办理。

3. 定活两便储蓄存款利息的计算

定活两便储蓄存款的利息，根据实际存期同档的整存整取定期储蓄利率，按一定的折扣计算。不满规定存期的按活期利率计算。具体规定为：存期不满 3 个月的，按支取日挂牌公告的活期利率计算；存期 3 个月以上（含 3 个月）不满半年的，整个存期按支取日挂牌公告的整存整取 3 个月定期储蓄利率打六折计息；存期半年以上（含半年）不满 1 年的，整个存期按支取日挂牌公告的整存整取半年定期储蓄利率打六折计息；存期在 1 年以上的（含 1 年），无论存期多长，整个存期一律按支取日整存整取 1 年期定期储蓄利率打六折计息。

## 本章小结

1. 银行的存款业务是银行最大的负债业务，也是信贷资金的重要来源。

2. 存款的种类是多样的，存款账户中最主要的是基本存款账户。

3. 存款业务的核算涉及单位活期存款、单位定期存款、活期储蓄存款、定期储蓄存款的存入和支取等。

4. 活期存款利息的计算通常采用累计日积数法计算，定期结息；定期存款利息采取利随本清方式，按本金、存期和利率计算利息，于到期日随本金一并支付。

## 关键概念

负债业务　基本存款户　积数法

## 思考与应用

（一）复习思考

1. 简述存款的意义和种类。

2. 单位开立的存款账户有哪些种类？特点如何？

3. 如何理解开立银行存款账户的管理要求？

4. 个人储蓄存款业务的办理原则是什么？个人储蓄业务有哪些类别？

（二）操作练习

1. 20××年 9 月甲银行的开户单位发生如下经济业务，请根据这些业务编制会计分录。

（1）9 月 3 日，新兴百货公司存入现金，现金缴款单上的合计数为 80 000 元。

（2）9 月 5 日，红星乳品厂提取现金，开出现金支票，金额 30 000 元。

（3）9 月 20 日，第三季度红星乳品厂活期存款账户累计积数 860 000 元，由于错账更正应冲减积数 5 000 元。活期存款年利率为 0.72%。

2. 甲银行活期储蓄存款的结息日为每季度末月 20 日。该行的储户李江 20××年分别在该行办理如下存款业务（活期储蓄存款月利率为 0.6‰），请根据这些业务计算积数的变化情况及结息日和销户时的利息金额，并编制有关会计分录。

（1）1 月 5 日开户，存入现金 10 000 元。

（2）2 月 18 日，支取现金 1 500 元。

（3）3 月 20 日，结息，存入储户账户。

（4）5 月 26 日，存入现金 4 000 元。

（5）6 月 15 日，李江要求销户，银行计算并支付应付利息。

3. 储户陈强于 20××年 8 月 20 日在甲银行存入 3 年期整存整取定期存款 20 000 元。陈强于 20××年 9 月 20 日要求提前支取 5 000 元，剩余部分续存。开户时 3 年定期存款月利率为 2.7‰，20××年 9 月 20 日活期储蓄存款月利率为 0.6‰。

要求：

（1）计算 20××年 9 月 20 日甲银行应付陈强的利息并编制相关分录。

（2）编制存款到期日甲银行支付剩余款项及利息的会计分录。

# 第三章　贷款业务核算

## 学习目标

1. 了解商业银行贷款的种类
2. 掌握贷款发放和收回的会计核算
3. 掌握贴现业务的办理和到期收回贴现款的会计核算

## 第一节　贷款业务概述

### 一、贷款的意义与种类

贷款是银行或其他金融机构按一定利率和归还期限等条件出借货币资金的一种信用活动形式。广义的贷款是指贷款、贴现、透支等让渡资金使用权业务的总称。贷款是商业银行最主要的资产业务。商业银行发放贷款应遵循资金使用安全性、流动性和盈利性的原则。

按照不同的标准，可以将商业银行贷款业务分为以下几类：

（一）按贷款期限不同，可以将贷款分为短期贷款、中期贷款和长期贷款

短期贷款是指银行根据有关规定发放的、期限在1年以下（含1年）的各种贷款；中期贷款是指银行发放的贷款期限在1年以上5年以下（含5年）的各种贷款；长期贷款是指银行发放的贷款期限在5年以上的各种贷款。

（二）按还款方式不同，可以将贷款分为一次偿还的贷款和分期偿还的贷款

一次偿还的贷款是在贷款到期时一次偿还本金，而利息则根据约定，或在整个贷款期间分期支付，或在贷款到期时一次支付。分期偿还的贷款是按年、按季、按

月以相等的金额还本付息。

（三）按贷款对象不同，可以将贷款分为公司贷款和个人贷款

公司贷款具体分为流动资金贷款、固定资金贷款、贸易融资、住房信贷和综合授信等信贷品种。个人贷款又分为个人消费贷款和个人住房贷款，如个人质押贷款、个人汽车消费贷款、个人综合消费贷款、个人小额短期信用贷款和个人助学贷款（包括国家助学贷款和一般商业性助学贷款）等大类个人消费贷款业务品种。

（四）按贷款的保障条件不同，可以将贷款分为信用贷款、担保贷款和票据贴现

信用贷款是指银行完全凭借客户的信誉而无须提供抵押物或第三者保证而发放的贷款，这类贷款从理论上讲风险较大，银行通常要收取较高的利息。担保贷款是指具有一定的财产或信用作为还款保证的贷款。根据还款保证的不同，具体分为抵押贷款、质押贷款和保证贷款。票据贴现是持票人向银行贴付一定利息所做的票据转让行为。

（五）按照自主程度不同，可以将贷款分为自营贷款、委托贷款和特定贷款

自营贷款是指银行自主发放的贷款，贷款本息由银行收回，贷款的风险由银行承担，自营贷款构成商业银行贷款的主要部分；委托贷款是指由委托人提供资金，由受托人根据委托人指定的贷款对象、用途、金额、期限和利率代为发放、监督使用并协助委托人收回的贷款。在办理委托贷款业务的过程中，贷款人只收取手续费，并且不承担贷款的风险；特定贷款是指经国务院批准并对贷款可能造成的损失采取相应补救措施后责成国有独资商业银行发放的贷款。此类贷款具有政策性贷款的性质，但又不属于政策性贷款，如扶贫救灾贷款。

（六）按贷款的质量和风险程度不同，可以将贷款分为正常贷款、关注贷款、次级贷款、可疑贷款和损失贷款等五类

正常类贷款指借款人能够履行合同，有充分把握按时、足额偿还本息；关注类贷款指尽管借款人目前有能力偿还本息，但是存在一些可能对偿还产生不利影响的因素；次级类贷款指借款人的还款能力出现了明显问题，依靠其正常经营收入已无法保证足额偿还本息；可疑类贷款是指借款人无法足额偿还本息，即使执行抵押或担保也肯定造成一定损失；损失类贷款是指在采取所有可能的措施和一切必要的法律程序后，本息仍无法收回或只能收回极少部分。

## 二、贷款业务的核算要求

银行发放贷款主要遵循安全性、流动性和盈利性原则。在进行贷款核算时，尤其是对中长期贷款进行核算时，主要应遵循以下原则：

（一）本息分别核算

银行发放的中长期贷款，应当按照实际贷出的贷款金额入账。期末，应当按照

贷款本金和适用的利率计算应收取的利息，分别贷款本金和利息进行核算。

（二）商业贷款与政策性贷款分别核算

由于政策性贷款的发放与国家相关政策导向有密切相关性，而且政策性贷款在利率上也通常具有一定的优惠，因此，银行应将政策性贷款与商业性贷款分别核算。

（三）自营贷款和委托贷款分别核算

自营贷款的风险由银行承担，并由银行收取本金和利息；委托贷款的风险由委托人承担，银行在发放委托贷款时，只收取手续费，不得代垫资金。

（四）应计贷款和非应计贷款应分别核算

非应计贷款是指贷款本金或利息逾期 90 天没有收回的贷款。应计贷款是指非应计贷款以外的贷款。当贷款的本金或利息逾期 90 天时，应单独核算。

## 三、主要会计科目及核算内容

贷款业务核算涉及的主要会计科目及核算内容见表 3-1。

表 3-1　**贷款业务会计科目及其核算内容**

| | 名称 | 主要核算内容 |
|---|---|---|
| 资产类 | 贷款 | 核算企业（银行）按规定发放的各种客户贷款，包括质押贷款、抵押贷款、保证贷款、信用贷款等①。本科目可按代理类别、客户，分别“本金”、“利息调整”、“已减值”等进行明细核算 |
| | 贴现资产 | 核算企业（银行）办理票据的贴现、转贴现等业务所融出的资金。本科目可按贴现类别和贴现申请人进行明细核算 |
| | 应收利息 | 核算金融企业发放贷款、存放中央银行款项、拆除资金、买入返售金融资产等应收取的利息②。本科目可按借款人进行明细核算 |
| | 贷款损失准备 | 核算企业（银行）各项贷款、垫款及拆出资金计提的减值准备 |
| | 抵债资产 | 核算金融企业依法取得并准备按有关规定处置的实物抵债资产的成本。本科目可按抵债资产类别及借款人进行明细核算 |
| 损益类 | 利息收入 | 核算金融企业确认的利息，包括发放的各类贷款、与其他金融机构之间发生的资金往来业务、买入返售金融资产实现的利息收入。本科目可按业务类别进行明细核算 |

① 也可单独设置“银团贷款”、“贸易融资”、“协议透支”、“信用卡透支”、“转贷款”、“垫款”等科目；或根据需要使用“质押贷款”、“抵押贷款”科目。

② 也包括企业持有交易性金融资产、持有至到期投资、可供出售金融资产的应收利息。

# 第二节 贷款业务的核算

## 一、信用贷款的核算

### （一）贷款发放

商业银行发放的信用贷款、担保贷款、抵押贷款多采用逐笔核贷的贷款核算方式。这种核算方式的特点是：由借款单位向银行提出申请，银行根据批准的贷款计划，逐笔立据、逐笔审查、逐笔发放，约定期限，一次贷放，一次或分次归还贷款，按照规定利率计收利息的一种贷款核算方式。

借款人申请贷款时，首先向信贷部门提交贷款申请书，经信贷部门审核批准后，双方商定贷款的额度、期限、用途、利率等，并签订借款合同或协议。借款合同一经签订，便具有法律效力，银行和借款人必须共同遵守、履行。借款合同申请书的格式如表 3-2 所示。

表 3-2 **借款合同申请书**

<table>
<tr><td>借款人</td><td></td><td>账号</td><td></td><td>已借款金额</td><td></td></tr>
<tr><td>申请贷款金额</td><td></td><td>还款日期</td><td></td><td>借款利息（月息）</td><td></td></tr>
<tr><td>借款用途及理由</td><td colspan="5"></td></tr>
<tr><td colspan="2">借款方<br>借款单位（章）<br>负责人（章）<br>经办人（章）</td><td colspan="2">借款担保方<br>担保单位（章）<br>负责人（章）</td><td colspan="2">贷款方<br>贷款银行（章）<br>经办人（章）</td></tr>
<tr><td colspan="6">银行审核意见：</td></tr>
<tr><td colspan="6">上列贷款按银行核定金额，双方商定如下合同条款，共同遵守：<br>1. 贷款方应按核定的贷款金额用途，保证按计划提供贷款；否则应按规定付给借款方违约金。<br>2. 借款单位保证按规定的用途使用贷款，未经贷款方的同意，不得挪作他用。如转移贷款用途，贷款方有权进行处罚，实施收取罚息、提前收回贷款、停止发放新的贷款等信用制裁。<br>3. 上列借款，借款方应保证按期归还。如需延期使用，借款方最迟在贷款到期前 3 天提出延期使用申请，经贷款方同意办理延期手续。贷款方未同意延期或未办理延期手续的逾期贷款，按政策规定加收 20% ~50% 的罚息。<br>4. 贷款到期一个月后，如借款方未按期归还贷款本息，由担保单位负责为借款方偿还本息和逾期罚息。<br>5. 本合同一式三份，借款方、贷款方、担保方各持一份。</td></tr>
</table>

借款合同签订以后，借款单位需要用款时，应填制一式五联的借款凭证，送信贷部门审批，其格式如表 3-3 所示。信贷部门审查同意后，在借款凭证上加注贷款编号、贷款种类、贷款期限、贷款利率、银行核定贷款金额等项目，送会计部门凭以办理放款手续。

表 3-3　　**银行（贷款）借款凭证（申请书代付出凭证）**

单位编号：　　　　年　月　日　　　　银行编号：

<table>
<tr><td rowspan="3">收款单位</td><td>名称</td><td></td><td rowspan="3">借款单位</td><td colspan="5">名称</td><td colspan="5"></td></tr>
<tr><td>往来户账号</td><td></td><td colspan="5">放款户账号</td><td colspan="5"></td></tr>
<tr><td>开户银行</td><td></td><td colspan="5">开户银行</td><td colspan="5"></td></tr>
<tr><td>借款期限</td><td></td><td>利率</td><td></td><td colspan="5">起息日</td><td colspan="5"></td></tr>
<tr><td colspan="2" rowspan="2">借款申请金额</td><td rowspan="2">人民币<br>（大写）</td><td colspan="2">千</td><td>百</td><td>十</td><td>万</td><td>千</td><td>百</td><td>十</td><td>元</td><td>角</td><td>分</td></tr>
<tr><td colspan="2"></td><td></td><td></td><td></td><td></td><td></td><td></td><td></td><td></td><td></td></tr>
<tr><td colspan="2" rowspan="2">借款原因及用途</td><td rowspan="2">银行核定金额</td><td colspan="2">千</td><td>百</td><td>十</td><td>万</td><td>千</td><td>百</td><td>十</td><td>元</td><td>角</td><td>分</td></tr>
<tr><td colspan="2"></td><td></td><td></td><td></td><td></td><td></td><td></td><td></td><td></td><td></td></tr>
<tr><td colspan="3" rowspan="3">银行审批<br>负责人　信贷部门主管　信贷员</td><td colspan="2">期限</td><td colspan="4">计划还款日期</td><td colspan="5">计划还款金额</td></tr>
<tr><td colspan="2"></td><td colspan="4"></td><td colspan="5"></td></tr>
<tr><td colspan="2"></td><td colspan="4"></td><td colspan="5"></td></tr>
<tr><td colspan="3">兹根据你行贷款办法规定，申请办理上述借款，请核定贷给。<br>此致<br>银行<br>（借款单位预留往来户印鉴）</td><td colspan="11">会计分录：借<br>对方科目：贷<br>会计　　复核　　记账</td></tr>
</table>

会计部门收到借款凭证后，应认真审查信贷部门的审批意见，审核凭证各项内容。审核无误后办理转账。会计分录为：

借：贷款——借款单位户——本金（合同本金）

　贷：吸收存款——借款单位户（实际支付的金额）

按其差额，借记或贷记：贷款——利息调整

【例 3-1】甲银行 20×3 年 3 月 10 日接到开户单位 X 公司的借款申请，经信贷部门核定，同意贷给该客户期限 9 个月、利率 6% 的短期贷款 1 000 000 元，会计部门于 3 月 20 日根据借款凭证编制贷款发放的转账分录。

3 月 20 日贷款发放的会计分录为：

借：贷款——短期贷款——X 公司户　　　1 000 000

　贷：吸收存款——X 公司户　　　1 000 000

（二）贷款收回

银行会计部门应经常查看贷款借据的到期情况，在贷款快要到期时，与信贷部门联系，通常提前 3 天通知借款单位准备还款资金，以便到期时按期还款。

1. 未减值贷款的收回

当借款单位归还贷款时，应签发转账支票及填制一式四联的还款凭证办理还款手续。还款凭证格式如表 3-4 所示。

表 3-4　　**银行（　　贷款）还款凭证（借方凭证）**

年　月　日　　　　合同编号：

<table>
<tr><td rowspan="3">借款单位</td><td>名称</td><td colspan="4"></td><td rowspan="3" colspan="2">付款单位</td><td colspan="3">名称</td><td colspan="4"></td></tr>
<tr><td>放款户账号</td><td colspan="4"></td><td colspan="3">往来户账号</td><td colspan="4"></td></tr>
<tr><td>开户银行</td><td colspan="4"></td><td colspan="3">开户银行</td><td colspan="4"></td></tr>
<tr><td colspan="2">还款日期</td><td colspan="4">年　月　日</td><td colspan="4">还款次序</td><td colspan="5">第　　次还款</td></tr>
<tr><td colspan="2" rowspan="2">偿还金额</td><td rowspan="2" colspan="2">人民币<br>（大写）</td><td>亿</td><td>千</td><td>百</td><td>十</td><td>万</td><td>千</td><td>百</td><td>十</td><td>元</td><td>角</td><td>分</td></tr>
<tr><td></td><td></td><td></td><td></td><td></td><td></td><td></td><td></td><td></td><td></td><td></td></tr>
<tr><td colspan="6">还款内容</td><td colspan="9"></td></tr>
<tr><td colspan="6">由我单位往来划转归还上述借款<br><br>（借款单位预留往来账户印鉴）<br>（银行主动收贷时免盖）</td><td colspan="9">会计分录：借<br>对方科目：贷<br>会计　　复核　　记账</td></tr>
</table>

收回未减值贷款时，银行应按客户归还的金额，

借：吸收存款——借款单位户

　贷：应收利息

　　贷款——借款单位户

存在利息调整余额的，还应同时结转。

【例 3-2】接上例，X 公司于 20×3 年 12 月 20 日按期归还贷款本息。假设甲银行采取定期收息的方式核算贷款利息，则应于当年 6 月 20 日、9 月 20 日和 12 月 20 日分别做以下计息分录：

6 月 20 日，利息 $=1\ 000\ 000\times6\%\times3\div12=15\ 000$（元）

会计分录为：

借：应收利息 15 000

　贷：利息收入 15 000

借：吸收存款——X 公司户 15 000

　贷：应收利息 15 000

9 月 20 日，利息及转账分录与 6 月 20 日相同。

12 月 20 日，计息的分录仍与 6 月 20 日相同，由于客户当日按期还款，因此可将最后一季度的利息与本金一并收回。会计分录为：

借：吸收存款——X 公司户 1 045 000

　贷：贷款——短期贷款——X 公司户 1 000 000

　　应收利息（已计提利息） 30 000

　　利息收入（最后一季度利息） 15 000

2. 减值贷款的处理

资产负债表日，对于减值贷款按应减计的金额，

借：资产减值损失

　贷：贷款损失准备

借：贷款——已减值

　贷：贷款——本金

　　　　——利息调整

同时，应按贷款的摊余成本和实际利率计算确定的利息收入金额，

借：贷款损失准备

　贷：利息收入

此外，还需将按合同本金和合同约定的名义利率计算确定的应收利息金额进行表外登记。

收回减值贷款时，

借：吸收存款——借款单位户（实际收到的金额）

　　贷款损失准备（贷款损失准备余额）

　贷：贷款——已减值

　　资产减值损失（差额）

【例 3-3】甲银行 20×1 年 1 月 1 日发放的 3 年期贷款中，有一客户 Y 公司的贷款本金为 200 万元，年利率 6.4%。20×2 年 12 月 31 日，经测试确认该笔贷款已发生减值 15 000 元。

20×2 年 12 月 31 日的会计分录为：

借：资产减值损失　　15 000

　贷：贷款损失准备　　15 000

同时，

借：贷款——已减值——Y 公司　　2 000 000

　贷：贷款——本金——Y 公司　　2 000 000

假定甲银行仍采取定期收息方式收取利息，且至 20×2 年度第 3 季度为止已计提的应收利息均已收回。

20×2 年第四季度，利息＝1 985 000×3×6.4%÷12＝31 760（元）

会计分录为：

借：贷款损失准备　　31 760

　贷：利息收入　　31 760

表外分录：

收：应收利息　　32 000（2 000 000×3×6.4%÷12）

接【例 3-3】，甲银行于 20×4 年 1 月 1 日全额收回 Y 公司贷款本金 200 万元及全部应收未收利息。

甲银行在 20×3 年共提利息＝31 760×4＝127 040（万元）

贷款损失准备借方余额＝127 040+31 760−15 000＝143 800（万元）

全部应收未收利息＝32 000+32 000×4＝160 000（万元）

借：吸收存款——Y 公司户　　2 160 000

　贷：贷款——已减值　　2 000 000

　　资产减值损失　　15 000

　　贷款损失准备　　143 800

　　利息收入　　1 200

表外分录：

付：应收利息　　32 000

3. 贷款展期

贷款到期，由于客观情况发生变化，借款人经过努力仍不能还清贷款的，短期贷款必须于到期日 10 日以前，中长期贷款必须于到期日 1 个月以前，由借款人向银行提出贷款展期的书面申请，写明展期的原因，银行信贷部门视具体情况决定是否展期。对同意展期的贷款，应在展期申请书上签署意见，然后将展期申请书交给会计部门。每一笔贷款只能展期一次，短期贷款展期不得超过原贷款的期限，中长期贷款展期不得超过原贷款期限的一半，最长不得超过 3 年。

贷款展期，会计部门无须办理转账手续。

4. 贷款逾期

贷款到期，借款单位事先未向银行申请办理展期手续，或申请展期未获得批准，或者已经办理展期，但展期到期日仍未能归还贷款的，即作为逾期贷款。银行应将贷款转入该单位的逾期贷款账户。等借款单位存款账户有款支付时，一次或分次扣收，并从逾期之日起至款项还清前一日止，除按规定利率计息外，还应按实际逾期天数和人民银行规定的罚息率计收罚息。

贷款本金或利息逾期 90 天没有收回的贷款通过"非应计客户贷款"科目核算。本科目应按贷款种类设置一级科目再按借款人设专户进行明细核算。期末借方余额，反映银行按规定发放的客户贷款余额。

当应计贷款转为非应计贷款时，

借：非应计客户贷款

　贷：逾期贷款——借款单位户

同时，冲减利息收入，

借：利息收入

　贷：应收利息(已计提为收回的应收利息和以后计提的应收利息，均应在表外进行登记)

到期收回客户贷款本息时，按实际收到的金额，

借：吸收存款——××单位存款户

　贷：非应计客户贷款（按客户贷款本金）

　　利息收入（按其差额）

## 二、抵押贷款的核算

抵押贷款是担保贷款的一种，是银行对借款人以一定财产作为抵押而发放的一种贷款。借款人到期不能归还贷款本息时，银行有权依法处置贷款抵押物，并从所得价款收入中优先收回贷款本息，或以该抵押物折价充抵贷款本息。

抵押贷款一般采取逐笔核贷的贷款核算方式。

### （一）抵押贷款发放

抵押贷款由借款人向银行提出申请，并向银行提交"抵押贷款申请书"，写明借款用途、金额、还款日期、抵押品名称、数量、价值、存放地点等有关事项，同时提交有权处分人的同意抵押（质押）的证明或保证人同意保证的有关证明文件。

抵押贷款中，流动资金贷款最长不超过 1 年，固定资金贷款一般为 1 至 3 年，

最长不超过5年。

抵押贷款通常不是按抵押品价值全额贷放，而是按抵押品价值的一定比例贷放贷款。这个比率通常称为抵押率，抵押率的计算公式如下：

$$抵押率 = 1 - \frac{抵押物预计贬值率}{抵押物现值} \times 100\%$$

银行在办理抵押贷款时，抵押率一般控制在80%以下，对于一些科技含量高、更新速度快的机器设备，抵押率还会更低，一般控制在50%以下。

借款人使用贷款时，由信贷部门根据确定的贷款额度，填写一式五联的借款凭证，签字后加盖借款人的预留印鉴，经信贷部门有关人员审批后，与抵押贷款有关单证一并送交会计部门。

会计部门收到信贷部门转来的有关单证，经审查无误后，根据有关规定及借款人的要求办理转账。贷款发放时，会计分录为：

借：抵押贷款——借款人贷款户

　贷：吸收存款——借款人存款户

（二）抵押贷款收回

抵押贷款到期，借款人应主动提交还款凭证，连同银行出具的抵押品代保管收据，办理还款手续，会计分录为：

借：吸收存款——借款人存款户

　贷：抵押贷款——借款人贷款户

　　　利息收入——抵押贷款利息收入户

同时销记表外科目，原抵押申请书作为表外科目付出传票的附件，

付：代保管有价值品

（三）抵押贷款逾期

抵押贷款到期，借款单位如不能按期归还贷款本息，银行应将其贷款转入逾期贷款科目核算，并按规定计收罚息。出现下列情况，银行有权依法处理抵押物品：借款合同履行期满，借款人未按期偿还贷款本息，又未同银行签订贷款展期协议或申请展期未经批准的；抵押期间，借款人死亡、无继承人或受遗赠人的；借款人的继承人拒绝偿还贷款本息或继承人放弃继承的；借款人被解散、宣布破产或依法撤销的；其他可以依法处分抵押物的情形。银行处理抵押品主要有两种方式——作价入账和出售。

（四）抵债资产的核算

银行发放抵押贷款，不能收回时，可依法取得该资产，并可按有关规定处置抵债资产。

1. 取得抵债资产

抵债资产取得时，应按抵债资产的公允价值入账。会计分录为：

借：抵债资产（公允价值）
　　贷款损失准备（已计提的贷款损失准备）
　　资产减值损失（贷方大于借方时的损失）
　贷：抵押贷款——借款人户——本金
　　　应交税费（取得抵债资产应承担的税费）
　　　营业外收入（借方大于贷方时的利得）

2. 处置抵债资产

银行将依法取得的抵债资产进行处置时，会计分录为：

借：库存现金（或存放中央银行款项）（实际收到的金额）
　　营业外支出（贷方大于借方时的损失）
　贷：应交税费（处置抵债资产应支付的税费）
　　　抵债资产（账面价值）
　　　营业外收入（借方大于贷方时的利得）

3. 将抵债资产转为自用资产

当抵债资产可以为银行自用时，银行可进行以下处理：

借：固定资产
　贷：抵债资产

抵债资产取得以后，未处置或未转为银行自用之前，若发生减值，也应计提“抵债资产减值准备”，该账户的余额应于处置或转作自用时与“抵债资产”账户的余额一并转出。

## 三、贷款利息的核算

### （一）贷款利息的计算方法

银行发放的各种贷款，除国家有特殊规定和财政补贴外，均应按规定计收利息。贷款利息的计算分为定期收息和利随本清两种。

1. 定期收息

对于定期收息的贷款，银行于每季度末月 20 日营业终了时，根据下列公式计算利息：

应收利息 = 本金 × 年利率 × 3 ÷ 12

2. 利随本清

利随本清也称为逐笔结息的计息方式。贷款到期，借款人还款时，应计算自放款日起至还款日前一日止的贷款天数，然后利用下列公式计算利息。

应收利息 = 还款金额×日数×月利率÷30

（二）贷款利息的核算

企业应按照“本金、表内应收利息、表外应收利息”的顺序收回贷款本金及贷款产生的应收利息。

按期计提贷款应收利息时，会计分录为：

借：应收利息

　贷：利息收入

收到利息时，会计分录为：

借：吸收存款——借款单位户

　贷：应收利息

当贷款成为非应计贷款时，应将已入账但尚未收取的利息收入和应收利息予以冲销；其后发生的应计利息，应纳入表外核算。贷款成为非应计贷款后，在收到该笔贷款的还款时，首先应冲减本金；本金全部收回后，再收到的还款则确认为当期利息收入。

已转入表外核算的应收利息以后收到时，应按以下原则处理：

1. 本金未逾期，且有客观证据表明借款人将会履行未来还款义务的，应将收到的该部分利息确认为利息收入。收到该部分利息时，按收到的金额记：

借：吸收存款——存款单位户

　贷：利息收入

2. 本金未逾期或逾期未超过 90 天，且无客观证据表明借款人将会履行未来还款义务的，以及本金已逾期的，应将收到的该部分利息确认为贷款本金的收回。收到该部分利息时，按收到的金额记账如下：

借：吸收存款——存款单位户

　贷：贷款——短期或中长期贷款——借款单位户

当拆出资金到期（含展期，下同）90 天后仍未收回的，或者拆出资金尚未到期而已计提应收利息逾期 90 天后仍未收回的，应将原已计入损益的利息收入转入表外核算，其后发生的应计利息纳入表外核算。

## 第三节　贴现业务的核算

### 一、贴现的概念

票据贴现是指票据持有人在票据到期以前为获得资金而向银行贴付一定的利息

所做的票据转让。目前，银行办理贴现业务的票据主要是商业汇票。商业汇票按承兑人的不同可以分为商业承兑汇票和银行承兑汇票。商业汇票一律记名，允许背书转让，期限最长不超过 6 个月。

## 二、商业汇票贴现的核算

商业汇票持有者如急需使用资金，可持汇票向开户银行申请贴现。申请时填制一式五联的贴现凭证，如表 3-5 所示。

表 3-5　　贴现凭证（代申请书）

申请日期　　年　月　日　　第　号

<table>
<tr><td rowspan="3">贴现汇票</td><td>种类</td><td colspan="4"></td><td>号码</td><td colspan="5"></td><td rowspan="3">持票人</td><td>名称</td><td colspan="10"></td></tr>
<tr><td>出票日</td><td colspan="10">年　月　日</td><td>账号</td><td colspan="10"></td></tr>
<tr><td>到票日</td><td colspan="10">年　月　日</td><td>开户银行</td><td colspan="10"></td></tr>
<tr><td colspan="2">汇票承兑人</td><td>名称</td><td colspan="4"></td><td>账号</td><td colspan="5"></td><td>开户银行</td><td colspan="10"></td></tr>
<tr><td rowspan="2">汇票金额</td><td colspan="13" rowspan="2">人民币（大写）</td><td>千</td><td>百</td><td>十</td><td>万</td><td>千</td><td>百</td><td>十</td><td>元</td><td>角</td><td>分</td></tr>
<tr><td></td><td></td><td></td><td></td><td></td><td></td><td></td><td></td><td></td><td></td></tr>
<tr><td rowspan="2">贴现率</td><td rowspan="2">‰</td><td rowspan="2">贴现利息</td><td>千</td><td>百</td><td>十</td><td>万</td><td>千</td><td>百</td><td>十</td><td>元</td><td>角</td><td>分</td><td rowspan="2">实付贴现金额</td><td>千</td><td>百</td><td>十</td><td>万</td><td>千</td><td>百</td><td>十</td><td>元</td><td>角</td><td>分</td></tr>
<tr><td></td><td></td><td></td><td></td><td></td><td></td><td></td><td></td><td></td><td></td><td></td><td></td><td></td><td></td><td></td><td></td><td></td><td></td><td></td><td></td></tr>
<tr><td colspan="6">附送承兑汇票申请贴现，请审核。<br>持票人签字</td><td colspan="7">银行审核</td><td colspan="6">负责人　信贷员</td><td colspan="5">科目：贷<br>对方科目：借<br>复核　记账</td></tr>
</table>

贴现申请人在第一联凭证上按规定签章后，将凭证及商业汇票一并送交银行信贷部门。信贷部门根据信贷管理办法及结算规定进行贴现审查后，填写《××汇票贴现审批书》，提出审查意见，按照贷款审批权限，报经相关部门审批。贷款决策部门审查同意后，应在《××汇票贴现审批书》上签署决策意见，并在贴现凭证的“银行审核”栏签注“同意”字样并加盖有关人员名章后，送交会计部门。

会计部门接到贴现凭证及商业汇票后，按照规定的贴现率，计算出贴现利息并予以扣收。贴现利息的计算方法如下：

贴现利息 = 汇票金额×贴现天数×（月贴现率 ÷ 30）

实付贴现金额 = 汇票金额－贴现利息

将按规定贴现率计算出来的贴现利息、实付贴现金额填在贴现凭证有关栏内，办理转账手续。银行通过“贴现资产”科目核算办理商业票据的贴现、转贴现和再贴现业务的款项。该科目应按贴现种类和贴现申请人进行明细核算，期末为借方余额，反映银行办理的贴现款项。贴现行的会计分录为：

借：贴现资产——商业承兑汇票或银行承兑汇票（面值）

　贷：吸收存款——贴现申请人户

　　　贴现资产——利息调整

同时，按汇票金额登记表外科目，

收：代保管有价值品

资产负债表日，应按以实际利率计算确定的贴现利息收入的金额做会计分录：

借：贴现资产——利息调整

　贷：利息收入

实际利率与合同约定的名义利率差异不大的，也可以采用合同约定的名义利率计算确定利息收入。

【例 3-4】20×3 年 5 月 5 日，甲银行收到客户 Y 公司提交的银行承兑汇票，金额 340 000 元，到期日为 20×3 年 7 月 10 日，Y 公司申请贴现，甲银行审定后同意按 7.2% 的贴现率贴现。

贴现天数＝66 天

贴现利息＝340 000×66×7.2%÷360＝4 488（元）

实付贴现金额＝340 000－4 488＝335 512（元）

会计分录为：

借：贴现资产——银行承兑汇票　　340 000

　贷：吸收存款——Y 公司户　　335 512

　　　贴现资产——利息调整　　4 488

## 三、贴现汇票到期收回贴现款的核算

贴现银行应经常查看已贴现汇票的到期情况。对于已到期的贴现汇票，应及时收回票款。

### （一）商业承兑汇票贴现款到期收回

商业承兑汇票贴现款的收回是通过委托收款方式进行的。贴现银行作为收款人，应于汇票到期前，以汇票作为收款依据，提前填制委托收款凭证向付款人收取票款。

当贴现银行收到付款人开户行划回的票款时，会计分录如下：

借：吸收存款——付款人户（或支付清算类科目，或存放中央银行款项）

贷：贴现资产——商业承兑汇票

借：贴现资产——利息调整

贷：利息收入

如果贴现银行收到付款人开户行退回委托收款凭证、汇票和拒付理由书或付款人未付票款通知书时，对于贴现申请人在本行开户的，可以从贴现申请人账户收取。会计分录为：

借：吸收存款——贴现申请人存款户

贷：贴现资产——商业承兑汇票

借：贴现资产——利息调整

贷：利息收入

若贴现申请人账户余额不足时，则不足部分转做逾期贷款，会计分录如下：

借：吸收存款——贴现申请人存款户

逾期贷款——贴现申请人贷款户

贷：贴现资产——商业承兑汇票

（二）银行承兑汇票贴现款到期收回

银行承兑汇票的承兑人是付款人开户银行，信用可靠，不会发生退票情况，贴现银行在汇票到期前，以自己为收款人，填制委托收款凭证，向对方银行收取贴现款。等收到对方银行的联行报单及划回的款项时，

借：吸收存款（或支付清算类科目，或存放中央银行款项）

贷：贴现资产——银行承兑汇票

借：贴现资产——利息调整

贷：利息收入

【例 3-5】接上例，设上例银行承兑汇票到期，甲银行向异地某承兑银行（同系统）发出委托收款凭证和汇票后，于日后收到划回的汇票款项。

甲银行的会计分录为：

| | | |
|---|---|---|
| 借：支付清算类科目 | 340 000 | |
| 贷：贴现资产——银行承兑汇票 | | 340 000 |
| 借：贴现资产——利息调整 | 4 488 | |
| 贷：利息收入 | | 4 488 |

期末，应对贴现进行全面检查，并合理计提贷款损失准备。对于不能收回的贴现应查明原因。确实无法收回，经批准作为呆账损失的，应冲销提取的贷款损失准备。会计分录为：

借：贷款损失准备

贷：贴现资产——商业承兑汇票或银行承兑汇票

## 本章小结

1. 贷款是商业银行最主要的资产业务，是银行经营货币资金获利的主要渠道。

2. 信用贷款和抵押贷款通常采用逐笔核贷的核算方式；贷款一旦减值，应按减值后的摊余成本计算利息，按本金计算的应收利息纳入表外核算。

3. 贷款利息的计算分为定期收息和利随本清两种。

4. 贴现商业汇票也是贷款的一种，到期收回阶段的核算应与票据结算部分的有关内容结合掌握。

## 关键概念

信用贷款　抵押贷款　贴现

## 思考与应用

（一）复习思考

1. 商业银行贷款具体由哪些种类构成？

2. 商业银行如何进行贷款风险管理？

3. 什么是贴现？贴现业务与贷款业务有何联系与区别？

4. 商业银行贴现业务如何核算？商业承兑汇票和银行承兑汇票贴现在账务处理上有何异同？

（二）操作练习

某商业银行发生下列未减值贷款业务，请编制这些业务的会计分录。

1. 7 月 2 日，开户单位新兴百货公司申请流动资金贷款 200 000 元，经信贷部门审查同意发放，转入该公司存款账户。

2. 7 月 3 日，开户单位塑料厂申请办理抵押贷款 300 000 元，审核后予以办理。

3. 7 月 7 日，开户单位塑料厂归还 2 月 7 日借入的短期贷款 500 000 元，月利率为 6‰，贷款本息一并归还。

4. 7 月 20 日，计提借款人制药厂贷款利息 34 000 元。

5. 7 月 23 日，借款人王刚以现金支付贷款本金 50 000 元，利息 2 300 元。

6. 7 月 28 日，借款人李鸿申请短期贷款 20 000 元，审查后予以办理，付给现金。

7. 7 月 31 日，向借款人制药厂收取贷款利息 34 000 元。

# 第四章 国内支付结算业务核算

## 学习目标

1. 了解支付结算的概念和原则
2. 熟悉支付结算业务的核算特点
3. 掌握银行汇票、银行本票、支票和商业汇票的会计核算
4. 掌握汇兑、托收承付、委托收款结算业务的会计核算
5. 了解信用卡支付系统的会计核算

## 第一节 国内支付结算业务概述

### 一、支付结算的意义

结算是指对经济主体之间因商品交易、劳务供应、资金调拨及其他款项往来而产生的货币收付关系，是对债权债务进行清偿的行为。

本章介绍的国内支付结算业务，指商业银行通过提供结算工具，对国内客户之间因商品交易、劳务供应、资金调拨及其他款项往来而产生的债权债务进行清偿的行为。

支付结算是银行代客户清偿债权债务、收付款项的一种传统的中间业务，客户在银行开立存款结算账户，除为了资金安全的目的外，很大程度上是利用银行在转账结算方面收付款项的便利。商业银行为了扩大业务、与企业建立广泛联系、吸收更多的存款，也尽量加强和完善结算业务工作，为顾客提供优质、方便、迅速、安全的结算服务。

## 二、支付结算的管理体制

在我国，支付结算业务实行集中统一和分级管理相结合的管理体制。支付结算的有关制度和办法由中国人民银行总行负责统一制定，并由中国人民银行组织、协调、管理和监督全国的社会支付结算工作，协调和处理银行之间的支付结算纠纷。

各商业银行总行可以根据统一的支付结算制度，结合本行情况和经济活动的需要，制定具体管理实施办法，但必须报经中国人民银行总行批准后执行。商业银行总行负责组织、管理、协调本行内的支付结算工作，协调、处理本行内分支机构之间的支付结算纠纷。

## 三、结算原则和结算纪律

（一）支付结算原则

结算原则是办理结算业务的单位和个人以及银行会计部门在组织结算业务核算时所必须遵循的原则。其内容包括：

1. 恪守信用，履约付款

2. 谁的钱进谁的账，由谁支配

3. 银行不垫款

（二）支付结算纪律

1. 银行需遵守的结算纪律

（1）不准以任何理由压票、任意退票、截留挪用客户和他行的资金、受理无理拒付、不扣少扣滞纳金。

（2）不准在结算制度之外规定附加条件，影响汇路通畅。

（3）不准违反规定为单位和个人开立账户。

（4）不准拒绝受理、代理他行正常结算业务。

（5）不准放弃对企事业单位和个人违反结算纪律的制裁。

（6）不准违章签发、承兑、贴现票据，套取银行资金。

（7）不准超额占用联行汇差资金、转嫁资金矛盾。

（8）不准逃避向人民银行转汇大额汇划款项和清算大额银行汇票资金。

（9）不准签发空头银行汇票、银行本票和办理空头汇款。

（10）不准无理拒绝支付应由银行支付的票据款项。

2. 单位和个人需遵守的结算纪律

（1）不准套取银行信用，签发空头支票、印章与预留印鉴不符支票和远期支票以及没有资金保证的票据。

（2）不准无理拒付，任意占用他人资金。

（3）不准违反规定开立和使用账户。

（4）不准签发、取得和转让没有真实交易和债权债务的票据，套取银行和他人资金。

## 四、支付结算业务的核算特点

银行是全国的支付结算中心，社会支付结算业务在商业银行的各项业务中所占的比重最大，核算手续繁多，其会计核算归纳起来有如下特点。

其一，支付结算的核算程序必须以相关法律为依据。

其二，支付结算业务的处理程序同支付结算业务的会计处理步骤完全一致。

其三，支付结算业务的凭证格式由银行统一制定。

## 五、支付结算的方式

目前，我国的国内支付结算工具主要包括银行汇票、商业汇票、银行本票、支票、信用卡、汇兑、托收承付、委托收款和信用证等。其中，银行汇票、商业汇票、银行本票和支票属于票据结算。

由于结算业务的当事人可在不同地点、不同银行开户，银行间资金的划转和清算需根据不同情况参与不同的支付清算系统。为强调结算业务流程中账户资金划转的会计核算，本章假定异地结算业务均发生在银行业金融机构行内支付系统之中，即采用“支付清算类科目”[①] 完成资金的清算划拨。本章亦假定同城结算方式均通过人民银行组织的票据交换完成资金的清算划拨，并使用“存放中央银行款项”科目核算。

银行业金融机构行内支付系统和中国人民银行现代化支付系统的核算将在后续章节中详细说明。

## 六、主要会计科目及核算内容

支付结算业务核算涉及的主要会计科目及核算内容见表4-1。

① “支付清算类科目”并非实际使用的账户名称，各商业银行行内支付系统可能设有不同的科目，实际工作中应按所在银行的账户系统进行操作。支付清算类科目在编制资产负债表时，可将金额合并反映在“清算资金往来”项目中。

表 4-1　　**支付结算业务会计科目及其核算内容**

<table>
<tr><th></th><th>名称</th><th colspan="2">主要核算内容</th></tr>
<tr><td>资产类</td><td>存放中央银行款项</td><td colspan="2">核算金融企业存放于中国人民银行的各种款项，包括业务资金的调拨、办理同城票据交换和异地跨系统资金汇划、提取或缴存现金等。本科目可按存放款项的性质进行明细核算</td></tr>
<tr><td rowspan="3">负债类</td><td>汇出汇款</td><td>核算出票银行开出银行汇票收取的款项</td><td rowspan="3">这三个科目的余额在编制资产负债表时可并入“吸收存款”项目金额</td></tr>
<tr><td>应解汇款</td><td>核算银行暂收客户的款项</td></tr>
<tr><td>开出本票</td><td>核算出票银行开出银行本票收取的款项</td></tr>
<tr><td>损益类</td><td>手续费及佣金收入</td><td colspan="2">核算金融企业确认的手续费及佣金收入。本科目可按手续费及佣金收入类别进行明细核算</td></tr>
</table>

# 第二节　票据结算业务的核算

## 一、票据的相关概念

票据是按照一定形式制成、写明有付出一定货币金额义务的证件。用于结算的票据是指以支付金钱为目的的有价证券，即出票人根据票据法签发的，由自己无条件支付确定金额或委托他人无条件支付确定金额给收款人或持票人的有价证券。票据包括汇票、本票、支票、提单、存单、股票、债券等等。在我国，票据一般包括汇票、本票和支票。

票据的基本功能有三个：结算功能、信用功能和流通功能。

票据的当事人有出票人、收款人、付款人、承兑人、背书人、被背书人、保证人。

能够产生票据权利与义务的法律行为，称为票据行为。主要包括出票、背书、承兑和保证四种。出票是指出票人签发票据并将其交给收款人的票据行为；背书是指在票据背面或者粘单上记载有关事项并签章的票据行为；承兑是指票据的付款人在票据上记载一定的事项，以承诺在票据到期日向持票人支付票据金额的票据行为；保证是指票据债务人以外的第三人通过在票据上记载一定的事项，为特定的票据债务人履行票据债务提供担保，对汇票的债务承担保证责任的票据行为。

## 二、银行汇票的核算

银行汇票是出票银行签发的，由其在见票时按照实际结算金额无条件支给收款人或者持票人的票据。银行汇票的出票人为经人民银行批准办理银行汇票业务的银行，银行汇票的出票银行即为银行汇票的付款人。

单位和个人各种转账结算，均可使用银行汇票。银行汇票可以用于转账，填明“现金”字样的银行汇票也可以用于支取现金。银行汇票的提示付款期限自出票日起 1 个月。持票人超过付款期限提示付款的，代理付款人不予受理。银行汇票业务流程图如图 4-1 所示。

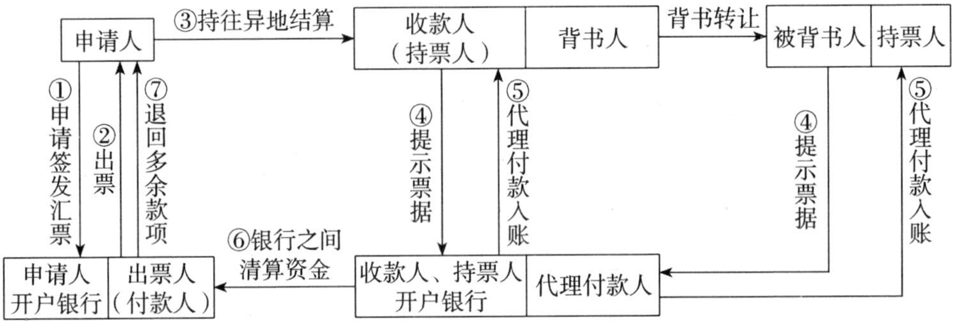


**图 4-1　银行汇票流转程序图**

（一）汇款人向银行申请汇票

单位或个人需要使用银行汇票，应向银行填写银行汇票申请书一式三联，第一联存根，第二联借方凭证，第三联贷方凭证。

出票银行受理申请人提交的汇票申请书时，需详细审查其内容是否填写齐全、清晰，汇票上的签章是否为预留银行的签章；申请书填明“现金”字样的，要看申请人和收款人是否均为个人，且申请人是否交存现金。

对银行汇票申请书的有关内容审查无误后，出票行才可予以受理。

对申请人转账交付的，出票行以第二联申请书作为借方凭证，第三联作为贷方凭证，转账分录为：

借：吸收存款——申请人户（或其他有关科目）

　贷：汇出汇款

申请人交付现金的，出票行以第三联申请书作贷方凭证，其分录为：

借：库存现金

　贷：汇出汇款

出票行办好转账或收妥现金后，即可签发银行汇票（见表 4-2）。

汇票凭证一式四联，第一联卡片，第二联汇票，第三联解讫通知，第四联多余款收账通知。填写的汇票经审核无误后，在第二联上加盖汇票专用章，并由授权的经办人签名或盖章，在实际结算金额栏的小写金额上端用总行统一制作的压数机压印出票金额，然后连同第三联一并交给申请人。第一联上加盖经办、复核名章，在逐笔登记汇出汇款账并注明汇票号码后，连同第四联一并专夹保管。

表 4-2

| 付款期限<br>壹 个 月 | 中国工商银行<br>**银行汇票** | **2** 地名 $\frac{BA}{01}$ 00000000 |
|---|---|---|

| | | | | | | | | | | | | |
|---|---|---|---|---|---|---|---|---|---|---|---|---|
| 出票日期（大写）　年　月　日 | | | 代理付款行：　行号： | | | | | | | | | |
| 收款人： | | | 账号： | | | | | | | | | |
| 出票金额 | 人民币（大写） | | | | | | | | | | | |
| 实际结算金额 | 人民币（大写） | | 千 | 百 | 十 | 万 | 千 | 百 | 十 | 元 | 角 | 分 |
| | | | | | | | | | | | | |

此联代理付款行付款后作联行往账借方凭证附件

申请人：＿＿＿＿＿＿＿＿　账号：＿＿＿＿＿＿＿＿

出票行：＿＿＿＿＿＿行号：＿＿＿＿

备　注：＿＿＿＿＿＿＿＿

凭票付款

出票行签章

| 密押： | | | | | | | | | | |
|---|---|---|---|---|---|---|---|---|---|---|
| 多余金额 | | | | | | | | | | 复核　记账 |
| 千 | 百 | 十 | 万 | 千 | 百 | 十 | 元 | 角 | 分 | |
| | | | | | | | | | | |

（二）持票人接受并审核汇票

银行汇票的申请人将出票行开给的汇票第二、第三联作为支付手段交给汇票上记名的收款人，用以偿付商品或劳务结算款项。收款人审查无误后，应在汇票出票金额以内，按实际交易结算款项的金额办理结算，将实际结算金额和多余金额填入银行汇票和解讫通知的有关栏内。

（三）持票人向银行兑付汇票

1. 持票人在代理付款行开立账户

持票人向开户银行提示付款时，应在汇票背面“持票人向银行提示付款签章”处签章，签章须与预留银行签章相同，然后，将银行汇票和解讫通知及两联进账单一并送交开户银行。

开户银行接到汇票、解讫通知和进账单（见表 4-3），审查无误后，将汇票作为借方凭证附件，第二联进账单作贷方凭证，办理转账。会计分录为：

借：支付清算类科目

　贷：吸收存款——持票人户（或其他有关科目）

第一联进账单上加盖转讫章作收账通知交给持票人，解讫通知加盖转讫章随联行借方报单寄给出票行。

2. 持票人未在代理付款行开户

若持票人未在代理付款行开户，代理付款行除按上述要求审查汇票等凭证外，

表 4-3　　××银行　**进账单**（贷方凭证）　2

年　月　日

| | | | | | |
|---|---|---|---|---|---|
| 出票人 | 全　称 | | 收款人 | 全　称 | |
| | 账　号 | | | 账　号 | |
| | 开户银行 | | | 开户银行 | |
| 金额 | 人民币<br>大写 | | | 亿 千 百 十 万 千 百 十 元 角 分 | |
| 票据种类 | | 票据张数 | | | |
| 票据号码 | | | | | |
| 备注： | | | | 复核　　记账 | |

此联由收款人开户银行作贷方凭证

还必须认真审查持票人的身份证件，看在汇票背面“持票人向银行提示付款签章”处是否有持票人的签章和注明身份证件名称、号码和发证机关，并要求提交持票人身份证件复印件留存备查。对现金汇票持票人委托他人向代理付款行提示付款的，代理付款行必须查验持票人和被委托人的身份证件，在汇票后面是否作委托收款背书，以及是否注明持票人和被委托人身份证件名称、号码及发证机关，并要求提交持票人和被委托人身份证件复印件留存备查。审查无误后，以持票人姓名开立应解汇款账户，并在该分户账上填明汇票号码以备查考，第二联进账单作贷方凭证，办理转账。会计分录为：

借：支付清算类科目

　贷：应解汇款——持票人户

“应解汇款”账户只付不收，付完清户，不计付利息。转账支取的，该账户的款项只能转入单位或个体工商户的存款账户，严禁转入储蓄和信用卡账户。

原持票人需要支取现金的，代理付款行经审查汇票上填写的申请人和收款人确为个人，并按规定填明“现金”字样，以及填写的代理付款行名称确为本行的，可办理现金支付手续；未填明“现金”字样，需要支取现金的，由代理付款行按照现金管理规定审查支付，另填一联现金借方凭证。会计分录为：

借：应解汇款——持票人户

　贷：库存现金

持票人超过汇票期限，则不能向代理付款行提示付款。持票人须在票据权利时效内向出票银行做出说明，并提供本人身份证件或单位证明，持银行汇票和解讫通知向出票银行请求付款。出票行将汇票款从“汇出汇款”科目转入“应解汇款”科目，再由持票人重新办理申请汇票手续或办理汇兑结算方式将款项汇出。

（四）银行汇票的结清

出票行收到代理付款行寄来的联行报单及解讫通知后，抽出原专夹保管的汇票卡片，经核对确属本行出票，借方报单与实际结算金额相符，多余金额结计正确无误后，按不同情况分别做如下处理：

1. 汇票全额解付

出票行在汇票卡片的实际结算金额栏填入全部金额，在多余款收账通知的多余金额栏填写“—0—”，汇票卡片作借方凭证，解讫通知和多余款收账通知作借方凭证的附件。会计分录为：

借：汇出汇款

　贷：支付清算类科目

同时销记汇出汇款账。

2. 汇票有多余款

出票行应在汇票卡片和多余款收账通知上填写实际结算金额，汇票卡片作借方凭证，解讫通知作多余款贷方凭证。会计分录为：

借：汇出汇款（汇票金额）

　贷：支付清算类科目（实际结算金额）

　　　吸收存款——活期存款（申请人户）（或其他有关科目）（多余款金额）

同时销记汇出汇款账，在多余款收账通知多余金额栏填写多余金额，加盖转讫章，通知申请人。

3. 申请人未在出票行开立账户

出票行应将多余金额先转入其他应付款科目，以解讫通知代其他应付款科目贷方凭证。会计分录为：

借：汇出汇款

　贷：支付清算类科目

　　　其他应付款——申请人户

同时销记汇出汇款账，并通知申请人持申请书存根及本人身份证件来行办理领取手续。领取时，以多余款收账通知代其他应付款科目借方凭证。会计分录为：

借：其他应付款——申请人户

　贷：库存现金

【例 4-1】甲银行接收客户 M 单位的申请，开出银行汇票金额 450 000 元，由客户持往异地办理采购业务。M 单位业务员将汇票转交异地销货方 N 公司，实际结算金额 400 000 元，N 公司将汇票在当地乙银行兑付，款项转入 N 公司存款账户。乙银行向甲银行清算资金，并划回汇票多余款。

甲银行开出汇票时，会计分录为：

借：吸收存款——M 单位户　　450 000

　贷：汇出汇款　　450 000

乙行代理兑付时，会计分录为：

借：支付清算类科目　　400 000

　贷：吸收存款——N 公司户　　400 000

甲银行结清汇票时，会计分录为：

借：汇出汇款　　450 000

　贷：支付清算类科目　　400 000

　　吸收存款——M 单位户　　50 000

## 三、商业汇票的核算

商业汇票是出票人签发的，委托付款人在指定付款日期无条件支付确定金额给收款人或持票人的票据。商业汇票分为商业承兑汇票和银行承兑汇票两种。商业承兑汇票由银行以外的付款人承兑，银行承兑汇票由银行承兑。商业汇票的付款人即为承兑人。

商业汇票的使用，必须是在银行开立存款账户的法人以及其他组织之间，且必须具有真实的交易关系或债权债务关系。出票人不得签发无对价的商业汇票，用以骗取银行或者其他票据当事人的资金。

汇票的付款期限最长不得超过 6 个月。商业汇票的提示付款期限自汇票到期日起 10 日。

符合条件的商业汇票的持票人可持未到期的商业汇票向银行申请贴现。

商业承兑汇票与银行承兑汇票的业务流程分别如图 4-2 和图 4-3 所示。

### （一）商业承兑汇票的核算

#### 1. 商业承兑汇票的签发与承兑

（1）商业承兑汇票的签发

商业承兑汇票的出票人，必须是在银行开立存款账户的法人以及其他组织，与付款人具有真实的委托付款关系，且具有支付汇票金额的可靠资金来源。签发商业承兑汇票（见表 4-4）必须记载表明“商业承兑汇票”的字样、无条件支付的委托、确定的金额、付款人的名称、收款人的名称、出票日期和出票人的签章。这些内容缺一不可，否则汇票无效。

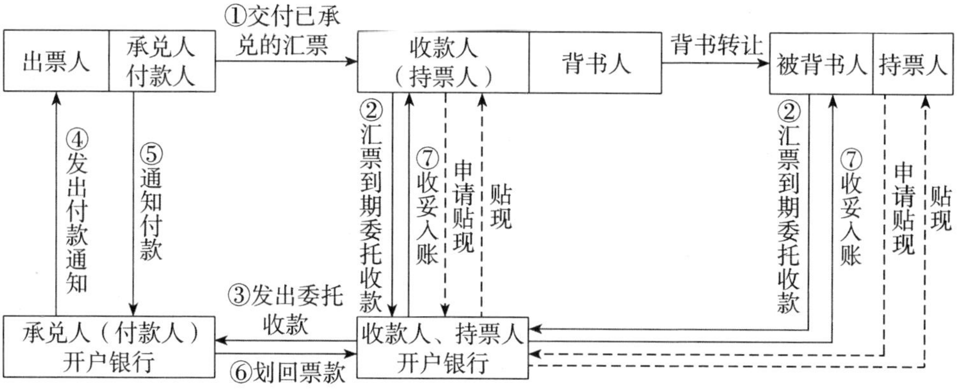


图 4-2　商业承兑汇票流转程序图

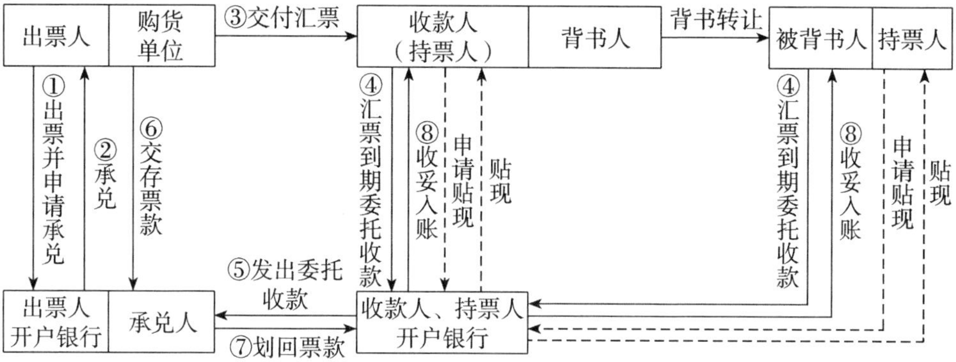


图 4-3　银行承兑汇票流转程序图

（2）商业承兑汇票的承兑

商业承兑汇票可以由付款人签发并承兑，也可以由收款人签发交由付款人承兑；付款人承兑商业汇票，应当在汇票正面记载“承兑”字样和承兑日期并签章。付款人承兑时不得附有条件，否则视为拒绝承兑。付款人对承兑的汇票负有到期无条件支付票款的责任。

商业承兑汇票的付款人承兑后，该汇票即可作为延期付款的一种支付手段，收款人作为持票人，可在提示付款期内通过开户银行或直接向付款人提示付款。

2. 持票人委托开户行收取汇票款

持票人在提示付款期内，委托开户银行收取商业承兑汇票款时，应先填制邮划或电划的托收凭证（见表 4-5），并在“托收凭据名称”栏注明“商业承兑汇票”及汇票号码，然后，托收凭证连同汇票一并送交开户银行。

表 4-4

## 商业承兑汇票

**2**　　A/O A/I 00000000

出票日期：　　年　　月　　日
（大写）

| | | | | | | | | | | | | | | |
|---|---|---|---|---|---|---|---|---|---|---|---|---|---|---|
| 付款人 | 全　称 | | 收款人 | 全　称 | | | | | | | | | | |
| | 账　号 | | | 账　号 | | | | | | | | | | |
| | 开户银行 | | | 开户银行 | | | | | | | | | | |
| 出票金额 | | 人民币<br>大写 | | | 亿 | 千 | 百 | 十 | 万 | 千 | 百 | 十 | 元 | 角 | 分 |
| | | | | | | | | | | | | | | |
| 汇票到期日（大写） | | | 付款人开户行 | 行号 | | | | | | | | | | |
| 交易合同号码 | | | | 地址 | | | | | | | | | | |
| 本汇票已经承兑，到期无条件支付票款。<br>承兑人签章<br>承兑日期　　年　　月　　日 | | | 本汇票请予以承兑于到期日付款。<br>出票人签章 | | | | | | | | | | | |

此联持票人开户行随托收凭证寄付款人开户行作借方凭证附件

表 4-5

## 托收凭证　（贷方凭证）

**2**

委托日期　　年　　月　　日

| | | | | | | | | | | | | | | | | | |
|---|---|---|---|---|---|---|---|---|---|---|---|---|---|---|---|---|---|
| 业务类型 | | 委托收款（□邮划、□电划）　　托收承付（□邮划、□电划） | | | | | | | | | | | | | | | |
| 付款人 | 全称 | | | 收款人 | 全称 | | | | | | | | | | | | |
| | 账号 | | | | 账号 | | | | | | | | | | | | |
| | 地址 | 省　市/县 | 开户行 | | 地址 | 省　市/县 | 开户行 | | | | | | | | | | |
| 金额 | 人民币（大写） | | | | | | 亿 | 千 | 百 | 十 | 万 | 千 | 百 | 十 | 元 | 角 | 分 |
| | | | | | | | | | | | | | | | | | |
| 款项内容 | | | 托收凭据名称 | | 附寄单证张数 | | | | | | | | | | | | |
| 商品发运情况 | | | 合同名称号码 | | | | | | | | | | | | | | |
| 备注：<br>收款人开户银行收到日期<br>年　月　日 | | | 上列款项随附有关债务证明，请予办理。<br>收款人签章 | | 复核　　记账 | | | | | | | | | | | | |

此联收款人开户银行作贷方凭证

开户银行接到汇票和托收凭证，审查无误后，即在托收凭证各联上加盖“商业承兑汇票”戳记，托收凭证第一联加盖业务公章，退给持票人；第二联专夹保管；第三、第四、第五联与商业承兑汇票一并寄交付款人开户行。

3. 付款人开户行收到汇票的处理

付款人开户行收到持票人开户行寄来的托收凭证及汇票后，应按前述内容认真进行审核，确定付款人确在本行开户，承兑人在汇票上的签章与预留银行的签章相符，即可将商业承兑汇票留存，托收凭证第五联转交给付款人并签收。

付款人接到开户银行的付款通知，应在当日通知银行付款。在接到通知次日起的 3 日内未通知银行付款的，视同付款人承诺付款，银行应于第四日上午开始营业时，将票款划给持票人。划款时可能出现两种情况：

（1）付款人的银行账户有足够款项支付汇票款时，将第三联托收凭证作借方凭证，汇票加盖转讫章作附件。会计分录为：

借：吸收存款——付款人户（或其他有关科目）

　贷：支付清算类科目（异地）

　　　存放中央银行款项（同城）

转账后，银行在第四联委托收款凭证上填注支付日期，与联行报单一并寄交持票人开户行，或向持票人开户行拍发电报。

（2）付款人的银行账户不足支付的，银行应填制付款人未付票款通知书，在委托收款凭证备注栏注明“付款人无款支付”字样，连同汇票一并寄回持票人开户行。处理手续与委托收款结算的无款支付相同。

银行在付款人接到通知日的次日起 3 日内收到付款人的拒绝付款证明时，应按委托收款结算拒绝付款的手续处理，注明“拒绝付款”的委托收款凭证、拒付证明及汇票均寄回持票人开户行。

4. 持票人开户银行收到划回票款或退回凭证

（1）持票人开户行收到付款人开户行寄来的联行报单及委托收款凭证（或拍来的电报），将原留存的第二联凭证抽出，与收到的凭证相核对。审核无误后，在凭证上填注转账日期，以第二联委托收款凭证作贷方凭证。会计分录为：

借：支付清算类科目（异地）

　　存放中央银行款项（同城）

　贷：吸收存款——持票人户（或其他有关科目）

转账后，将第四联委托收款凭证加盖转讫章，作为收账通知交给持票人。

（2）持票人开户行若收到付款人开户行发来的未付票款通知书或拒绝付款证明以及退回的汇票和委托收款凭证，应按委托收款结算时同种情况下的处理手续办理，将未付款通知书或拒绝付款证明及汇票和委托收款凭证一并退还给持票人，并由持票人签收。

【例 4-2】甲银行受理客户 M 单位提交的商业承兑汇票及委托收款凭证，向同城的丙银行收取即将到期的商业汇票款 35 000 元。丙银行收到交换提入的票据后，向汇票付款人 R 公司提示付款。汇票到期，丙银行将汇票金额划转甲银行付款。

丙银行划款的会计分录为：

| | | |
|---|---|---|
| 借：吸收存款——R 公司户 | 35 000 | |
| 　贷：存放中央银行款项 | | 35 000 |

甲银行收到款项，为 M 单位入账，会计分录为：

| | | |
|---|---|---|
| 借：存放中央银行款项 | 35 000 | |
| 　贷：吸收存款——M 单位户 | | 35 000 |

（二）银行承兑汇票的会计核算

1. 银行承兑汇票的签发

银行承兑汇票的出票人，必须是在承兑银行开立存款账户的法人以及其他组织，且与承兑银行具有真正的委托付款关系，出票人必须资信状况良好，具有支付汇票金额的可靠资金来源。

银行承兑汇票应由在承兑银行开立存款账户的存款人签发。签发银行承兑汇票必须记载表明“银行承兑汇票”的字样、无条件支付的委托、确定的金额、付款人和收款人的名称以及出票日期和出票人签章（见表 4-6）。

2. 银行承兑汇票的承兑

银行承兑汇票的出票人或持票人持银行承兑汇票向银行提示承兑时，银行的信贷部门须按有关规定和审批程序，对出票人的资格、资信、购销合同和汇票记载的内容进行认真审查，必要时可由出票人提供担保。符合规定和承兑条件的，与出票人签署承兑协议，一联留存，另一联及副本和第一、第二联汇票一并交本行会计部门。

会计部门接到汇票和承兑协议，应审查汇票必须记载的事项是否齐全，出票人的签章是否符合规定，出票人是否在本行开有存款账户，汇票上记载的出票人名称、账号是否相符，汇票是否为统一规定印制的凭证。审核无误后，在第一、第二联汇票上注明承兑协议编号，并在第二联汇票“承兑人签章”处加盖汇票专用章，并由授权的经办人签名或盖章。由出票人申请承兑的，将第二联汇票连同第一联承兑协议交给出票人；由持票人提示承兑的，将第二联汇票交给持票人，一联承兑协议交给出票人。同时，还要按票面金额向出票人收取 5‰的手续费。收取手续费的会计分录为：

表 4-6

**银行承兑汇票** **2** C A / O I 00000000

出票日期 年 月 日
（大写）

<table>
<tr><td>出票人全称</td><td colspan="2"></td><td rowspan="3">收款人</td><td>全 称</td><td colspan="11"></td></tr>
<tr><td>出票人账号</td><td colspan="2"></td><td>账 号</td><td colspan="11"></td></tr>
<tr><td>付款行全称</td><td colspan="2"></td><td>开户银行</td><td colspan="11"></td></tr>
<tr><td rowspan="2">出票金额</td><td colspan="4" rowspan="2">人民币<br>（大写）</td><td>亿</td><td>千</td><td>百</td><td>十</td><td>万</td><td>千</td><td>百</td><td>十</td><td>元</td><td>角</td><td>分</td></tr>
<tr><td></td><td></td><td></td><td></td><td></td><td></td><td></td><td></td><td></td><td></td><td></td></tr>
<tr><td>汇票到期日<br>（大写）</td><td></td><td rowspan="2">付款行</td><td>行号</td><td colspan="12"></td></tr>
<tr><td>承兑协议编号</td><td></td><td>地址</td><td colspan="12"></td></tr>
<tr><td colspan="2">本汇票请你行承兑，到期无条件付款。<br><br>出票人签章</td><td colspan="3">本汇票已经承兑，到期日由本行付款。<br>承兑行签章<br>承兑日期 年 月 日<br>备注：</td><td colspan="11">复核 记账</td></tr>
</table>

此联收款人开户行随托收凭证寄付款行作借方凭证附件

借：吸收存款——承兑申请人户（或其他有关科目）

　贷：手续费及佣金收入

承兑银行将留存的第一联汇票卡片及承兑协议副本专夹保管，并在登记簿上进行登记。

3. 持票人委托开户银行收取汇票款

持票人在提示付款期内，委托开户银行向承兑银行收取票款时，应填制异地邮划或电划委托收款凭证，在“委托收款凭证名称”栏注明“银行承兑汇票”及其汇票号码，连同汇票一并送交开户行。

开户银行按规定要求审查无误后，在委托收款凭证各联上加盖“银行承兑汇票”戳记，委托收款凭证第一联加盖业务公章交持票人，第二联专夹保管，第三、第四和第五联连同汇票一并寄交承兑银行。

4. 承兑银行到期收取汇票款

承兑银行因留有汇票和承兑协议，故应每天查看汇票的到期情况，对于到期的汇票，应于到期日（法定休假日顺延）向承兑申请人收取票款。承兑银行需填制两联特种转账借方凭证，一联特种转账贷方凭证，并在“转账原因”栏注明“根据××号汇票划转票款”。会计分录为：

借：吸收存款——承兑申请人户（或其他有关科目）

　贷：应解汇款——承兑申请人户

一联特种转账借方凭证加盖转讫章后作支款通知交给出票人。

出票人账户无款支付的，应在特种转账凭证的“转账原因”栏注明“××号汇票无款支付转入逾期贷款账户”，并每日按5‱计收利息。转账的会计分录为：

借：贷款——承兑申请人逾期贷款户

　贷：应解汇款——承兑申请人户

一联特种转账借方凭证加盖业务公章转交出票人。

出票人账户存款余额不足的，应在特种转账凭证的“转账原因”栏注明“XX号汇票划转部分票款”，不足部分转入逾期贷款户。会计分录为：

借：吸收存款——承兑申请人户

　　贷款——承兑申请人逾期贷款户

　贷：应解汇款——承兑申请人户

一联特种转账借方凭证加盖转讫章作支款通知交给承兑申请人。

5. 承兑银行支付汇票款

承兑银行收到持票人开户行寄来的汇票和委托收款凭证后，应抽出专夹保管的汇票卡片和承兑协议副本，并认真审查。审查无误后，应于汇票的到期日或到期日之后的见票日，按照委托收款划款阶段的处理手续，作会计分录：

借：应解汇款——承兑申请人户

　贷：支付清算类科目（异地）

　　　存放中央银行款项（同城）

同时在委托收款凭证第四联上填注支付日期后，同联行报单一并寄持票人开户行，或向持票人开户行拍发电报。

6. 持票人开户行收账

持票人开户行接到承兑银行寄来的联行报单及委托收款凭证或拍来的电报，按照委托收款款项划回的手续处理，将留存的第二联委托收款凭证抽出，与收到的第四联凭证相核对，核对无误后，在第二联凭证上填注转账日期，并以之作为贷方凭证。会计分录为：

借：支付清算类科目（异地）

　　存放中央银行款项（同城）

　贷：吸收存款——持票人户（或其他有关科目）

转账后，第四联委托收款凭证加盖转讫章，作为收账通知交给持票人。

7. 已承兑的银行承兑汇票的注销、丧失和挂失

出票人对未使用已承兑的银行承兑汇票，应到承兑银行申请注销。已承兑的银行承兑汇票丧失，失票人到承兑银行挂失时，应提交三联挂失止付通知书。

【例 4-3】甲银行接到客户 W 公司的承兑申请，承兑其开出的银行承兑汇票，金额 200 000 元，经审核签署承兑协议，并按票面额的 3‰收取手续费。数月后，异地的乙银行收到开户单位 N 单位提交的银行承兑汇票和托收凭证，为其收取即将到期的银行承兑汇票款。

①甲银行与 W 公司签署承兑协议，并收取承兑手续费。会计分录为：

借：吸收存款——W 公司户　　600

　贷：手续费及佣金收入　　600

②银行承兑汇票到期，甲银行办理转账。会计分录为：

借：吸收存款——W 公司户　　200 000

　贷：应解汇款　　200 000

③甲银行收到乙银行发来的委托收款凭证及汇票，按期划出汇票款。会计分录为：

借：应解汇款　　200 000

　贷：支付清算类科目　　200 000

④异地乙银行收到划回的款项，为收款人收账。会计分录为：

借：支付清算类科目　　200 000

　贷：吸收存款——N 单位户　　200 000

## 四、银行本票的核算

银行本票是银行签发的，承诺自己在见票时无条件支付确定的金额给收款人或者持票人的票据。银行本票由银行签发，保证兑付，而且见票即付，信用高，支付功能强。

单位和个人在同一票据交换区域需要支付各种款项时，均可使用银行本票。银行本票可以用于转账，注明“现金”字样的银行本票可以用于现金支取。银行本票的提示付款期自出票日起最长不得超过 2 个月。

银行本票业务流程如图 4-4 所示。

### （一）银行本票的申请

申请人使用银行本票，应向银行填写“银行本票申请书”，填写收款人名称、申请人名称、支付金额、申请日期等事项并签章。申请人和收款人均为个人，需要支取现金的，应在“支付金额”栏先填写“现金”字样，后填写支付金额。申请

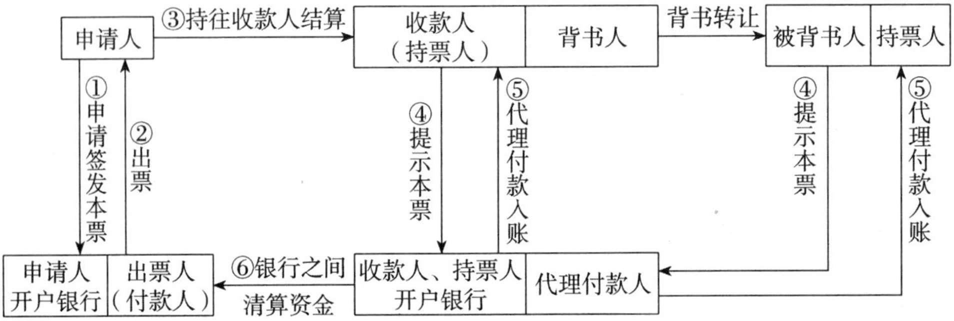


**图 4-4　银行本票流转程序图**

人或收款人为单位的，不得申请签发现金银行本票。

银行本票申请书一式三联，第一联存根，第二联借方凭证，第三联贷方凭证。交现金办理本票的，第二联注销。

出票银行受理银行本票申请书，应认真审查其填写内容是否齐全、清晰；申请书填明“现金”字样的，要审查申请人和收款人是否均为个人。审查无误后，收妥款项并签发银行本票（见表 4-7）。

表 4-7

付款期限　贰 个 月

**中国建设银行　本　票**　**2**　地名　$\frac{E\ B}{0\ 3}$ 00000000

出票日期（大写）　　年　　月　　日

| | | | |
|---|---|---|---|
| 收款人： | | 申请人： | |
| 凭票即付 人民币（大写） | | | |
| 转 账 | 现 金 | | |
| 备注： | | 出票行签章 | 出纳　　复核　　经办 |

此联出票行结清本票时作借方凭证

出票银行签发银行本票的账务处理如下：

1. 转账交付的，以第二联申请书作为借方凭证，第三联作为贷方凭证。会计分录为：

借：吸收存款——申请人户（或其他有关科目）

　贷：开出本票

2. 现金交付的，以第三联作为贷方凭证。会计分录为：

借：库存现金

　贷：开出本票

出票银行在办理转账或收妥现金后，签发银行本票。本票填写时，出票日期和出票金额必须大写；用于转账的，须在银行本票上划去“现金”字样；支取现金的，须在银行本票上划去“转账”字样。本票的小写金额需用压数机压印。

签发完毕，出票银行在本票上签章后，本票正联交申请人，第一联卡片或存根联盖章后留存，并专夹保管。

（二）银行本票付款的核算

1. 本票收款人的处理

本票的申请人取得银行本票后，将其用于债权债务的结算，将本票转给相关的收款人。收款人可以将银行本票背书转让给被背书人。收款人或被背书人需在付款期内持本票向银行兑付。

2. 代理付款行的处理

代理付款行接到在本行开户的持票人直接交来的本票和进账单时，应认真审查。审查无误后，即可办理兑付手续。

当持票人与原申请人在同一行处开户时，代理兑付行兑付的就是本行签发的本票。此时，应以本票第一联代借方凭证，进账单第二联代贷方凭证办理转账。会计分录为：

借：开出本票

　贷：吸收存款——持票人户（或其他有关科目）

第一联进账单加盖转讫章交持票人作收账通知。

当持票人与原申请人不在同一行处开户时，代理兑付行以进账单第二联代贷方凭证办理转账。会计分录为：

借：存放中央银行款项（或其他有关科目）

　贷：吸收存款——持票人户（或其他有关科目）

第一联进账单加盖转讫章交持票人作收账通知，本票加盖转讫章，通过同城票据交换将其转给出票银行。

持票人向银行兑取现金时，需要认真查验本票上填写的申请人和收款人是否均为个人、收款人和被委托人的身份证件，并要求提交收款人和被委托人身份证件的复印件留存备查。审查无误后，办理付款手续，将本票作为借方凭证，本票卡片或存根联作为附件。会计分录为：

借：开出本票（或存放中央银行款项）

贷：库存现金

（三）银行本票结清的核算

当持票人与申请人在同一行处开户时，本票付款时即可结清“开出本票”科目；当持票人与申请人不在同一行处开户时，代理付款行通过同城票据交换提出本票，出票行收到交换提入的本票时，抽出专夹保管的本票卡片或存根，经核对相符，确属本行出票，则将本票作为借方凭证，本票卡片或存根作为附件，办理本票的结清。会计分录为：

借：开出本票

贷：存放中央银行款项

【例 4-4】甲银行应客户 M 公司申请，为其开出银行本票一张，金额 660 000 元。M 公司将本票用于结算货款，将其交付收款人 S 公司。S 公司将本票在同城丙银行兑付，存入其存款账户。丙银行通过票据交换与甲银行清算本票资金。

①甲银行开出本票，会计分录为：

| | | |
|---|---|---|
| 借：吸收存款——M 公司户 | 660 000 | |
| 贷：开出本票 | | 660 000 |

②丙银行代理兑付本票，会计分录为：

| | | |
|---|---|---|
| 借：存放中央银行款项 | 660 000 | |
| 贷：吸收存款——S 公司户 | | 660 000 |

③甲银行结清本票，会计分录为：

| | | |
|---|---|---|
| 借：开出本票 | 660 000 | |
| 贷：存放中央银行款项 | | 660 000 |

## 五、支票的核算

支票是出票人签发的，委托办理支票存款业务的银行在见票时无条件支付确定的金额给收款人或者持票人的票据。

支票是一种委托式信用证券，分为转账支票和现金支票两种。支票上印有“现金”字样的为现金支票（见表 4-8），现金支票只能用于支取现金。支票上印有“转账”字样的为转账支票（见表 4-9），转账支票只能用于转账。支票上未印有“现金”或“转账”字样的为普通支票（见表 4-10），普通支票即可以用于转账，也可以用于支取现金。在普通支票左上角划有两条平行线的，为划线支票，划线支票只能用于转账，不能提取现金。

表 4-8　　中国银行　现金支票（京）　　XIV00000000

出票日期（大写）　　年　　月　　日　　付款行名称：

收款人：　　出票人账号：

本支票付款期限十天

| 人民币（大写） | 亿 | 千 | 百 | 十 | 万 | 千 | 百 | 十 | 元 | 角 | 分 |
|---|---|---|---|---|---|---|---|---|---|---|---|
| | | | | | | | | | | | |

用途____________

上列款项请从

我账户内支付

出票人签章　　复核　　记账

表 4-9　　Bank　中国光大银行　转账支票（黑）　　XVI00000000

出票日期（大写）　　年　　月　　日　　付款行名称：

收款人：　　出票人账号：

本支票付款期限十天

| 人民币（大写） | 亿 | 千 | 百 | 十 | 万 | 千 | 百 | 十 | 元 | 角 | 分 |
|---|---|---|---|---|---|---|---|---|---|---|---|
| | | | | | | | | | | | |

用途____________

上列款项请从

我账户内支付

出票人签章　　复核　　记账

表 4-10　　农村信用合作社　支票（粤）　　$\frac{G}{0}\frac{G}{2}$ 00000000

出票日期（大写）　　年　　月　　日　　付款行名称：

收款人：　　出票人账号：

本支票付款期限十天

| 人民币（大写） | 亿 | 千 | 百 | 十 | 万 | 千 | 百 | 十 | 元 | 角 | 分 |
|---|---|---|---|---|---|---|---|---|---|---|---|
| | | | | | | | | | | | |

用途____________

上列款项请从

我账户内支付

出票人签章　　复核　　记账

支票的使用范围为同一票据交换区，单位和个人在同一票据交换区域的各种款项结算均可使用支票。支票的提示付款期限自出票日起 10 日，但人民银行另有规定的除外。支票业务流程如图 4-5 所示。

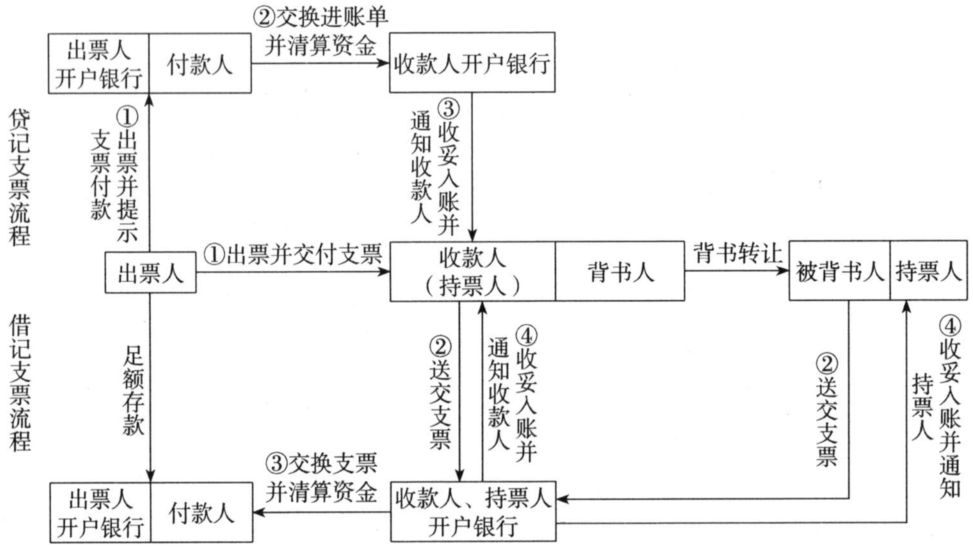


**图 4-5　支票流转程序图**

现金支票的核算内容已在第二章说明，下面介绍转账支票的核算。

（一）持票人与出票人在同一行处开户的处理手续

1. 借记支票的核算

银行接受持票人交来的支票和进账单时，应对其内容进行严格的审查。对支票进行上述审查无误后，将支票作为借方凭证，以进账单第二联作为贷方凭证办理转账。会计分录为：

借：吸收存款——出票人户

　　贷：吸收存款——持票人户（或其他有关科目）

进账单第一联加盖转讫章交持票人作为收账通知。

2. 贷记支票的核算。

出票人向银行送交支票时，应填写三联进账单，连同支票一并送交开户银行。银行仍按审查的内容予以审查，审查无误，进行账务处理，会计分录与受理持票人交存支票时相同。转账后，进账单第一联加盖转讫章后，交出票人作为回单；进账单第三联加盖转讫章后作为收账通知，转交收款人。

（二）持票人与出票人不在同一行处开户的处理手续

1. 借记支票的核算

持票人开户银行收到持票人交存的支票和进账单时，仍按前述内容进行审查，审查无误后，在第二联进账单上加盖“收妥后入账”戳记，将第一联进账单加盖转讫章交持票人，支票按照同城票据交换的有关规定，及时提出交换。会计分录为：

借：存放中央银行款项

　贷：其他应付款

待退票时间过后，办理转账。会计分录为：

借：其他应付款

　贷：吸收存款——持票人户

出票人开户银行收到交换提入的支票时。会计分录为：

借：其他应收款

　贷：存放中央银行款项

按规定对支票的内容进行审查，不予退票的，以支票作为借方凭证，办理转账。会计分录为：

借：吸收存款——出票人户

　贷：其他应收款

2. 贷记支票的核算

出票人开户银行接到出票人交来的转账支票和三联进账单时，仍按上述内容进行审查，审查无误后，以支票作为借方凭证办理转账。会计分录为：

借：吸收存款——出票人户

　贷：存放中央银行款项

第一联进账单加盖转讫章，交出票人作为回单；第二、第三联进账单盖章后，按照同城票据交换的有关规定，及时提出交换。

收款人开户银行收到交换提入的第二、第三联进账单，审查无误后，以第二联进账单作为贷方凭证，办理转账。会计分录为：

借：存放中央银行款项

　贷：吸收存款——收款人户

第三联进账单加盖转讫章交收款人作为收账通知。

现金支票的核算可参照“存款业务的核算”一章中的有关内容。

（三）支票的领购和挂失

银行的存款人需领购支票时，应填写“票据和结算凭证领用单”加盖与预留银行签章相同的签章。银行审核后，收取支票工本费和手续费，在“重要空白凭证领用登记簿”上注明领用日期、存款人名称、支票起止号码等以备核查，然后将支票交存款人。支票账户的存款人结清账户时，必须将全部剩余空白支票交回银行，由银行统一处理。

支票丢失，失票人应及时到支票的付款行办理有关挂失手续，并提交挂失止付通知书，银行审核无误并确定票款未付后，登记“支票挂失登记簿”，并在出票人分户账做出标记，凭以掌握止付。

# 第三节　结算方式的核算

所谓结算方式，是指汇兑、托收承付和委托收款等不使用票据的结算方式。

## 一、汇兑结算方式的核算

汇兑结算，是汇款人委托银行将款项汇给异地收款人的结算方式。作为一种传统的结算方式，汇兑结算便于汇款人向异地的收款人主动汇款。汇兑结算广泛应用于单位和个人的各种款项的结算。汇兑结算业务的流程如图 4-6 所示。

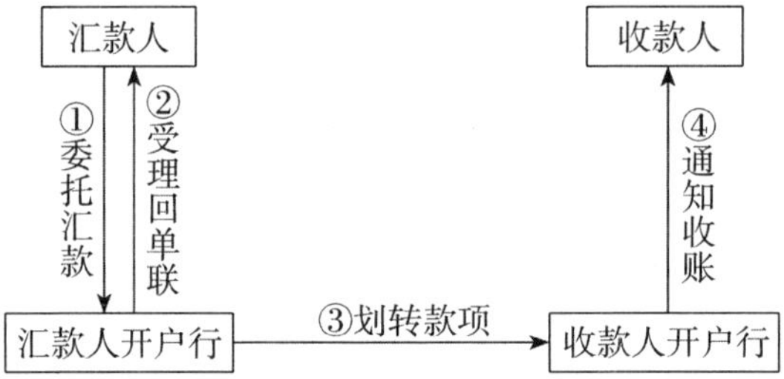


**图 4-6　汇兑结算流程图**

（一）信汇结算业务的核算

信汇，是汇款人委托银行用邮寄凭证的方式通知汇入行向收款人兑付款项的一种结算方式。

汇款人委托银行办理信汇结算时，应按照信汇凭证的填写要求，认真填制信汇凭证一式四联（见表 4-11）。填妥后盖章，交银行工作人员办理。信汇凭证第一联为收款凭证，第二联为支款凭证，第三联为收款凭证，第四联为收账通知。如果汇款人是以现金交付的，应将现金和信汇凭证一并交付汇出行办理。

1. 汇出行的核算

汇出行受理信汇凭证，审查信汇凭证无误后，第一联信汇凭证加盖转讫章后退给汇款人。汇款人转账交付的，银行以第二联信汇凭证作为借方凭证办理转账。会计分录为：

借：吸收存款——汇款人户（或其他有关科目）

　贷：支付清算类科目

表 4-11

**××银行　　信汇凭证**（借方凭证）　　**2**

委托日期　　年　　月　　日

<table>
<tr><td rowspan="3">汇款人</td><td>全　　称</td><td></td><td rowspan="3">收款人</td><td colspan="3">全　　称</td><td colspan="8"></td></tr>
<tr><td>账　　号</td><td></td><td colspan="3">账　　号</td><td colspan="8"></td></tr>
<tr><td>汇出地点</td><td>省　　　市/县</td><td colspan="3">汇入地点</td><td colspan="8">省　　　市/县</td></tr>
<tr><td colspan="2">汇出行名称</td><td></td><td colspan="4">汇入行名称</td><td colspan="8"></td></tr>
<tr><td rowspan="2">金额</td><td colspan="3" rowspan="2">人民币<br>（大写）</td><td>亿</td><td>千</td><td>百</td><td>十</td><td>万</td><td>千</td><td>百</td><td>十</td><td>元</td><td>角</td><td>分</td></tr>
<tr><td></td><td></td><td></td><td></td><td></td><td></td><td></td><td></td><td></td><td></td><td></td></tr>
<tr><td colspan="3" rowspan="2">此汇款支付给收款人。<br><br><br>汇款人签章</td><td colspan="3">支付密码</td><td colspan="9"></td></tr>
<tr><td colspan="12">附加信息及用途：<br><br><br>复核　　　记账</td></tr>
</table>

此联汇出行作借方凭证

汇款人以现金交付的，银行另填一联特种转账贷方凭证，以第二联信汇凭证作为借方凭证记账。会计分录为：

借：库存现金

　贷：应解汇款

借：应解汇款

　贷：支付清算类科目

转账后第三联信汇凭证加盖联行专用章，与第四联随同联行报单一并寄给汇入行。

2. 汇入行的核算

汇入行收到汇出行寄来的联行报单和第三、第四联信汇凭证，应审查第三联信汇凭证上的联行专用章与联行报单印章是否一致，审核无误后按下列手续处理：

（1）直接收账的汇款。收款人在汇入行开有存款账户，银行应将汇款直接转入收款人账户，并向收款人发出收账通知。银行以第三联信汇凭证作为贷方凭证办理转账。会计分录为：

借：支付清算类科目

　贷：吸收存款——收款人户

第四联信汇凭证加盖转讫章交收款人作收账通知。

（2）不直接收账的汇款。如果收款人未在汇入行开有存款账户，银行先将款项转入“应解汇款”科目，即以第三联信汇凭证作为贷方凭证，做如下分录：

借：支付清算类科目

　　贷：应解汇款

同时登记应解汇款登记簿，在信汇凭证上编列应解汇款顺序号，第四联信汇凭证留存保管，另以便条通知收款人来行取款。

收款人需凭信汇取款通知取款或“留行待取”取款的，取款时必须向银行交验本人的身份证件；银行应抽出留存的第四联信汇凭证，并审查取款人的身份证件是否与信汇凭证上填写的证件名称、号码及发证机关等内容一致、收款人是否签章；凭签章取款的，应查验收款人签章是否与预留签章一致。审核无误后，分别以下几种情况办理付款手续。

信汇凭证上已填有“现金”字样的，应一次办理现金支付手续。银行填制一联应解汇款借方凭证，以第四联信汇凭证作附件转账。会计分录为：

借：应解汇款

　　贷：库存现金

分次支取的，应根据第四联信汇凭证注销应解汇款登记簿中的该笔汇款，并如数转入应解汇款科目的分户账内。银行审核收款人填写的取款凭证、预留银行签章和取款人的身份证件，审核无误后，办理分次支付手续。待最后结清时，将第四联信汇凭证作为借方凭证的附件。分次支付的会计分录同上。

需要转汇的，应重新办理汇款手续。收款人和款项用途必须与原汇款人和用途相同，并需在第三联信汇凭证上加盖“转汇”戳记。如果第三联信汇凭证上已注明不得转汇，银行不予办理。

【例4-5】LS工厂向其开户银行甲银行提交信汇凭证，要求汇款40 000元差旅费给在异地出差的职工李某。开户行审核无误受理，通过行内支付系统将款项划转异地乙银行。李某所在酒店接到乙银行便条，通知王某携带身份证件前来领取现金。

（1）甲银行汇出汇款。会计分录为：

借：吸收存款——LS工厂户　　40 000

　　贷：支付清算类科目　　40 000

（2）乙银行收到汇款，先办理转账。会计分录为：

借：支付清算类科目　　40 000

　　贷：应解汇款　　40 000

同时以便条通知李某来行取款。

（3）李某持便条来行取款，乙银行核验其身份证件无误，付给现金。会计分录为：

借：应解汇款　　40 000

　贷：库存现金　　40 000

（二）电汇结算业务的核算

汇款人委托银行办理电汇时，应按照信汇凭证的填写要求向银行填制一式三联的电汇凭证（见表 4-12），第一联回单，第二联借方凭证，第三联发电依据。

表 4-12

**××银行　　电汇凭证**（借方凭证）　　**2**

□普通　□加急　　委托日期　　年　　月　　日

<table>
<tr><td rowspan="3">汇款人</td><td>全　　称</td><td colspan="2"></td><td rowspan="3">收款人</td><td>全　　称</td><td colspan="11"></td></tr>
<tr><td>账　　号</td><td colspan="2"></td><td>账　　号</td><td colspan="11"></td></tr>
<tr><td>汇出地点</td><td colspan="2">省　　市/县</td><td>汇入地点</td><td colspan="11">省　　市/县</td></tr>
<tr><td colspan="2">汇出行名称</td><td colspan="2"></td><td colspan="2">汇入行名称</td><td colspan="11"></td></tr>
<tr><td rowspan="2">金额</td><td colspan="5" rowspan="2">人民币<br>（大写）</td><td>亿</td><td>千</td><td>百</td><td>十</td><td>万</td><td>千</td><td>百</td><td>十</td><td>元</td><td>角</td><td>分</td></tr>
<tr><td></td><td></td><td></td><td></td><td></td><td></td><td></td><td></td><td></td><td></td><td></td></tr>
<tr><td colspan="4" rowspan="2">此汇款支付给收款人。<br><br>汇款人签章</td><td colspan="2">支付密码</td><td colspan="11"></td></tr>
<tr><td colspan="13">附加信息及用途：<br><br>复核　　记账</td></tr>
</table>

此联汇出行作借方凭证

1. 汇出行的核算

汇出行受理电汇凭证时，审查的内容与受理信汇业务基本相同。审核无误后，第一联电汇凭证加盖转讫章交汇款人，并以第二联信汇凭证作为借方凭证办理转账，会计分录与信汇业务分录相同。然后，根据第三联电汇凭证编制联行报单，并向汇入行拍发电报。对填明“现金”字样的电汇凭证，应在电文的金额前加拍“现金”字样。

2. 汇入行的核算

汇入行接到汇出行发来的电报，经审核无误后，应填制三联电划贷方补充报单，第一联代联行凭证，第二联代贷方凭证，第三联代收账通知交收款人。其他各项处理手续均与信汇结算业务相同。

## 二、托收承付结算方式的核算

托收承付也称异地托收承付，是指收款人根据购销合同发货后，委托银行向异地付款人收取款项，并由收款人向银行承认付款的结算方式。

**【相关链接】　　　　托收承付结算方式的基本规定**

（1）异地托收承付的适用范围规定如下：

①使用这种结算方式的收款单位和付款单位，必须是国有企业、供销合作社以及经营管理较好，并经开户银行审查同意的城乡集体所有制工业企业。

②办理结算的款项必须是商品交易以及因商品交易而产生的劳务供应款项。代销、寄售、赊销商品的款项，不得办理托收承付结算。

（2）使用托收承付结算方式时，收付双方必须签有符合《经济合同法》的购销合同，并在合同上订明使用托收承付结算方式。

（3）收款人办理托收，必须具有商品确已发运的证件，包括铁路、航运、公路等运输部门签发的运单、运单副本和邮局包裹回执等。没有发运证件，按照《支付结算办法》所规定的具体情况，可凭其他有关证件办理。

（4）托收承付结算每笔的金额起点为10 000元，新华书店系统每笔金额起点为1 000元。

（5）托收承付结算款项的划回方法，分邮寄和电报两种，由收款人选用。

（6）收付双方需重合同、守信用。收款人对同一付款人发货托收累计三次收不回货款的，收款人开户行应暂停收款人向该付款人办理托收；付款人累计三次提出无理拒付的，付款人开户行应暂停其向外办理托收。

（资料来源　中国人民银行．支付结算办法．银发〔1997〕393号，1997.）

托收承付结算方式的业务流程如图4-7所示。

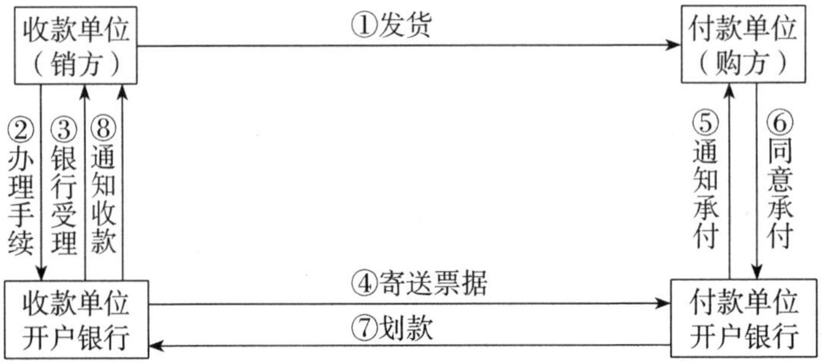


**图4-7　托收承付结算方式流程图**

（一）收款人开户银行受理托收承付的核算

全额支付的异地托收承付结算，其处理过程可分为四个阶段：

收款人开户行受理并发出托收凭证；付款人开户行通知承付；付款人开户行划款；收款人开户行收账。

收款人按照签订的购销合同发货后，即可填制托收凭证一式五联（见表

4-13）。第一联回单，第二联贷方凭证，第三联借方凭证，第四联收账通知，第五联付款通知。

表 4-13

**托收凭证**（贷方凭证） **2**

委托日期 年 月 日

| 业务类型 | 委托收款（□邮划、□电划） 托收承付（□邮划、□电划） | | | | | | | |
|---|---|---|---|---|---|---|---|---|
| 付款人 | 全称 | | | 收款人 | 全称 | | | |
| | 账号 | | | | 账号 | | | |
| | 地址 | 省 市县 | 开户行 | | 地址 | 省 市县 | 开户行 | |
| 金额 | 人民币（大写） | | | | 亿 千 百 十 万 千 百 十 元 角 分 | | | |
| 款项内容 | | 托收凭据名称 | | 附寄单证张数 | | | | |
| 商品发运情况 | | | 合同名称号码 | | | | | |
| 备注：<br>收款人开户银行收到日期<br>年 月 日 | | 上列款项随附有关债务证明，请予办理。<br>收款人签章 | | 复核 记账 | | | | |

此联收款人开户银行作贷方凭证

托收凭证按要求的内容填妥并盖章后，连同发运单证或其他符合托收承付结算要求的有关证明和交易单证（所附单证的张数应在托收凭证上注明）一并送交银行。收款人如需取回发运证件，银行应在托收凭证上加盖“已验发运单证”戳记。

开户银行接到托收凭证及其附件后，应当按照托收的范围、条件和托收凭证填写的要求认真进行审查，必要时，还应查验收付款人签订的购销合同。凡不合要求或违反购销合同发货的，不能予以办理。审查时间最长不得超过次日。

开户银行将托收凭证、发运证件和交易单证审核无误后，托收凭证第一联加盖业务公章退给收款人，第二联托收凭证据以登记“发出托收结算凭证登记簿”，并留存保管，托收凭证的第三、第四、第五联连同所附单证一并寄交付款人开户行。如为电划方式，托收凭证第四联为发电依据。

（二）付款人开户行通知承付的处理方法

付款人开户行收到托收承付凭证和所附单证，审查无误后，在各联凭证上批注到期日及承付期限，第三、第四联托收凭证按承付到期日顺序保管，并登记“定期代收结算凭证登记簿”。托收凭证第五联连同所附单证送付款人，通知其准备到期付款。

承付货款分为验单付款和验货付款两种，由收付款双方商量选用，并在合同中明确规定。验单付款的承付期为3天，从付款人开户银行发出承付通知的次日算起（承付期内遇例假日顺延）；验货付款的承付期为10天，从运输部门向付款人发出提货通知的次日算起。

（三）付款人开户行划款的处理方法

承付期满次日上午，付款人开户行主动将托收款项从付款人账户付出，划往收款人开户行，以第三联托收凭证代借方传票办理转账。会计分录如下：

借：吸收存款——付款人户

贷：支付清算类科目

在第四联托收凭证上填注支付日期，并在“定期代收结算凭证登记簿”的销账日期栏登记销账日期，凭证随同联行贷方报单寄收款人开户行。在电划方式下，则向收款人开户行拍发电报。

（四）收款人开户行收账的处理方法

收款人开户行收到付款人开户行寄来的联行报单及所附第四联托收凭证后，先同留存的第二联托收凭证核对相符，然后以第二联托收凭证代贷方传票办理转账。会计分录如下：

借：支付清算类科目

贷：吸收存款——收款人户

同时销记“发出托收结算凭证登记簿”，并将第四联托收凭证代收账通知交收款人。至此，全额解付的托收承付结算业务处理完毕。

【例4-6】甲银行收到客户M公司提交的托书承付结算凭证和发运单证，向异地购货方N公司收取货款及代垫运费共计182 600元。甲银行审核无误发出托收凭证和交易单证。N公司开户行丙银行收到凭证后，通知N公司验单付款。承付期满，N公司未提出异议，丙银行将款项划转给甲银行。

（1）丙银行划出款项。会计分录为：

| | | |
|---|---|---|
| 借：吸收存款——N公司户 | 182 600 | |
| 贷：支付清算类科目 | | 182 600 |

（2）甲银行收到划回款项。会计分录为：

| | | |
|---|---|---|
| 借：支付清算类科目 | 182 600 | |
| 贷：吸收存款——M公司户 | | 182 600 |

（五）逾期付款的处理方法

付款人在承付期满日银行营业终了时，如无足够资金支付，其不足部分，即为逾期未付款项，按逾期付款处理。

1. 逾期天数及赔偿金。

逾期天数应从承付期满日算起。承付期满日银行营业终了时，付款人如无足够资金支付，其不足部分，应当算作逾期 1 天，计算 1 天的赔偿金；赔偿金为每天按逾期付款金额的 5‱计。在各单位流动资金账户内扣付货款，应从企业销售收入中预留工资后，按照应缴纳税款、到期贷款、应偿付货款、应上缴利润的顺序扣付。

逾期付款的赔偿金实行定期扣付，每月计算一次，于次月 3 日内单独划给收款人。赔偿金的扣付列为企业销售收入扣款顺序的首位，如付款人账户余额不足全额支付时，应排列在工资之前，并对该账户采取“只收不付”的控制方法，待一次扣足赔偿金后，才准予办理其他款项的支付，因此而产生的经济后果由付款人自行负责。

2. 付款人开户银行对付款人逾期未能付款的情况，应当及时通知收款人开户银行，由其转告收款人。

3. 付款人开户银行要随时掌握付款人账户逾期未付的资金情况，俟账户有款时，必须将逾期未付款项和应付赔偿金及时扣划给收款人，不得拖延扣划。

4. 付款人开户银行对不执行合同规定、三次拖欠货款的付款人，应当通知收款人开户银行转告收款人，停止对该付款人办理托收。如果收款人不听劝告，继续对该付款人办理托收，付款人开户行对发出通知的次日起 1 个月之后收到的托收凭证，可以拒绝受理，注明理由，退回原件。

5. 付款人开户银行对逾期未付的托收凭证，负责进行扣款的期限为 3 个月（从承付期满日算起）。在此期限内，银行必须按照扣款顺序继续扣款。期满时，如果付款人仍无足够资金支付该笔尚未付清的欠款，银行应于次日通知付款人将有关交易单证（单证已做账务处理或已部分支付的，可以填制“应付款项证明单”），在两日内退回银行。

（六）拒绝付款的处理方法

对下列情况，付款人在承付期内，可向银行提出全部或部分拒绝付款：

1. 没有签订购销合同或未订明使用异地托收承付结算方式购销合同的款项。

2. 未经双方事先达成协议，收款人提前交货或因逾期交货付款人不再需要该项货物的款项。

3. 未按合同规定的到货地址发货的款项。

4. 代销、寄售、赊销商品的款项。

5. 验单付款，发现所列货物的品种、规格、数量，价格与合同规定不符，或货物已到但经查验货物与合同规定或发货清单不符的款项。

6. 验货付款，经查验货物与合同规定或发货清单不符的款项。

7. 货款已经支付或计算有错误的款项。

不属于上述情况的，付款人不得向银行提出拒绝付款。

付款人对以上情况提出拒付时，必须填写“拒绝付款理由书”一式四联。

开户银行必须认真审查拒绝付款理由，查验合同。对于付款人提出拒付的手续不全、依据不足、理由不符合规定和不属于前述七种拒付情况的，以及超过承付期拒付和应当部分拒付提为全部拒付的，银行均不得受理，银行不同意拒付的，应实行强制扣款。

银行同意部分或全部拒付的，应在拒付理由书上签注意见。如果是部分拒付款，除办理部分付款外，应将拒付理由书连同拒付证明及拒付商品清单邮寄收款人开户银行转交收款人；如果是全部拒付，则应将拒付理由书、拒付证明和有关单证邮寄收款人开户银行转交收款人。

## 三、委托收款结算方式的核算

委托银行收款，是收款人向银行提供收款依据，委托银行向付款人收取款项的结算方式。

凡在银行或其他金融机构开立账户的单位和个体工商户的商品交易、劳务款项和其他应收款项的结算，均可使用委托收款结算方式。委托收款在同城和异地均可使用，且不受金额起点的限制。

委托收款结算方式业务的流程可参考托收承付结算的流程。

### （一）收款人开户银行受理委托收款

收款人办理委托收款时，填制委托收款凭证（现已与托收凭证合并为同一凭证）一式五联（见表4-13）。第一联回单，第二联贷方凭证，第三联借方凭证，第四联收账通知，第五联付款通知。

填妥凭证后，收款人在委托收款凭证的第二联加盖单位印章或个人签章后，将结算凭证和债务证明提交开户银行。开户银行按照委托收款凭证的填写要求审查无误后，比照托收承付结算方式的处理方法，向付款人开户银行发出委托收款凭证，或通过同城票据交换提出委托收款凭证。

### （二）付款人开户银行通知划款

付款人开户银行收到委托收款凭证及有关单证，审查是否确属本行受理，审查无误后，登记“收到委托收款凭证登记簿”，将第五联凭证加盖业务公章，连同其他有关单证一并交付款人签收。

（三）付款人开户银行划款

付款人接到通知后，应于当日书面通知银行付款，如付款人未在接到通知的次日起 3 日内通知银行付款，银行应于付款人接到通知的次日起第四日上午开始营业时（遇例假日顺延），将款项划给收款人。会计分录为：

借：吸收存款——付款人户

　贷：支付清算类科目（异地）

　　存放中央银行款项（同城）

付款人在付款期满时，账户上如果没有足够的资金支付全部款项，银行应索回全部单证，并填写付款人未付款通知书，连同第四联委托收款凭证一并退回收款人开户银行。

付款人若提出全部或部分拒付，应填制拒付理由书，连同委托收款凭证及所附单证送交开户银行，由银行转交收款人开户银行。付款人开户银行不负责审查拒付理由，对部分支付的款项按全额划款的手续处理。

（四）收款人开户银行收账

收款人开户银行收到划款的凭证或电报，将原留存保管的委托收款凭证抽出进行核对，无误后办理转账，手续与托收承付基本相同。会计分录为：

借：支付清算类科目（异地）

　存放中央银行款项（同城）

　贷：吸收存款——收款人户

对于无款支付和拒付的情况，收款人开户银行应将未付款通知书、拒付理由书及债务证明转交收款人。

## 第四节　信用卡的核算

### 一、信用卡的概念和基本功能

信用卡是指商业银行向个人和单位发行的、凭以向特约商户（如商店、旅馆、娱乐场所、饭店等）购物、消费和向银行存取现金，且具有消费信用功能的特制载体卡片。信用卡的外观为带有卡名、卡号、持卡人姓名、有效期、信息磁条或芯片、防伪标志等内容的卡片。信用卡广泛运用于商品经济的支付与结算，具有“电子货币”功能。

**【相关链接】** 信用卡结算的基本规定

（1）限制信用卡备用金账户的资金来源

单位卡账户的资金必须从其基本存款账户转入，不得交存现金，不得将销售收入的款项存入该账户；个人卡账户的资金以其持有的现金存入，或以其工资性款项及属于个人的劳动报酬收入转账存入，严禁将单位的款项存入个人卡账户。

这些规定，有利于防止将信用卡账户变相作为基本存款账户使用，遏制公款私存和公款消费。

（2）严格信用卡的使用范围

信用卡应主要用于消费性支付。单位卡不得用于10万元以上的商品交易、劳务供应款项的结算。

（3）加强现金管理

单位卡一律不得支取现金。个人卡提取现金时，超过支付限额的，代理银行应向发卡银行索权。这些规定有利于限制利用信用卡大量套取现金，有利于加强对消费基金的控制。

（4）控制支付风险

①限定透支额度：信用卡透支额，金卡最高不得超过1万元，普通卡最高不得超过5千元。

②限定透支期限：信用卡透支期限最长为60天。

③明确透支利息的计算：信用卡透支利息，自签单日或银行记账日起，15日内按日息5‱计算，超过15日按日息10‱计算，超过30日或透支金额超过规定限额的，按日息15‱计算。透支利息不分段，按最后期限或者最高透支额的最高利率档次计算。

④禁止恶意透支。恶意透支是指持卡人超过规定限额或规定期限，并且经发卡银行催收无效的透支行为。

⑤设立备用金存款制度和担保制度。申领信用卡要向发卡行交存一定的备用金。发卡银行根据申请人的资信程度，要求其提供担保。担保的方式可采用保证、抵押或质押。

（资料来源　中国人民银行．支付结算办法．银发〔1997〕393号，1997.）

## 二、信用卡结算业务的会计核算

### （一）信用卡的发放

单位或个人申请使用信用卡，应按发卡银行规定向发卡银行填写申请表。发卡银行审查同意后，应及时通知申请人前来办理领卡手续，并按规定向其收取备用金和手续费。申请人从其基本存款账户支付以上款项。具体分以下两种情况：

1. 申请人已在发卡银行开有基本存款账户

申请人开具支票、填写三联进账单，交发卡行经办人员。经办人员审查无误后，支票作借方凭证，第二联进账单作贷方凭证，另填制一联特种转账贷方凭证，作收取手续费贷方凭证。会计分录为：

借：吸收存款——申请人户

　贷：保证金存款——申请人信用卡户

　　　手续费及佣金收入

银行经办人员将第一联进账单加盖转讫章作回单交给申请单位。

2. 申请人未在发卡银行开立基本存款账户

单位卡申请人开具支票、填写进账单，交发卡银行经办人员。发卡银行经办人员审核无误后，在进账单上按票据交换场次加盖“收妥后入账”的戳记，将第一联加盖转讫章交给持票人。支票按照票据交换的规定及时提出交换。俟退票时间过后，第二联进账单作贷方凭证，并另填制一联特种转账贷方凭证，作收取手续费贷方凭证。会计分录为：

借：存放中央银行款项

　贷：保证金存款——申请人信用卡户

　　　手续费及佣金收入

个人卡申请人交存现金开卡的，银行转账的会计分录为：

借：库存现金

　贷：保证金存款——申请人信用卡户

　　　手续费及佣金收入

以后在该行续存时，银行的会计分录为：

借：库存现金

　贷：保证金存款——申请人信用卡户

（二）信用卡直接消费业务的核算手续

直接消费是信用卡的主要功能。持卡人凭卡在特约商户购物或消费之后，无须支付现金。由于银行为特约商户介绍了客户，所以特约商户要向银行支付一定比例的结算手续费。

1. 特约商户接受信用卡的处理手续

特约商户受理客户信用卡，经审查无误后，在签购单上压卡，并填写实际结算金额、用途、持卡人身份证件号码、单位名称和编号。如超过支付限额的，应向发卡银行索权并填写授权号码，交持卡人签名确认，同时核对其签名与卡片背面签名是否一致。无误后，由持卡人在签购单上签名确认，并将信用卡、身份证件和第一联签购单交还给持卡人。

每日营业终了，特约商户应将当日受理的信用卡签购单汇总，并按规定比率计算出应交给银行的手续费，在交易总额中扣除后得出净额。然后将总额、银行手续费、净额、签购单张数、结算日期等记入“汇计单”。汇计单（见表4-14）、签购单（见表4-15）、进账单一并送交收单银行办理进账。

表4-14　**汇计单**

| | |
|---|---|
| ××银行 | |
| ××卡 | 日期 |
| 汇计单 | 签购单总份数____________份 |
| 特约商户名称、代号 | |
| | 总计金额（¥）[　　] |
| | 手续费（¥）%[　　] |
| 编号 00000000 | 净计金额（¥）[　　] |

表4-15　**签购单**

| | | |
|---|---|---|
| 持卡人姓名及账号 | | 编号 000000 |
| 证件 | 持卡人签名 | ××银行 |
| 授权号码 | 日期 | ××卡签购单 |
| 特约商户名称、代号<br>经办人签章 | 人民币 | |
| | 购物消费（小写） | |
| 银行盖章 | 什项（小写） | |
| | 总额（大写） | |
| | 摘要 | |

2. 款项清算的账务处理

信用卡资金的清算分为以下几种情况：

(1) 特约商户与持卡人在同一城市不同银行开户

对特约商户交来的进账单、三联汇计单及第二、三联签购单，收单银行应认真审查。审查无误后，在第一联进账单加盖转讫章作收账通知和第一联汇计单加盖业务公章作交费收据，退给特约商户。

收单银行应将第二联进账单作贷方凭证，第三联签购单作其附件，并根据第二联汇计单的手续费金额填制一联特种转账贷方凭证；将第二联签购单加盖业务公章，连同第三联汇计单向持卡人开户行提出票据交换（对跨系统银行发行的信用卡需待款项收妥后办理转账）。其会计分录为：

借：存放中央银行款项

　贷：吸收存款——特约单位户

　　　手续费及佣金收入

持卡人开户银行收到交换提入的第三联汇计单，审核无误后办理转账。会计分录为：

借：保证金存款——持卡人户

　贷：存放中央银行款项

（2）发卡银行是异地跨系统银行

在发卡行是异地某家跨系统银行的情况下，特约商户开户银行（收单银行）应向本地的跨系统发卡银行的通汇行按上述手续提出票据交换，会计分录同（1）。通汇行接到收单银行交换来的签购单和汇计单，随联行借方报单寄持卡人开户行。其会计分录为：

借：支付清算类科目

　贷：存放中央银行款项

发卡行收到同城交换来的第二联签购单和第三联汇计单，应认真进行审查。审查无误后，第二联签购单作借方凭证，第三联汇计单留存。其分录是：

借：信用卡备用金存款——持卡人户

　贷：支付清算类科目

（3）特约商户与持卡单位不在同一城市，但两者在同一系统银行开户

收单银行应将第二联进账单作贷方凭证，第三联签购单作其附件，根据第二联汇计单的手续费金额填制一联特种转账贷方凭证后作其附件；第二联签购单加盖转讫章连同第三联汇计单随联行借方报单寄持卡人开户行。会计分录为：

借：支付清算类科目

　贷：吸收存款——特约商户户

　　　手续费及佣金收入

发卡行收到联行寄来的报单及第二联签购单和第三联汇计单时，认真进行审查。审查无误后，第二联签购单作借方凭证，第三联汇计单留存。会计分录为：

借：保证金存款——持卡人户

　贷：支付清算类科目

（三）信用卡存取现金的核算手续

1. 持卡人在开户城市其他银行同城存入现金

持卡人存入现金时，银行审核无误填制存款单，存款单一式四联：第一联回单，第二联贷方凭证，第三联借方凭证，第四联存根。填妥凭证后，交持卡人签字

确认，核对无误后办理转账。会计分录为：

借：库存现金

　贷：存放中央银行款项

当日向持卡人开户行提出票据交换。

持卡人的同城开户行收到交换提入的票据，办理转账。会计分录为：

借：存放中央银行款项

　贷：保证金存款——持卡人户

2. 持卡人在异地系统内银行存入现金

异地系统内银行收到持卡人存入现金，审核无误办理转账。会计分录为：

借：库存现金

　贷：支付清算类科目

通过行内支付系统清算资金。

持卡人开户行受理系统内银行转来报单信息，办理转账。会计分录为：

借：支付清算类科目

　贷：保证金存款——持卡人户

3. 持卡人凭卡支取现金的业务

代理银行需要认真审核取款人的身份证件及信用卡的真伪、有效期等信息，并填制取现单。不同情况下的有关会计分录与存入现金时相反。如需收取手续费，则在“手续费及佣金收入”账户核算。

# 第五节　国内信用证的核算

## 一、信用证结算概述

信用证是广泛运用于商业活动的一种结算方式。按照中国人民银行 1997 年发布的《国内信用证结算办法》的定义，信用证是指开证行依照申请人的申请开出的，凭符合信用证条款的单据支付的付款承诺。目前，该办法适用于国内企业之间商品交易的信用证结算。

### （一）信用证的分类

国际上通行的信用证分类，主要有以下几种：

1. 跟单信用证和光票信用证，划分标准为是否跟附单据办理结算。

2. 可转让信用证和不可转让信用证，划分标准为是否可将信用证金额部分或全部转让给第三人。

3. 可撤销信用证和不可撤销信用证，划分标准为是否可单方取消或修改信用证。

4. 保兑信用证和非保兑信用证，划分标准为是否需要提供保兑。

5. 即期信用证和远期信用证，划分标准为信用证的付款期限。

6. 议付信用证和非议付信用证，划分标准为是否可以议付。

这些分类只是从不同角度说明了信用证的某个特征。在实际应用中，一个信用证可能同时具备上述分类中的几个特征，如即期不可撤销、不可转让的跟单信用证。

（二）信用证的当事人

1. 开证申请人：交易合同中的购货方（买方）。

2. 开证行：购货方（买方）的开户银行。

3. 受益人：交易合同中的供货方（卖方）。

4. 通知行：受开证行委托向受益人通知信用证的银行。

5. 议付行：是根据开证行在议付信用证中的授权，买进受益人提交的汇票和单据的银行。

---

**【相关链接】**　**国内信用证结算的有关规定**

（1）经中国人民银行批准经营结算业务的商业银行总行以及经商业银行总行批准开办信用证结算业务的分支机构，可以办理信用证结算业务。未经批准的银行机构和城市信用合作社、农村信用合作社及其他非银行金融机构不得办理信用证结算业务。

（2）我国银行开办的信用证为不可撤销、不可转让的跟单信用证。

（3）信用证结算的当事人应当遵守法律、法规以及本办法的规定，不得损害社会公共利益；同时应遵守诚实信用原则，认真履行义务，不得利用信用证进行欺诈等违法犯罪活动。

（4）信用证只限于转账结算，不得支取现金。

（5）在信用证结算中，各有关当事人处理的只是单据，而不是与单据有关的货物及劳务。

（资料来源　中国人民银行．国内信用证结算办法．银发〔1997〕265 号，1997.）

---

信用证结算业务的流程如图 4-8 所示。

（三）即期信用证流程说明

1. 购销双方签约，合同订明采用信用证结算方式。

2. 买方向开户行申请开证。

3. 开证行受理申请，收取保证金并开出信用证。

4. 通知行核对后，向受益人（卖方）通知信用证。

5. 卖方通过承运人向买方发货。

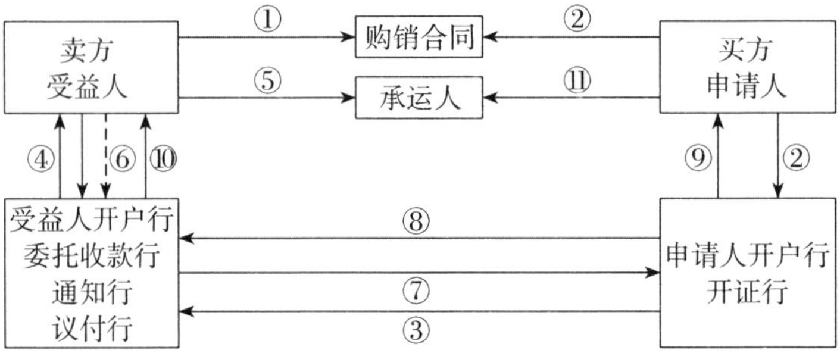


**图 4-8　即期付款信用证结算流程**

6. 受益人发货后向开户行交单，委托其向开证行收款（这一阶段，受益人可向银行申请议付）。

7. 委托收款行向开证行交付单据，索要货款。

8. 开证行收到单据，审核后付款。

9. 开证行向开证申请人交付单据，并发送付款通知。

10. 委托收款行收到开证行划来货款，向受益人发出收款通知。

11. 买方凭收到的单据向承运人提取货物。

## 二、国内信用证开证的会计核算

### （一）申请开立信用证

申请人向其开户行申请开立信用证的，应填制一式三联开证申请书（见表4-16），并在开证申请书背面开证申请人承诺书上签章，连同有关购销合同交其开户行。申请书第一联受理回单，申请人留存；第二联开证依据，会计部门留存；第三联开证存查，信贷部门留存。开证行收到后，在第一联开证申请书加盖业务公章交申请人，并审查以下内容：

1. 申请书记载的事项是否符合要求。

2. 申请人是否签章，签章是否与其预留银行的签章相符。

3. 各条款之间是否矛盾。

4. 申请书记载的有关条款是否与购销合同一致。

审核无误后，同意开证的，应根据申请人的资信情况，确定向其收取保证金的比例，或同时要求申请人提供其他担保。

申请人向银行交存保证金时，应提交支票和三联进账单，支票作借方凭证，第一联进账单作回单加盖转讫章交申请人，第二联进账单作贷方凭证，第三联进账单作贷方凭证附件。其分录为：

表 4-16　　**开证申请书**

**开证申请书（受理回单）**1

编号：

申请日期：　　年　月　日

××银行：

开证方式：信开□　电开□

有效期及有效地点：
申请人名称、账号、地址及邮政编码：
受益人名称、地址、邮政编码、账号及开户行：
运输方式：　　　　　　　　　交单期：
分批装运：允许□不允许□　　金额：
转　　运：允许□不允许□　　付款方式：即期付款□　延期付款□
货物运输起止地：自________至________议付□
最迟装运日期：________年________月________日付款期限：即期□　运输单据日后________天
合同号码：
货物描述：

受益人应提交的单据：
1.（　）发票注明信用证号码及合同号码。
2.（　）全套海运□河运□提单，正本____份，副本____份，收货人________，注明运费已付□/未付□。
3.（　）航空运单，收货人________，注明运费已付□/未付□。
4.（　）铁路□ 公路□运单，收货人________，注明运费已付□/未付□。
5.（　）邮政收据，收货人________，注明运费已付。
6.（　）货物收据，收货人________。
7.（　）保险单正本____份，副本____份，投保金额________元，投保险别________、________。
8.（　）装箱单____份，注明每一包装件内货物数量及每件的毛、净重。
9.（　）其他单据。

其他条款：
1.（　）单据必须自运输单据签发日起________天内提交（不能晚于信用证有效期）。
2.（　）货物数量及信用证金额均可有________%的浮动范围。
3.（　）其他。

联系人：　　　　　　　　　　　　　　　开证申请人签章

电话：

注：开证申请书一式三联，第一联受理回单；第二联开证依据；第三联开证存查。用途及联次应分别印在“开证申请书”右端括弧内和括弧与编号之间。

借：吸收存款——申请人户

贷：保证金存款——信用证保证金（申请人户）

要求申请人提供抵押、质押或保函的，登记备忘科目登记簿，

收：重要或有价单证

有关单证专夹保管。

（二）开证行开立信用证

开证行根据第二联开证申请书和《国内信用证结算办法》的规定开立信用证（见表 4-17）。

表 4-17　　信用证

××银行

信用证（正本）2

编号：

| | | | | | |
|---|---|---|---|---|---|
| 开户行申请人 | 全称 | | 受益人 | 全称 | |
| | 地址、邮编 | | | 地址、邮编 | |
| | 账号 | | | 账号 | |
| | 开户行 | | | 开户行 | |
| 开证金额 | | 人民币（大写）¥ | | | |
| 有效日期及有效地点 | | | | | |
| 通知行名称及行号 | | | | | |

运输方式：

分批装运：允许□　不允许□

转运：　允许□　不允许□

货物运输起止地：自____至____

最迟装运日期年____月____日____

交单期：

付款方式：即期付款□　延期付款□

议付□

议付行名称及行号：

付款期限：即期□

运输单据日后____天

货物描述：

受益人应提交的单据：

其他条款：

本信用证依据中国人民银行《国内信用证结算办法》和申请人的开证申请书开立。本信用证为不可撤销、不可转让信用证，受益人开户行应将每次提交单据情况背书记开证行地址及邮编：

电传：

电话：

传真：　　编押：

开证行签章

注：1. 信开信用证一式四联，第一联副本；第二联正本；第三联副本；第四联开证通知。用途及联次应分别印在“信用证”右端括弧内和括弧与编号之间。

2. 电开信用证一式两联，第一联副本；第二联开证通知。用途及联次应按第 1 点的要求印在各联上。

3. 货物描述、提交的单据等按开证申请书记载。

采用信开信用证的，填制一式四联信开信用证。第一联信用证副本，通知行留存；第二联信用证正本，交受益人；第三联信用证副本，开证行留存；第四联开证通知，申请人留存。开证行应在第一、二、三联信用证指定位置加编密押，并在第一、二联信用证上加盖信用证专用章及经办人名章。经复核无误后，将信用证第一、二联寄交通知行，第四联加盖业务公章交申请人。

采用电开信用证的，缮打一式两联电开信用证。第一联信用证副本，开证行留存；第二联开证通知，申请人留存。开证行加编密押并核对无误后，以电传方式向通知行发送电开信用证信息，第二联加盖业务公章交申请人。

开证行开立信开或电开信用证后，根据第三联信开信用证或第一联电开信用证作表外科目核算，

收：开出即期（或远期）信用证

并按规定向申请人收取开证手续费及邮电费。收取开证手续费及邮电费的会计分录为：

借：吸收存款——申请人户

　贷：手续费及佣金收入

　　　业务及管理费——代收邮电费

## 三、修改信用证

（一）受理信用证修改申请及审核

申请人向其开证行申请修改信用证的，应填制一式三联信用证修改申请书，并在申请书背面信用证修改申请人承诺书上签章，连同受益人同意修改的书面证明提交开证行。第一联受理回单，申请人留存；第二联修改依据，会计部门留存；第三联修改存查，信贷部门留存。

开证行受理修改申请的，应进行认真审核。

（二）开立信用证修改书

开证行根据第二联信用证修改申请书开立信用证修改书。

采用信开信用证修改书的，填制一式四联信开信用证修改书。第一联信用证修改书副本，通知行留存；第二联信用证修改书正本，交受益人；第三联信用证修改书副本，开证行留存；第四联信用证修改通知，申请人留存。开证行应在第一、二、三联信用证修改书指定位置加编密押，并在第一、二联信用证修改书上加盖信用证专用章及经办人名章。经审核无误后，将修改书第一、二联寄交通知行，第四联加盖业务公章交申请人。

采用电开信用证修改书的，缮打一式两联电开信用证修改书，开证行加编密押

并核对无误后，以电传方式向通知行发送电开信用证修改书信息。

开证行开立信开或电开信用证修改书后，属于增额或减额修改的，应根据第三联信开信用证修改书或第一联电开信用证修改书作表外科目核算，

收或付：开出即期（或远期）信用证

并按规定向申请人收取信用证修改手续费及邮电费。

## 四、通知行通知信用证

（一）信用证的通知

1. 核验签章和密押。通知行收到开证行发来的信用证，核对无误后，根据信开和电开信用证副本登记“信用证通知登记簿”。

2. 缮制信用证通知书。通知行在规定时间内核验信用证并确认其表面真实后，缮制一式二联信用证通知书（见表4-18）。第一联通知，加盖业务公章连同信用证正本交受益人，并由受益人在“信用证通知登记簿”上签收；第二联通知存查，连同信用证副本留存，专夹保管，并按规定向受益人收取通知手续费。

表4-18 **信用证通知书**

| |
|---|
| ××银行<br>**信用证通知书（通知）1**<br>编号：<br>通知日期　　年　月　日 |
| ××（受益人）：<br>开证行名称：<br>信用证编号：________开证日期：________信用证金额：________<br>我行收到上述银行□电开 □信开信用证一份，经核验，印章相符，密押正确，现随附通知。你单位申请议付交单时，请将本通知及信用证一并提交，否则，你单位应对议付后果承担责任。<br>备注：<br>本信用证连同通知书及附件共________页。<br>如对本信用证的条款有异议，请与开证申请人联系进行必要的修改，以排除交单时可能发生的问题。<br>通知行地址：<br>电传：<br>电话：<br>传真：<br>通知行签章<br>注：本通知书一式两联，第一联通知；第二联通知存查。用途及联次应分别印在“信用证通知书”右端括弧内和括弧与编号之间。 |

3. 经核验签章不符的，应及时将该信用证寄退开证行重开信用证；密押不符的，应及时查询开证行。

（二）信用证修改的通知

通知行收到开证行发来的信用证修改书，确认表面真实后，缮制一式二联信用证修改通知书。第一联通知，加盖业务公章连同信用证修改书正本交受益人，并由受益人在“信用证通知登记簿”上签收；第二联通知存查，连同信用证修改书副本留存，专夹保管，并按规定向受益人收取通知手续费（分录略）。

## 五、受益人开户行对来单的处理手续

（一）议付来单的处理

1. 受理来单及审核

受益人向开户行申请议付的，应填制一式两联信用证议付/委托收款申请书。第一联受益人留存，第二联开户行留存，并填制一式五联议付凭证（见表 4-19），第一联借方凭证，第二联贷方凭证，第三联贷方凭证，第四联收账通知，第五联到期卡。受益人在第一联信用证议付/委托收款申请书和第一联议付凭证上加盖预留银行签章后连同信用证通知书、信用证修改通知书、信用证正本、信用证修改书及单据一并提交议付行。议付行应认真审查。

表 4-19　　**议付凭证**

议付凭证（借方凭证）1

日期　　年　月　日　　　　第　　号

<table>
<tr><td rowspan="3">信用证</td><td colspan="2">编号</td><td colspan="10"></td><td rowspan="3">受益人</td><td colspan="3">名称</td><td colspan="7"></td></tr>
<tr><td colspan="2">开证日期</td><td colspan="10">年　月　日</td><td colspan="3">账号</td><td colspan="7"></td></tr>
<tr><td colspan="2">到期日</td><td colspan="10">年　月　日</td><td colspan="3">开户银行</td><td colspan="7"></td></tr>
<tr><td rowspan="2">议付金额</td><td colspan="13" rowspan="2">人民币（大写）</td><td>千</td><td>百</td><td>十</td><td>万</td><td>千</td><td>百</td><td>十</td><td>元</td><td>角</td><td>分</td></tr>
<tr><td></td><td></td><td></td><td></td><td></td><td></td><td></td><td></td><td></td><td></td></tr>
<tr><td rowspan="2">议付率</td><td rowspan="2">‰</td><td rowspan="2">议付利息</td><td>千</td><td>百</td><td>十</td><td>万</td><td>千</td><td>百</td><td>十</td><td>元</td><td>角</td><td>分</td><td rowspan="2">实付议付金额</td><td>千</td><td>百</td><td>十</td><td>万</td><td>千</td><td>百</td><td>十</td><td>元</td><td>角</td><td>分</td></tr>
<tr><td></td><td></td><td></td><td></td><td></td><td></td><td></td><td></td><td></td><td></td><td></td><td></td><td></td><td></td><td></td><td></td><td></td><td></td><td></td><td></td></tr>
<tr><td colspan="5">附送信用证及单据申请议付，请审核。<br>受益人签字</td><td colspan="2">银行审批</td><td colspan="9">负责人　信贷员</td><td colspan="8">科目（借）________<br>对方科目（贷）____<br>复核<br>记账</td></tr>
</table>

此联银行议付时作借方凭证

2. 议付行对单证相符同意议付的会计核算

（1）议付行应按规定计算议付利息、实付议付金额，第一联议付凭证作借方凭证，第二联议付凭证作吸收存款科目贷方凭证，第三联议付凭证作利息收入科目贷方凭证。会计分录为：

借：议付信用证款项

　贷：吸收存款——受益人户

　　利息收入

议付行办理转账后，第五联议付凭证和第一联信用证议付/委托收款申请书专夹保管，登记“信用证议付登记簿”，并按规定向受益人收取议付手续费，在“手续费及佣金收入”科目核算。

（2）议付行在信用证正本背面记明议付日期、业务编号、增额、议付金额、信用证余额、议付行名称，并加盖业务公章；第二联议付/委托收款申请书上加盖业务公章和第四联议付凭证上加盖转讫章连同信用证通知书、信用证修改通知书和信用证正本、信用证修改书退受益人。

（3）议付行办妥转账手续后，制作一式两联寄单通知书。第一联加盖业务公章随填制的委托收款凭证，连同单据一并寄开证行办理收款；第二联议付行留存，并按照发出委托收款的手续处理。

3. 议付行对单证不符的处理

（1）议付行审核单据发现不符，可洽受益人修改后相符同意议付的，比照议付来单的正常处理。

（2）议付行审核单据发现不符，洽受益人修改后仍不符，拒绝议付的，应制作一式两联拒绝议付/不符点通知书（格式由各行制定），注明拒绝议付理由，一联留存；另一联加盖业务公章连同有关单证退受益人。

（二）委托收款来单的处理

受益人委托开户行向开证行提交单证的，应填制委托收款凭证和信用证议付/委托收款申请书，连同信用证正本、信用证修改书正本、有关单据提交开户行。开户行审查填写符合要求，单证齐全，第一联信用证议付/委托收款申请书随托收凭证，连同有关单证一并寄开证行，并按照发出委托收款的手续处理。

## 六、开证行对来单的处理手续

（一）单据相符足额付款的会计核算

开证行收到议付行寄来的委托收款凭证、单据及寄单通知书或受益人开户行寄来的委托收款凭证、信用证正本、信用证修改书正本、单据及信用证议付/委托收款申请书，应抽出信用证留底，在规定的时间内审查。

经审查单证相符的，做以下处理：

1. 即期信用证付款

即期信用证的付款，会计分录为：

借：信用证保证金——申请人户

　　或吸收存款——申请人户

　贷：支付清算类科目

开证行办妥付款手续后，应填制一式两联信用证来单通知书。第一联加盖业务公章，连同有关单据交开证申请人，并由其签收；第二联开证行留存。

2. 远期信用证付款

开证行应在规定的时间内向受益人开户行（含议付行）发电，未议付的由其转告受益人，确认到期付款。到期日付款比照即期全额付款处理。

（二）单据相符，不足付款的处理

开证行在付款时，开证申请人交存的保证金和存款账户余额不足支付信用证款项的，可作为申请人的逾期贷款处理；申请人提供了抵押、质押担保的，应转做抵债资产处理；提供保函的，应向担保人收取款项。

## 七、受益人开户行（含议付行）收到开证行划来款项的处理

受益人开户行（含议付行）收到开证行寄来的邮划代收报单或电划电报时，按照委托收款划回的手续处理，并办理转账。会计分录为：

借：支付清算类科目

　贷：议付信用证款项

　　　或吸收存款——受益人户

属于议付的，议付行应销记“信用证议付登记簿”和“发出委托收款凭证登记簿”；属于受益人通过其开户行委托收款的，开户行应在委托收款收账通知联加盖转讫章通知受益人。

## 八、信用证注销的处理手续

开证行在信用证有效期内未收到任何单据，在信用证有效期满1个月后，应注销信用证，解除开证申请人的信用证担保，并做如下处理：

1. 退还保证金。会计分录为：

借：保证金存款——信用证保证金（申请人户）

　贷：吸收存款——申请人户

同时退还抵押物、质押物或保函。销记备忘科目登记簿。

2. 开证行收到开证申请人提出对未逾有效期信用证的注销申请和信用证正本时，应审查开证申请人与受益人同意注销的证明，无误后，解除开证申请人的担保。

## 本章小结

1. 支付结算是商业银行代客户清偿债权债务、收付款项的一种传统的中间业务。

2. 支付结算的有关制度和办法由中国人民银行总行负责统一制定，银行和客户必须遵循结算原则，遵守结算纪律。

3. 我国的国内支付结算工具主要包括银行汇票、商业汇票、银行本票、支票、信用卡、汇兑、托收承付、委托收款和信用证等。

4. 本章内容的核心在于银行如何将资金从付款人账户划转至收款人账户，核算中使用的支付清算系统属于完成资金划拨的渠道，将在后续章节中介绍。

## 关键概念

支付结算　票据　结算方式

## 思考与应用

（一）复习思考

1. 什么是支付结算？办理支付结算业务必须遵循哪些原则？

2. 支付结算的方式有哪些？各有何主要特点？

3. 简述商业承兑汇票和银行承兑汇票的相同点和不同点。

4. 比较银行本票与银行汇票的适用范围和核算流程。

5. 托收承付结算方式的使用为何需要限定条件？

（二）操作练习

1. 假设20×4年12月20日建设银行某市支行发生下列商业汇票业务，请按业务要求编制转账的会计分录：

（1）开户单位东方建材公司提交当日到期的商业承兑汇票及同城委托收款凭证，金额30 000元，委托银行向也在本行开户的广大建材城收取汇票款，经审核无误办理转账。

（2）根据本年7月签署的承兑协议，向承兑申请人博雅公司收取本日到期的银行承兑汇票款45 000元，办理转账。

（3）收到异地某建行寄来的委托收款结算凭证及银行承兑汇票，金额134 000元，汇票已于2天前到期；经审核无误于当日将汇票款划出，办理转账。

（4）收到异地某建行寄来的联行报单及商业承兑汇票，金额50 000元，收款人为在本行开户的立达商贸公司，经审核无误办理转账。

（5）在本行开户的银行承兑汇票申请人兴业商场的银行承兑汇票款46 000元已经到期，由于该付款人账户资金不足，只能支付 35 000 元，其余转为逾期贷款，办理转账。

2. 假设 20×5 年 6 月 20 日工商银行某行发生下列银行汇票业务，请按业务要求编制转账的会计分录：

（1）开户单位金达餐厅提交银行汇票申请书，金额 48 000 元，委托银行签发汇票持往异地办理采购，银行审核无误，开出汇票，办理转账。

（2）收到异地某工商银行寄来的汇款解讫通知和联行报单，原汇款单位是在本行开户的飘逸美发厅，汇票金额 30 000 元，实际结算金额 25 000 元，办理转账。

（3）开户单位宏兴百货公司提交银行汇票和进账单，金额 70 000 元，汇款人为在异地某工商银行开户的某单位，审核无误，办理转账。

3. 假设 20×5 年 12 月 20 日工商银行某行发生下列汇兑业务，请按业务要求编制转账的会计分录：

（1）开户单位新新服装店提交信汇凭证一份，金额 4 000 元，系汇往在异地工商银行开户的惠民纺织厂的交易尾欠，审核无误，办理转账。

（2）收到异地工商银行寄来的邮划贷方报单及信汇凭证一份，汇给华都酒店 5112 房间的客人张林差旅费 3 000 元，银行审核无误办理转账，并便条通知张林所在酒店。

（3）当日，张林持银行便条及个人身份证来行领取其信汇款 3 000 元，银行审核无误付现。

4. 假设 20×4 年 12 月 20 日工商银行某市支行发生下列支票和本票业务，请按业务要求编制转账的会计分录：

（1）收到某客户提交的银行本票申请书及现金 6 000 元，审核无误，办理签发不定额银行本票的手续。

（2）开户单位新大五金厂签发转账支票，支付在同一银行开户的四达机械厂货款 10 000 元，经审核无误办理转账。

（3）开户单位农机公司持不定额本票及两联进账单来行办理兑付手续，金额 40 000 元，经审查该本票为同城其他银行签发，银行办理转账。

（4）收到开户单位果品批发站送交的支票和两联进账单，金额 60 000 元，该支票的签发人在同城其他银行开户，当日退票时间过后，银行办理转账。

（5）开户单位隆发公司持定额本票及两联进账单来行办理兑付，金额 50 000 元，经审查该本票为本行签发，办理转账。

5. 假设 20×5 年 12 月 20 日工商银行某市支行发生下列委托收款和托收承付结算业务，请按业务要求编制转账的会计分录：

（1）3 天前，收到异地某工商银行寄来的有关托收承付结算凭证及附件，通知开户单位果品批发站付款，金额 82 000 元，当日承付期满，办理划款手续。

（2）日前收到异地某行处的委托收款凭证，向本行开户的信通公司收取货款 52 000 元，经审查无误，通知信通公司。信通公司经检验单证发现部分商品规格不符，部分拒付 2 000 元，余款于当日划出。

（3）收到异地某行处的邮划贷方报单，系划付的商业承兑汇票款，收款单位为在本行开户的农机公司，金额 43 000 元，经审核无误办理转账。

# 第五章 外汇业务核算

## 学习目标

1. 掌握外汇业务核算的特点和外汇买卖业务的核算
2. 掌握外汇存款业务的核算
3. 熟悉外汇贷款业务的核算
4. 熟悉国际结算业务的核算

## 第一节　外汇业务概述

### 一、外汇业务的意义

外汇是国际汇兑（Foreign Exchange）的简称，是指以外国货币表示的可以用于国际清偿和国际结算的支付手段和资产。根据《中华人民共和国外汇管理条例》规定，外汇包括外国货币、外币有价证券、外币支付凭证、特殊债权以及其他外汇资金等。

我国对外汇实行统一政策、集中管理的方针。国家授权外汇管理局行使外汇管理职权，国务院授权中国人民银行管理国家外汇业务。经中国人民银行核准的各金融机构，可在核准经营的范围内开展外汇业务。

### 二、外汇业务的主要内容

外汇业务是指以记账本位币以外的货币进行的款项收付、往来结算等业务。经营外汇业务是银行业务经营的重要组成部分。目前我国商业银行主要从事的外汇业务包括：外汇存款，外汇贷款，外汇汇款，外币兑换，外汇同业拆借，外汇借款，发行或代理发行股票以外的外币有价证券，买卖或代理买卖股票以外的外币有价证券，外汇票据的承兑和贴现，贸易、非贸易结算，外汇担保，自营及代客外汇买卖，外汇信用卡的发行和代理国外信用卡的发行及付款，资信调查、咨询和鉴证业务等。

## 三、外汇业务核算原理

银行外汇业务核算应遵循《企业会计准则第 19 号——外币折算》的规定，解决的问题具体如下：

### （一）记账本位币

我国银行一般以人民币作为记账本位币，也允许业务收支以人民币以外的货币为主的银行选择其中一种货币作为记账本位币。但是，编报的财务会计报告应当折算为人民币。银行选择的记账本位币一经确定，不得改变。

### （二）外汇交易

外汇交易是以外币计价或者结算的交易，包括：

1. 买入或者卖出以外币计价的商品或者劳务。

2. 借入或者借出外汇资金。

3. 其他以外币计价或者结算的交易，如接受外币现金捐赠等。

外汇交易可分为货币性项目和非货币性项目。货币性项目是银行持有的货币和将以固定或可确定金额的货币收取的资产或者偿付的负债。货币性资产包括现金、存款、应收账款和应收票据以及准备持有至到期日的债券投资等；货币性负债包括应付账款、其他应付款、短期借款、应付债券、长期借款、长期应付款等。

非货币性项目是货币性项目以外的项目，如长期股权投资、交易性金融资产（股票、基金）、固定资产、无形资产等。

### （三）外币折算的会计处理

外币折算是指将外汇交易或外币财务报表折算为记账本位币反映的过程。外汇交易折算的会计处理主要涉及两个环节：一是在交易日对外汇交易进行初始确认，将外币金额折算为记账本位币金额；二是在资产负债表日对相关项目进行折算，因汇率变动产生的差额应记入当期损益。

银行对于发生的外汇交易，应当在初始确认时，采用交易发生日的即期汇率将外币金额折算为记账本位币金额，或者采用与交易发生日即期汇率近似的汇率折算。

在资产负债表日，对于外币货币性项目，采用资产负债表日即期汇率折算，因资产负债表日即期汇率与初始确认时或者前一资产负债表日即期汇率不同而产生的汇兑损益差额，计入当期损益，同时调增或调减外币货币性项目的记账本位币金额。而以历史成本计量的外币非货币性项目，已在交易发生日按当日即期汇率折算，资产负债表日不改变其记账本位币金额。

## 四、外汇业务核算方法

外汇业务的专门核算方法有外汇分账制和外汇统账制两种。虽然在外币折算准则中没有提及分账制记账方法，但在外币折算准则应用指南中提出：“金融保险企业的外汇交易频繁，涉及外币币种较多，可以采用分账制记账方法进行日常核算。”

### （一）外汇分账制

外汇分账制也叫原币记账法，是经营外汇业务的银行，对外币与记账本位币实行分账核算的一种记账方法，也就是直接以各种原币为记账单位，而不折成记账本位币进行记账的方法。

采用外汇分账制核算的银行，应按业务发生时的各种原币填制凭证、登记账簿、编制会计报表。银行发生结售汇、外汇买卖以及各种货币之间的兑换及账务间的联系均通过“货币兑换”科目，并按业务发生时的汇率记账。资产负债表日，银行应将以原币编制的财务会计报表折算为记账本位币，其中货币性项目按资产负债表日即期汇率折算，非货币性项目按交易日即期汇率折算，产生的汇兑差额计入当期损益。

### （二）外汇统账制

外汇统账制，也叫本位币记账法或本币统账制，是经营外汇业务的企业，对外汇的买卖、收付等都折合成记账本位币，统一用记账本位币进行核算的一种方法。

采用外汇统账制核算的银行，应分别记账本位币和各种外币进行明细核算。银行发生外汇业务时，应当将有关外币金额折合为记账本位币记账，并登记外币金额和折合率。除另有规定外，所有与外汇业务有关的账户，应当采用业务发生时的汇率或业务发生当期期初的汇率折算。

## 五、商业银行外汇业务核算的特点

### （一）账务记载实行外汇分账制

采用外汇分账制可以有效记录和反映记账本位币、外币资金的收付，核算和监督各种不同币种的收、支、存情况。目前我国银行对外汇业务的核算基本上都采用外汇分账制。

### （二）设置特定会计科目

“货币兑换”科目是为了实现外汇分账制而设立的一个特定科目。在银行外汇业务的会计核算中，“货币兑换”科目使用非常频繁，准确运用“货币兑换”科目进行外汇业务的核算，能够确保银行资产负债的真实性，并有助于银行间的资金清算和账务往来，以及对外汇风险的识别、判断、分析和监控。

（三）联行、代理行往来账务关系的复杂性

外汇业务的会计核算在办理贸易和非贸易业务的国际结算中，既有各种外币资金结算，又有记账本位币资金结算，既有境内联行、代理行和其他金融机构的资金结算，又有境外联行、代理行的资金结算。结算的货币种类不一，汇率时有变化，尤其在国际结算中，外汇业务的会计核算必须严格遵照有关协议、协定中规定的结算方式和账务处理细则进行结算，特别在对海外联行、代理行进行账务处理时，不仅要遵循国际惯例，而且必须遵照所在国（或地区）有关银行法规的规定，从而使账务处理多样化、核算内容复杂化，账务关系非常复杂。

（四）按国际惯例结算

外汇业务会计的另一个显著特点就是要遵循国际惯例，比如在国外代理行往来、联行往来时要遵守国际银行间往来的有关规定；办理信用证、托收、汇款等国际结算业务时，会受到来自国际商会的《跟单信用证统一惯例》（UCP600）、《跟单信用证业务指南》（UCP515）、《托收统一惯例》（URC522）、《见索即付保函统一规则》（UDG485）、《2000 年国际贸易术语解释通则》等国际惯例、通则的制约。

## 六、主要会计科目及核算内容

外汇业务核算涉及的主要会计科目及核算内容见表 5-1。

表 5-1　**外汇业务会计科目及其核算内容**

| | 名称 | 主要核算内容 | 备注 |
| --- | --- | --- | --- |
| 资产类 | 短（中）期外汇贷款 | 核算银行发放的短期及中期外汇贷款的使用和收回 | 此类科目根据业务情况单独设置，也可以在“贷款”科目下设置明细科目核算 |
| | 进口押汇 | 核算进口方银行向进口商提供信用证项下或托收项下进口押汇的发放和收回 | |
| | 出口押汇 | 核算出口方银行向出口商提供信用证项下或托收项下出口押汇的发放和收回 | |
| | 打包贷款 | 核算出口方银行向出口商提供的，以信用证正本为抵押的出口前期融资性本币短期贷款的发放和收回 | |
| | 买方信贷外汇贷款① | 核算出口国银行直接向买方或买方银行提供的贷款的发放和收回 | |

① 总行设置“借入买方信贷款”科目核算。

续表

| | 名称 | 主要核算内容 | 备注 |
|---|---|---|---|
| 资产类 | 应收出口托收款项 | 核算受客户或银行同业委托，代向付款人收取贸易或非贸易项下的款项 | |
| | 应收进口代收款项 | 核算代收银行收到进口代收单据，接受托收行委托代为向付款人收取的款项 | |
| | 应收信用证出口款项 | 核算出口商交来远（即）期信用证项下出口单证，经议付行议付寄单的款项 | |
| | 应收开出信用证 | 核算开证行接受开证申请人的申请而对外签发信用证的款项 | |
| | 应收承兑汇票款 | 核算进口商办理远期信用证项下进口业务，委托银行对外结算，汇票已经银行承兑的款项 | |
| | 存放境外同业 | 核算境内银行存放在境外账户行的外汇款项和往来业务。该科目可按国外代理行设置分户账 | |
| 负债类 | 汇入汇款 | 核算汇入行的境外汇入汇款业务中待解付的汇入汇款增减变动情况。该科目可按收款客户设置明细账户 | 期末可并入“吸收存款”科目编制报表 |
| | 出口托收款项 | 核算受客户或银行同业委托，代向付款人收取贸易或非贸易项下的款项 | 与“应收出口托收款项”互为对转科目 |
| | 进口代收款项 | 核算代收银行收到进口代收单据，接受托收行委托代为向付款人收取的款项 | 与“应收进口代收款项”互为对转科目 |
| | 代收信用证出口款项 | 核算议付行议付远（即）期信用证项下出口单证的款项 | 与“应收信用证出口款项”互为对转科目 |
| | 开出信用证 | 核算开证行接受开证申请人的申请而对外签发信用证的款项 | 与“应收开出信用证”互为对转科目 |
| | 承兑汇票 | 核算银行收到寄来远期信用证项下进口单据远期汇票已经银行承兑的款项 | 与“应收承兑汇票款”互为对转科目 |
| | 存出保证金 | 核算金融企业因办理业务需要存出或交纳的各种保证金款项。本科目可按保证金的类别及存放单位或交易场所进行明细核算 | |

续表

| | 名称 | 主要核算内容 | 备注 |
|---|---|---|---|
| 资产负债共同类 | 货币兑换 | 核算金融企业采用分账制核算外币交易所产生的不同币种之间的兑换。本科目可按币种进行明细核算 | |
| | 全国联行外汇往来 | 核算发有全国联行行号的银行办理全国范围内异地外汇资金划转及外汇结算业务 | 会计期末可并入“清算资金往来”科目编制报表 |
| 损益类 | 汇兑损益 | 核算金融企业发生的外币交易因汇率变动而产生的汇兑损益① | |

# 第二节　外汇买卖业务的核算

## 一、外汇买卖业务的内容

银行的外汇买卖业务主要包括自营外汇买卖、代客外汇买卖和临柜业务中的结售汇等。

自营外汇买卖，是指银行根据国家外汇管理规定及自身外汇资金头寸摆布和保值、增值的需要，以自身的外汇资金，通过境内外同业银行进行外汇头寸的转换，以期赚取差价利润的业务。

代客外汇买卖，是银行接受客户委托，代其在国际金融市场上或通过中国外汇交易中心或外汇调剂市场进行的外汇或本位币调剂买卖交易。

临柜业务则主要表现为结汇、售汇、结售汇项下外汇与本币平盘交易、外币兑换和套汇等形式。

（一）结汇

我国对经常项目下的外汇收入实行结汇制。境内企事业单位、机关和社会团体按国家外汇管理政策的规定，将各类外汇收入按银行挂牌汇率结售给银行。银行购入外汇，付给人民币。结汇有强制结汇、意愿结汇和限额结汇等多种形式。目前，我国主要实行的是强制结汇制，部分企业经批准实行限额结汇制，对境内居民个人实行意愿结汇制。

（二）售汇

境内企事业单位、机关和社会团体经常项目下的正常用汇，可以持有效凭证，

① 外汇分账制下，期末将所有以外币表示的“货币兑换”科目余额按期末汇率折算为人民币，将其与“货币兑换——人民币”科目余额进行比较，出现贷方差额应贷记“汇兑损益”，出现借方差额则借记“汇兑损益”。

用人民币到银行办理兑付。

(三) 结售汇项下外汇/本币平盘交易

这是银行为平盘结售汇敞口而进行的外币/记账本位币买卖交易。按照我国现行外汇管理制度，国家对银行的结算周转外汇实行比例管理，各银行结算周转外汇的比例由中国人民银行根据其资产和外汇结算业务量核定。各银行持有超过其高限比例的结算周转外汇时，必须出售给其他银行或中国人民银行；持有的结算周转外汇降低到低限比例以下时，应及时从其他银行或中国人民银行购入补足。

(四) 外币兑换

外币兑换是指银行从个人手中买入外币付给人民币，或者收进人民币兑出外币。

(五) 套汇

由于不同币种间没有直接的汇价，或者客户拥有的某种外汇与其支付所需要的币种不一样，因此可以要求银行套算兑换。

## 二、外汇汇率

外汇必须按一定的价格进行买卖，从而对不同货币进行折算。这个价格是外汇汇价，也叫外汇汇率。外汇汇率是用一种货币单位表示另一种货币单位的价格。

从银行买卖外汇的角度划分，汇率分为买入汇率、卖出汇率、中间汇率和现钞汇率；按外汇交易交割期限划分，有即期汇率和远期汇率；按对外汇管理的松严区分，有官方汇率和市场汇率。

外汇汇率有两种标价方法，即直接标价法和间接标价法。直接标价法是用外国货币表示本国货币；间接标价法是用本国货币表示外国货币。

我国的外汇牌价采用直接标价法。

## 三、“货币兑换”科目使用说明

“货币兑换”科目是外汇分账制会计核算特有的科目，属于资产负债共同类科目，是联系外币账户和人民币账户的桥梁和纽带。

在填制会计凭证、编制会计分录、记载账务时，“货币兑换”科目下外币账户和人民币账户均应完整地加以反映。

资产负债表日，各分账货币账户余额都要按期末汇率折算为人民币金额，与人民币账户项下的“货币兑换”科目余额相比较计算汇兑损益，结转利润科目。发生汇兑收益，借记本科目，贷记“汇兑损益”；发生亏损，借记“汇兑损益”，贷记本科目。

需要说明的是，“货币兑换”科目的分户账具有一定的特殊性，它把人民币和外币金额记在同一个账页上，账簿格式由买入、卖出、结余三栏组成，买入、卖出栏内又各由外币、汇价和人民币三栏组成。买入栏外币为贷方，人民币为借方；卖出栏外币为借方，人民币为贷方，结余栏则设借或贷外币、借或贷人民币两栏。其格式如表 5-2 所示。

表 5-2　　　　　　××银行“货币兑换”科目账

货币：　　　　　　　　　　　　账户：

<table>
<tr><td colspan="2" rowspan="2">年</td><td rowspan="3">摘要</td><td colspan="3">买入</td><td colspan="3">卖出</td><td colspan="4">结余</td></tr>
<tr><td>外币<br>（贷）</td><td rowspan="2">汇价</td><td>人民币<br>（借）</td><td>外币<br>（借）</td><td rowspan="2">汇价</td><td>人民币<br>（贷）</td><td rowspan="2">借/贷</td><td>外币</td><td rowspan="2">借/贷</td><td>人民币</td></tr>
<tr><td>月</td><td>日</td><td>（十亿位）</td><td>（十亿位）</td><td>（十亿位）</td><td>（十亿位）</td><td>（十亿位）</td><td>（十亿位）</td></tr>
<tr><td></td><td></td><td></td><td></td><td></td><td></td><td></td><td></td><td></td><td></td><td></td><td></td><td></td></tr>
</table>

买入外币（贷方）×汇价 = 人民币借方

卖出外币（借方）×汇价 = 人民币贷方

如果买入外币数大于卖出外币数，外币结余则以买入外币（贷）项数减去卖出外币（借）项数，余额为外币贷方结余数。人民币结余则将买入外币人民币（借）项数减去卖出外币人民币（贷）项数，余额为人民币借方结余数。结余额以外币与人民币同时反映。由于“货币兑换”科目凭证是多联套写凭证，外币联与人民币联内容相同，所以记账时凭“货币兑换”科目外币联凭证记账。

“货币兑换”科目的余额能够反映银行外汇资金头寸余缺状况。银行检查某一外汇资金余缺，只需看“货币兑换”科目余额在哪一方，如外币账户的余额在贷方，则表明该货币买入大于卖出，即为多头；如外币账户的余额在借方，则表明该外币卖出多于买入，即空头。银行对外汇资金头寸的掌握，直接影响其风险损失的规避。

## 四、外汇买卖业务的账务处理

### （一）结售汇的核算

当买入外汇时，外币金额记入“货币兑换”科目的贷方，与原币有关科目对转，相应的人民币金额记入该科目的借方，与人民币有关科目对转。买入外汇（包括结汇及外币兑人民币业务）的基本账务处理如下：

借：××科目（外币）

贷：货币兑换——汇（钞）买价（外币）

借：货币兑换——汇（钞）买价（人民币）

贷：××科目（人民币）

【例 5-1】某客户持 200 美元来银行兑换人民币现金。设业务发生时，美元现钞买入价为 USD100 = ¥675.25。其会计分录为：

借：库存现金　　USD200

贷：货币兑换——钞买价　　USD200

借：货币兑换——钞买价　　¥1 350.5

贷：库存现金　　¥1 350.5

售汇业务即商业银行依据国家外汇管理的相关规定向客户卖出外汇。当卖出外汇时，外币金额记入“货币兑换”科目的借方，与原币有关科目对转，相应的人民币金额记入该科目的贷方，与人民币有关科目对转。卖出外汇（包括售汇及人民币兑外币业务）的基本账务处理如下：

借：××科目（人民币）

贷：货币兑换——汇（钞）卖价（人民币）

借：货币兑换——汇（钞）卖价（外币）

贷：××科目（外币）

【例 5-2】W 公司向开户银行购买 100 000 美元支付进口货款。设业务发生时，美元汇卖价 USD100 = ¥685.26。其会计分录为：

借：吸收存款——W 公司户　　¥685 260

贷：货币兑换——汇卖价　　¥685 260

借：货币兑换——汇卖价　　USD100 000

贷：汇出汇款或有关科目　　USD100 000

（二）套汇业务核算

由于我国银行没有挂出两种不同外币之间的直接比价，当两种外币进行兑换时，需要通过人民币来进行折算。套汇有两种具体情况：一是两种外币之间的套算，即一种外币兑换为另一种外币，必须通过人民币进行套汇，也就是先买入一种外币，按买入价折成人民币数额，再卖出另一种外币，把人民币数额按卖价折算为另一种外币；二是同种货币之间的套算，包括钞兑汇或汇兑钞，因为同一种外币体现在汇率上，现钞和现汇价值有所差异，所以，也必须按套汇方法处理。

两种外币之间套算的基本账务处理如下：

借：××科目（A 外币）

贷：货币兑换——汇（钞）买价（A 外币）

借：货币兑换——汇（钞）买价（人民币）

　贷：货币兑换——汇（钞）卖价（人民币）

借：货币兑换——汇（钞）卖价（B 外币）

　贷：××科目（B 外币）

【例 5-3】X 公司以其外汇美元存款申请汇往香港，以支付某客户货款港币 250 000元。设业务发生时，美元汇买价为 USD100 = ¥682.45，港币汇卖价为 HKD100 = ¥89.20。其会计分录为：

借：吸收存款——外汇活期存款——X 公司户　　USD32 676.39

　贷：货币兑换——汇买价　　USD32 676.39

借：货币兑换——汇买价　　¥223 000

　贷：货币兑换——汇卖价　　¥223 000

借：货币兑换——汇卖价　　HKD250 000

　贷：汇出汇款　　HKD250 000

## 第三节　外汇存贷款业务的核算

### 一、外汇存款的核算

外汇存款是银行以信用方式吸收的国内外单位和个人在经济活动中暂时闲置的并能自由兑换或在国际上获得偿付的外汇资金。银行为适应外汇所有者的不同对象和需要，开办了单位外汇存款和个人外汇存款等性质不同的存款业务。

（一）单位外汇存款的核算

单位外汇存款也称甲种外汇存款。经国家外汇管理局核准开立外汇账户的企（事）业法人和其他经济组织，当需要将境内资金汇出或将境外资金汇入境内或者办理其他存款和转账业务时，可持外汇管理局核准的《开立外汇账户批准书》等相关材料，到银行开立外汇账户后办理存款及转账等结算业务。单位外汇存款业务按账户性质分为经常项目外汇账户（外汇结算账户）和资本项目外汇账户（外汇资本金账户）。经常项目外汇账户是用于经常项目外汇收支或经国家外汇管理局批准的资本项目外汇支出的账户。资本项目外汇账户是用于资本项目外汇收支的账户，两者在账户管理上有所不同。外汇账户包括外汇现汇账户和外币现钞账户。所有存款对象只能开立外汇现汇账户，不得开立外币现钞账户。以现钞存入或支取外币现钞时，应按要求进行外汇买卖。

根据存款期限的不同，单位外汇存款分为外汇活期存款和外汇定期存款。为便于单位外汇存款业务的会计核算，可设置“外汇活期存款”和“外汇定期存款”

科目（或在“吸收存款”总账科目下设置二级科目）。

1. 存款存入的核算

（1）以外币现钞存入。单位外汇存款一般为现汇账户，存入时应按存入日的现钞买入价和同种货币现汇卖出价折算入账（属于同种货币之间的套算）。其会计分录为：

借：库存现金（外币）
　贷：货币兑换——钞买价（外币）
借：货币兑换——钞买价（人民币）
　贷：货币兑换——汇卖价（人民币）
借：货币兑换——汇卖价（外币）
　贷：吸收存款——外汇活（定）期存款——××户（外币）

（2）直接以国外收汇或国内转汇存入。如存款单位以汇入的原币存入，其会计分录为：

借：汇入汇款或有关科目（外币）
　贷：吸收存款——外汇活（定）期存款——××户（外币）

如汇入币种与存入币种不同时，则按当天两种外汇汇价套汇入账。其会计分录为：

借：汇入汇款或有关科目（A 外币）
　贷：货币兑换——汇买价（A 外币）
借：货币兑换——汇买价（人民币）
　贷：货币兑换——汇卖价（人民币）
借：货币兑换——汇卖价（B 外币）
　贷：吸收存款——外汇活（定）期存款——××户（B 外币）

如境内机构转汇存入，其会计分录为：

借：全国联行外汇往来（外币）
　贷：吸收存款——外汇活（定）期存款——××户（外币）

2. 支取的核算

（1）从现汇账户支取原币现钞。从现汇账户支取原币现钞时，按汇买价、钞卖价套汇后，支取原币现钞。其会计分录为：

借：吸收存款——外汇活期存款——××户（A 外币）
　贷：货币兑换——汇买价（A 外币）
借：货币兑换——汇买价（人民币）
　贷：货币兑换——钞卖价（人民币）
借：货币兑换——钞卖价（A 外币）

贷：库存现金（A外币）

（2）以原币汇往国外或国内异地。以原币汇往国外或国内异地时，直接办理，并按规定收费标准计收等值人民币手续费。其会计分录为：

借：吸收存款——外汇活期存款——××户（外币）

贷：汇出汇款等有关科目（外币）

（3）以存款货币外的另一种货币支取。当支取货币与原存款货币不同时，需按汇买价、汇卖价套汇后办理。其会计分录为：

借：吸收存款——外汇活期存款——××户（A外币）

贷：货币兑换——汇买价（A外币）

借：货币兑换——汇买价（人民币）

贷：货币兑换——汇卖价（人民币）

借：货币兑换——汇卖价（B外币）

贷：汇出汇款等有关科目（B外币）

（二）个人外汇存款的核算

个人外汇存款是指银行为吸收境内外自然人的外汇资金而开办的一项外汇存款业务。

个人外汇存款业务按照存取方式分为外汇活期储蓄存款、外汇定期储蓄存款和个人通知存款。商业银行对外汇活期储蓄存款及外汇定期储蓄存款一般有起存额要求。外汇活期储蓄存款每年计付一次利息，计息日为每年的6月30日；外汇定期储蓄存款存期分1个月、3个月、6个月、1年和2年五种档次。

1. 存入的核算

（1）以外币现钞存入。存款人将外币现钞存入外币现钞户。其会计分录为：

借：库存现金（外币）

贷：吸收存款——个人外汇活（定）期存款——××户（外币）

（2）以境内、境外汇入的汇款或托收的外币票据收妥存入。存款人将境内、境外汇入的汇款或托收的外币票据收妥款存入现汇户。其会计分录为：

借：存放境外同业或有关科目（外币）

贷：汇入汇款（外币）

借：汇入汇款（外币）

贷：吸收存款——个人外汇活（定）期存款——××户（外币）

2. 支取的核算

（1）从外汇活期储蓄存款账户支取外币现钞。存款人从外汇活期储蓄存款现钞账户或现汇账户中支取外币现钞。其会计分录为：

借：吸收存款——个人外汇活期存款——××户（外币）

贷：库存现金（外币）

（2）从外汇定期储蓄存款账户支取外币现钞。存款人从外汇定期储蓄存款现钞账户或现汇账户中支取外币现钞时，计算应付存款利息，办理转账。其会计分录为：

借：吸收存款——个人外汇定期存款——××户（外币）

应付利息（外币，已提取部分）

利息支出——储蓄存款利息支出户（外币，不足部分）

贷：库存现金（外币）

3. 汇出汇款的核算

办理现汇户的汇出汇款时，签发结算凭证，办理账务划转手续，同时计算外汇定期或活期储蓄利息。其会计分录为：

借：吸收存款——个人外汇活（定）期存款——××户（外币）

或应付利息（利息支出）（外币）

贷：汇出汇款（外币）

汇出行收到汇入行解付通知书后，应冲销“汇出汇款”科目卡片账。其会计分录为：

借：汇出汇款（外币）

贷：存放境外同业或有关科目（外币）

同时，按规定收取等值人民币邮电费、汇款手续费。其会计分录为：

借：库存现金（人民币）

贷：手续费及佣金收入——汇费收入户（人民币）

业务及管理费——邮电费（人民币）

【例5-4】客户张红从其活期存款美元外汇账户支取2 000英镑的等值美元，申请用信汇方式汇往英国某大学交纳学费。客户按有关要求办妥汇款手续，交开户银行审核无误后，办理汇出汇款。当天美元汇买价为 USD100 = ¥681.22，英镑汇卖价为 GBP100 = ¥1 021.50。其会计分录为：

借：吸收存款——个人外汇活期存款——张红　　USD2 999.03

贷：货币兑换——汇买价　　USD2 999.03

借：货币兑换——汇买价　　¥20 430

贷：货币兑换——汇卖价　　¥20 430

借：货币兑换——汇卖价　　GBP2 000

贷：汇出汇款　　GBP2 000

借：库存现金　　¥20.43

　贷：手续费及佣金收入——汇费收入户（1‰）　　¥20.43

## 二、外汇贷款的核算

外汇贷款也称外汇放款，是银行对借款人自主提供的，以外币为计价单位的，按双方约定的利率和期限还本付息的贷款。

外汇贷款除了具有银行其他信贷业务的一般特点外，还具有本身的特点：

1. 借外汇还外汇，借什么货币还什么货币，收取原币利息，贷款使用的货币由借款人选择，汇率风险由借款人承担。

2. 实行浮动利率，计收承担费，利率按伦敦银行同业拆放利率加上银行管理费用计算得出，并不定期公布。

3. 借款单位必须具有合理、合法的外汇贷款用途，有相应的外汇收入或其他外汇来源。

4. 贷款期限由提款期、宽限期、还款期组成。

5. 一般不发生派生存款，贷款发放是从贷款账户直接对外支付，不存在贷款转存款后的对外支付，不会形成借款单位的派生性存款。

6. 政策性强、涉及面广、工作要求高。

目前，外汇贷款种类较多，按照发放贷款的投向分，有境内外汇贷款和境外外汇贷款；按照还款期限分，有短期外汇贷款和中长期外汇贷款；按照外汇贷款资金的用途和性质分，有流动资金贷款和固定资金贷款；按照融资的目的分，有对外贸易贷款和出口信贷；按照外汇贷款发放条件分，有信用贷款、担保贷款和抵押贷款；按照外汇贷款利率形式分，有浮动利率贷款、固定利率贷款和优惠利率贷款；按照外汇贷款资金的来源分，有现汇贷款、转贷贷款和项目贷款等。下面，我们将着重学习现汇贷款、贸易融资和买方信贷外汇贷款的会计核算。

### （一）现汇贷款的核算

现汇贷款是指企业根据业务需要采用信用证、托收或汇款等结算方式，在国际市场上采购适用商品，向银行申请的额度内外汇贷款或单笔外汇贷款。贷款到期，借款单位以外汇收入或其他外汇来源偿还本息。现汇贷款的核算主要包括贷款发放、计收利息、到期偿还三个环节。在核算中主要通过“短（中）期外汇贷款”科目核算。

1. 现汇贷款的发放

（1）使用贷款对外支付。借款单位直接使用贷款对外支付货款，不派生存款。其会计分录为：

借：短（中）期外汇贷款——××户（外币）

贷：存放境外同业或其他有关科目（外币）

（2）使用非贷款货币对外支付。若借款单位以非贷款货币对外付汇，其会计分录为：

借：短（中）期外汇贷款——××户（贷款外币）

贷：货币兑换——汇买价（贷款外币）

借：货币兑换——汇买价（人民币）

贷：货币兑换——汇卖价（人民币）

借：货币兑换——汇卖价（支付货币）

贷：存放境外同业或其他有关科目（支付货币）

2. 现汇贷款的计息

外汇贷款的利率可以根据合同规定，采用浮动利率、固定利率和优惠利率。现汇贷款根据合同规定，按季或按月结息。结息时，应分别根据不同的贷款利率，算出结息期内共计应收利息，由银行填制“外汇贷款结息凭证”办理转账。结息期计收的利息，应区别不同情况进行处理。

（1）借款单位以原币偿还贷款利息。借款单位以外汇存款偿还利息。其会计分录为：

借：吸收存款——外汇活期存款——××户（外币）

贷：利息收入——××贷款利息收入户（外币）

（2）将利息转为贷款本金。借款单位不以原币偿还贷款利息，可按与银行达成的协定，将利息转为贷款本金。其会计分录为：

借：短（中）期外汇贷款——××户（外币）

贷：利息收入——××贷款利息收入户（外币）

3. 现汇贷款本金的偿还

（1）以外汇存款偿还。借款单位用外汇存款偿还贷款本金。其会计分录为：

借：吸收存款——外汇活期存款——××户（外币）

贷：短（中）期外汇贷款——××户（外币）

（2）用人民币购汇偿还。借款单位经批准用人民币购买外汇偿还贷款本金。其会计分录为：

借：吸收存款——××户（人民币）

贷：货币兑换——汇卖价（人民币）

借：货币兑换——汇卖价（外币）

贷：短（中）期外汇贷款——××户（外币）

（3）用非原贷款货币偿还。借款单位用非原贷款货币的外汇存款偿还。其会计分录为：

借：吸收存款——外汇活期存款——××户（还款外币）

　贷：货币兑换——汇买价（还款外币）

借：货币兑换——汇买价（人民币）

　贷：货币兑换——汇卖价（人民币）

借：货币兑换——汇卖价（贷款外币）

　贷：短（中）期外汇贷款——××户（贷款外币）

（二）贸易融资的核算

贸易融资是指银行结合进出口贸易结算业务，对进口商、出口商和中间商提供融通资金的便利，是外贸、外贸结算和资金融通三者的有机结合。针对进出口贸易结算的不同阶段和环节，银行提供的贸易融资主要包括：进出口押汇、票据贴现和打包贷款。

1. 进口押汇

进口押汇是指进口商以进口货物的物权作抵押，向银行申请的短期资金融通。依结算方式的不同，进口押汇可分为信用证项下进口押汇和托收项下进口押汇两种。

进口押汇是企业以物权作抵押向银行申请的短期周转资金融通。因此，银行必须按信贷资产风险管理原则实施风险控制，有关贷款金额应控制在进口押汇总授信额度之内，并要求借款人所提供的单据做到单单、单证相符。

无论信用证项下还是托收项下银行提供的进口押汇，均是在银行收到有关单据，根据进口商的押汇申请，先行垫款对外支付，转而向进口商办理付款赎单手续，收回贷款，释放交单据的过程。因此，进口押汇的会计核算主要包括叙做进口押汇和收回押汇垫款两个环节。在核算中主要通过“进口押汇”科目核算（或在“贷款”科目下设置“进口押汇”二级科目）。

（1）承做进口押汇的核算。进口商申请进口押汇时，必须填制进口押汇申请书，并提供信托收据、贸易合同和其他有关资料。经银行审核同意，办理进口押汇，对外付款手续。其会计分录为：

借：进口押汇——××户（外币）

　贷：存放境外同业或有关科目（外币）

（2）偿还押汇本息的核算。进口商向银行偿还进口押汇本息，赎取单据时，银行应抽出保管的有关凭证，并冲销卡片账，计算并扣除自进口押汇日起至进口商赎单还款日止的利息。其会计分录为：

借：吸收存款——外汇活期存款——××户（外币）

贷：进口押汇——××户（外币）

利息收入——押汇利息收入户（外币）

进口押汇利息=押汇金额×押汇天数×日利率

2. 票据贴现

票据贴现是指远期票据经承兑后，在到期日前，由银行从票面金额中扣减贴现息后，将余款支付给持票人的一种融资方式。

一般银行只承做银行承兑汇票的贴现业务。在办理银行承兑汇票的贴现时，应认真审核票据的真实性、流通性和法律依据。贴现利率可采用优惠贷款利率。

（1）贴入票据的核算。持票人申请贴现时，应填制贴现申请书，并提供开证行、保兑行或付款行承兑的远期汇票，经银行审核无误同意后，计算贴息并办理贴现。其会计分录为：

借：贴现资产——××户（外币）

贷：吸收存款——外汇活期存款——××户（外币）

利息收入——贴现利息收入户（外币）

（2）承兑票据的核算。承兑到期收回贴现票款。其会计分录为：

借：存放境外同业或有关科目（外币）

贷：贴现资产——××户（外币）

3. 出口押汇

出口押汇是指出口商将全套出口单据提交议付行，由该行买入单据并按票面金额扣除自议付日到预计收汇日止的利息及有关手续费，将净款预先付给出口商的一种出口融资方式。根据结算方式的不同，出口押汇可分为信用证项下出口押汇及托收项下出口押汇。

出口押汇是银行预先垫款买入一笔尚未收妥的外汇，有一定的收汇风险。因此，应确保押汇项下单据做到单证、单单完全相符；进口商信誉良好，开证行、付款行资信良好，且所处国家政局、经济稳定，外汇充裕；收汇条件合理，不受限制。

出口押汇主要包括承做出口押汇和收回押汇垫款两个环节的核算。在核算中通过“出口押汇”科目反映（或在“贷款”科目下设置“出口押汇”二级科目）。

（1）承做出口押汇的核算。银行在承做出口押汇时，出口单位需填制“出口押汇申请书”，并与押汇银行签订“出口押汇总质权书”，明确双方的权利和义务。银行经审核同意后，按押汇之日起加上开证行或付款行合理的工作日，加邮程时间，加票据期限，计算押汇垫款利息，办理出口押汇手续。其会计分录为：

借：出口押汇——××户（外币）
　贷：利息收入——押汇利息收入户（外币）
　　　货币兑换——汇买价（外币）
借：货币兑换——汇买价（人民币）
　贷：吸收存款——××户（人民币）

出口押汇的利率，按同档次流动资金贷款利率执行。

出口押汇利息 = 票面金额×估计收到票款所需日数×年利率÷360

出口押汇贷款的实际入账金额 = 票据金额-押汇利息-预扣国外银行费用-本行费用

（2）收款偿还押汇的核算。押汇银行收到海外联行或代理行寄来的贷方报单时，要考核押汇时间是否合理，然后收回出口押汇款项。其会计分录为：

借：存放境外同业或有关科目（外币）
　贷：手续费及佣金收入——国外银行费用收入户（外币）
　　　出口押汇——××户（外币）

【例 5-5】Y 进出口公司 1 月 4 日把即期信用证项下全套单据金额 USD50 000，连同押汇申请书交某银行，经审核单据符合押汇要求，该银行当天即按 6.5% 利率扣收 15 天的利息，并将余额按当日美元挂牌汇买价 USD100 = ¥680.84 折合人民币后，收入该公司人民币存款户。1 月 20 日，该银行收到国外代理行（开证行）的贷记通知，金额 USD50 100（其中 USD100 为银行费用），经审核无误后办理转账。

①1 月 4 日承做出口押汇。其会计分录为：

押汇利息 = 50 000 美元×15 天×6.5% ÷360 = 135.42 美元

| | | |
|---|---|---|
| 借：出口押汇——Y 公司户 | USD50 000 | |
| 　贷：利息收入——押汇利息收入户 | | USD135.42 |
| 　　　货币兑换——汇买价 | | USD49 864.58 |
| 借：货币兑换——汇买价 | ¥339 498.01 | |
| 　贷：吸收存款——Y 公司户 | | ¥339 498.01 |

②1 月 20 日收到贷记通知。其会计分录为：

| | | |
|---|---|---|
| 借：存放境外同业或有关科目——某国外代理行户 | USD50 100 | |
| 　贷：手续费及佣金收入——国外银行费用收入户 | | USD100 |
| 　　　出口押汇——Y 公司户 | | USD50 000 |

4. 打包贷款

打包贷款是指信用证的受益人受证后，如果缺乏本币资金备货，可凭正本信用证按规定手续向当地银行申做一种融资性的出口前期短期贷款。该贷款只是用以缓解受益人在备货期间资金不足的临时困难。

为了加强打包贷款的管理，减少贷款风险，银行应对申请人的资信和经营、与银行业务往来、该笔出口业务的备货等情况及贷款的偿还能力进行认真审查；贷款限期可从贷款之日起至该信用证项下货款收妥或办理出口押汇日止，一般不超过4个月。贷款利率按照本币同档次流动资金贷款利率执行，贷款到期不展期，贷款逾期按规定加收逾期利息。

对打包贷款可通过“打包贷款”科目核算（或在“贷款”科目下设置“打包贷款”二级科目）。

（1）打包贷款发放的核算。申请打包贷款的单位必须向银行提交打包贷款申请书、外贸合同及国外银行开来的信用证正本等有关文件，与银行签订打包贷款合同，经银行核准，发放贷款并收入当事人有关账户。其会计分录为：

借：打包贷款——××户（人民币）

　贷：吸收存款——××户（人民币）

（2）打包贷款本息偿还的核算。偿还打包贷款本息时，银行原则上从打包贷款受益人的出口议付货款中主动扣还，也可以受益人存款归还，应视还款的具体情况做不同的账务处理。

以出口押汇归还打包贷款本息。其会计分录为：

借：出口押汇——××户（外币）

　贷：货币兑换——汇买价（外币）

借：货币兑换——汇买价（人民币）

　贷：打包贷款——××户（人民币）

　　　利息收入——××贷款利息收入户（人民币）

　　　吸收存款——××户（人民币，剩余部分）

以收妥结汇款归还打包贷款本息。其会计分录为：

借：存放境外同业或有关科目（外币）

　贷：货币兑换——汇买价（外币）

借：货币兑换——汇买价（人民币）

　贷：打包贷款——××户（人民币）

　　　利息收入——××贷款利息收入户（人民币）

　　　吸收存款——××户（人民币，剩余部分）

以人民币存款归还打包贷款本息。其会计分录为：

借：吸收存款——××户（人民币）

　贷：打包贷款——××户（人民币）

　　　利息收入——××贷款利息收入户（人民币）

（三）买方信贷外汇贷款的核算

买方信贷是出口国银行直接向买方或买方银行提供的贷款，用于向出口国购买技术和设备，解决买方一时筹集巨额资金的困难。买方信贷分为出口买方信贷和进口买方信贷。目前我国银行办理的主要是进口买方信贷，即从出口国银行取得并按需要转贷给国内借款单位使用的信贷。进口买方信贷是我国利用外资的重要形式。

买方信贷应包括对外签订协议、支付定金、使用贷款和收回贷款本息四个环节的内容。核算时分行采用“买方信贷外汇贷款”科目核算，总行采用“借入买方信贷款”科目核算（或分别在“贷款”科目下设置有关二级科目）。

1. 对外签订协议

总行根据国家的有关法规、政策与计划，统一对外谈判，签订买方信贷总协议，并通知各分行和有关部门，总协议下每个项目的具体信贷协议，或按贸易合同逐笔申请的贷款，由总行对外谈判签订，也可由总行授权分行谈判签订。分协议签订后，均由总行使用“买方信贷用款限额”表外科目核算，并登记“买方信贷用款限额登记簿”。其会计分录为：

收：买方信贷用款限额（外币）

在使用贷款时，按使用金额随时逐笔转销此表外科目。其会计分录为：

付：买方信贷用款限额（外币）

2. 支付定金

根据买方信贷运作的惯例，使用买方信贷外汇贷款前，一般要先付一定比例的定金。

（1）购汇支付。借款单位以人民币购买外汇支付定金。其会计分录为：

借：吸收存款——××户（人民币）

　贷：货币兑换——汇卖价（人民币）

借：货币兑换——汇卖价（外币）

　贷：存放境外同业或有关科目（外币）

（2）申做现汇贷款支付。借款单位向银行申请现汇贷款支付定金。其会计分录为：

借：短期外汇贷款——××户（外币）

　贷：存放境外同业或有关科目（外币）

3. 使用贷款的核算

支用买方信贷对外付款有两种情况：

（1）进口单位无现汇，需取得买方信贷外汇贷款，到期时由进口单位偿还贷款本息。

若进口单位与总行在同地，由总行直接发放贷款。其会计分录为：
借：买方信贷外汇贷款——××户（外币）
　贷：借入买方信贷款——××户（外币）
同时冲销表外科目用款限额。
若进口单位与总行在异地，由辖属分行发放外汇贷款。其会计分录为：
借：买方信贷外汇贷款——××户（外币）
　贷：全国联行外汇往来（外币）
总行收到其辖属分行发来的报单后进行账务处理。其会计分录为：
借：全国联行外汇往来（外币）
　贷：借入买方信贷款——××户（外币）
同时冲销表外科目用款限额。
(2) 进口单位有现汇，按正常手续向银行办理结汇，银行按规定收取结汇手续费，则由银行利用买方信贷资金，并承担买方信贷项下利息。
由总行办理结汇。其会计分录为：
借：吸收存款——××户（人民币）
　贷：货币兑换——汇卖价（人民币）
借：货币兑换——汇卖价（外币）
　贷：借入买方信贷款——××户（外币）
同时冲销表外科目用款限额。
由当地分行办理结汇。其会计分录为：
借：吸收存款——××户（人民币）
　贷：货币兑换——汇卖价（人民币）
借：货币兑换——汇卖价（外币）
　贷：全国联行外汇往来（外币）
总行收到辖属分行发来的报单后进行账务处理。其会计分录为：
借：全国联行外汇往来（外币）
　贷：借入买方信贷款——××户（外币）
同时冲销表外科目用款限额。
4. 收回贷款本息的核算
贷款到期，由银行按照借款契约规定计算借款利息，并如期收回贷款本息。
(1) 总行偿还本息。
总行偿还国外借款利息，其会计分录为：
借：利息支出——买方信贷外汇贷款利息支出户（外币）

贷：存放境外同业或有关科目（外币）

总行偿还本金，其会计分录为：

借：借入买方信贷款——××户（外币）

贷：存放境外同业或有关科目（外币）

（2）借款单位偿还本息的核算。若进口单位取得了买方信贷外汇贷款，则在贷款到期时，银行应按时向借款单位收回本息。

借款单位在总行开户以人民币结汇偿还本息。其会计分录为：

借：吸收存款——××户（人民币）

贷：货币兑换——汇卖价（人民币）

借：货币兑换——汇卖价（外币）

贷：买方信贷外汇贷款——××户（外币）

利息收入——买方信贷外汇贷款利息收入户（外币）

借款单位以外汇偿还。其会计分录为：

借：吸收存款——外汇活期存款——××户（外币）

贷：买方信贷外汇贷款——××户（外币）

利息收入——买方信贷外汇贷款利息收入户（外币）

如果借款单位在分行开户，则通过“全国联行外汇往来”科目进行核算。

## 第四节 国际结算业务的核算

### 一、国际汇兑业务的核算

国际汇兑是银行利用汇票和其他信用工具，通过联行或同业相互间款项的划拨代替现金运送，以清算处理在不同国家或地区间的买卖双方债权债务或款项授受的一种结算方式，也是完成国际结算的主要方式。

国际汇兑结算方法常见的有两种。

1. 汇出法，也称顺汇。它是由汇款人通过银行将款项汇给国外收款人或债权人以清偿债务的方式，在银行业务中表现为汇款方式，多用于非贸易收支结算。

2. 出票法，也称逆汇。它是由收款人向汇款人签发汇票，委托银行代为收款的结算方式，在银行业务中多表现为托收方式和信用证方式，并常用于贸易收支结算。我们将围绕汇款方式进行介绍。

汇款方式按款项授受来划分，主要可分为汇出国外汇款和国外汇入汇款两种。银行办理汇出国外汇款业务，一律通过“汇出汇款”科目核算；办理汇入汇款业务，通过“汇入汇款”科目核算；签发旅行信用证，通过“开出旅行信用证”科目核算。汇款结算程序如图 5-1 所示。

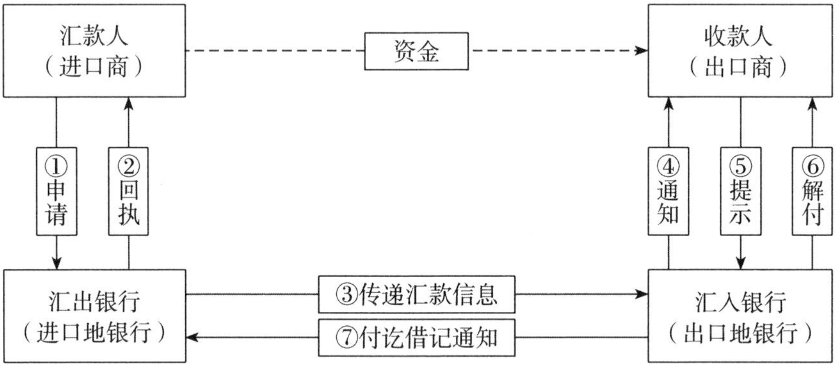


**图 5-1　汇款结算程序图**

（一）汇出国外汇款的核算

汇出国外汇款，是银行接受汇款人的委托，以电汇、信汇、票汇的方式，将款项汇往国外收款人开户行的汇款方式。接受汇款人委托、汇出款项的银行称为汇出行。汇出国外汇款，通常有电汇、信汇、票汇、旅行信用证和旅行支票等五种形式。

1. 受理汇出汇款

汇款人要求汇款时，应向银行提出申请，填制汇款申请书，并在申请汇款时，需按有关汇出汇款的管理规定提供相关部门核准件。经银行审核后，结合不同的汇款方式，计算业务手续费，填制不同的汇款凭证，办理汇出汇款手续。

（1）以现汇存款办理汇出。汇款人若以现汇存款办理汇出，其会计分录为：

借：吸收存款——外汇活期存款——××户（外币）

　贷：汇出汇款（外币）

借：库存现金或吸收存款——××户（人民币）

　贷：手续费及佣金收入——汇费收入户（人民币）

若汇款人要求汇出款项的货币与现汇存款货币不同时，需按汇买价、汇卖价套汇后办理。

（2）以人民币购汇汇出。汇款人若以人民币购汇汇出。其会计分录为：

借：吸收存款——××户（人民币）

　贷：手续费及佣金收入——汇费收入户（人民币）

　　　货币兑换——汇卖价（人民币）

借：货币兑换——汇卖价（外币）

　贷：汇出汇款（外币）

2. 汇款解付之后

国外银行解付汇款后，将已解付汇款的借记报单寄回汇出行。汇出行在接到国外联行或代理行的借记报单时，即凭报单销账。其会计分录为：

借：汇出汇款（外币）

　贷：存放境外同业或有关科目（外币）

【例 5-6】M 公司通过银行信汇付给美国某公司交易尾款 1 000 美元，汇费费率为 1‰（最低 20 元起收）。设当天美元汇卖价为 USD100 = ¥684.15。一周后，银行收到国外某代理行付讫借方报单，办理转账。其会计分录为：

| | | |
|---|---|---|
| 借：吸收存款——M 公司 | ¥6 861.5 | |
| 　贷：手续费及佣金收入——汇费收入户 | | ¥20 |
| 　　　货币兑换——汇卖价 | | ¥6 841.5 |
| 借：货币兑换——汇卖价 | USD1 000 | |
| 　贷：汇出汇款 | | USD1 000 |

一周后，银行办理转账处理。其会计分录为：

| | | |
|---|---|---|
| 借：汇出汇款 | USD1 000 | |
| 　贷：存放境外同业或有关科目——××代理行户 | | USD1 000 |

旅行信用证通过“开出旅行信用证”科目核算，会计分录可参照汇出国外汇款办理，但在分录中将“汇出汇款”科目改为“开出旅行信用证”科目。

（二）国外汇入汇款的核算

国外汇入汇款是银行根据与国外联行、代理行约定，凭国外联行、代理行发出的电报或信汇委托书代为解付的汇款。

1. 收到汇款资金头寸

汇入行收到国外汇出行的汇款资金头寸时，应区分两种情况进行处理：

（1）汇款资金头寸由汇入行直接入账反映。若汇入行与国外汇出行直接开立账户或汇入行实行集中开户分散记账的做法，则收到汇款资金头寸时，直接入账反映。其会计分录为：

借：存放境外同业或有关科目（外币）

　贷：汇入汇款（外币）

（2）汇款资金头寸由汇入行上划总行入账反映。若汇入行不实行集中开户分散记账的做法或国外汇出行在总行开立现汇账户的，汇入行收到汇款头寸时，应通过“全国联行外汇往来”科目，随附存放境外同业等报单划总行，由总行入账反映。其会计分录为：

借：全国联行外汇往来（外币）

贷：汇入汇款（外币）

总行收到上划报单，会计分录如下：

借：存放境外同业或有关科目（外币）

贷：全国联行外汇往来（外币）

2. 解付汇款

解付汇款时，通过“货币兑换”科目办理结汇。其会计分录为：

借：汇入汇款（外币）

贷：货币兑换——汇买价（外币）

借：货币兑换——汇买价（人民币）

贷：吸收存款——××户（人民币）

若汇款直接以外币转入有关单位或个人的外汇存款账户时，其会计分录为：

借：汇入汇款（外币）

贷：吸收存款——外汇活期存款——××户（外币）

若汇入款项的货币与收款人现汇存款货币不同时，需按汇买价、汇卖价套汇后办理。

【例 5-7】某银行收到美国波士顿花旗银行代 F 航运公司电汇我国 C 外轮代理公司的港口费用 USD18 000，授权借记该行在我总行开立的账户，款项解付入收款人现汇存款账户。

①经办行收到汇款通知。其会计分录为：

| | | |
|---|---|---|
| 借：全国联行外汇往来 | USD18 000 | |
| 贷：汇入汇款 | | USD18 000 |

总行收到上划报单。其会计分录为：

| | | |
|---|---|---|
| 借：全国联行外汇往来 | USD18 000 | |
| 贷：境外同业存款——美国波士顿银行户 | | USD18 000 |

②汇款解付，入收款人现汇存款账户。其会计分录为：

| | | |
|---|---|---|
| 借：汇入汇款 | USD18 000 | |
| 贷：吸收存款——外汇活期存款——C 外轮代理公司户 | | USD18 000 |

如果银行收到汇款行寄来的以本行为付款行的票汇通知书后，经核对印鉴、密押及各项内容无误后，即先凭以转入“汇入汇款”科目，俟持票人来行兑取。当持票人持已背书的汇票来行取款时，经验对印鉴密押、有效期、付款金额各项内容无误，并与票汇通知书核对相符后，办理结汇。

## 二、托收结算业务的核算

托收结算方式是由卖方开立汇票，委托出口地银行通过在国外的联行或代理行，向买方收取货款和劳务费用的一种结算方式。托收是建立在商业信用基础上的一种结算方式，其基本特征是“收妥付汇，实收实付”。

目前托收种类主要有光票托收和跟单托收两种。光票托收是卖方仅开立汇票而不附带任何货运单据，委托银行收取款项的一种托收，主要用于非贸易结算。跟单托收是由卖方开立跟单汇票（即汇票连同一套货运单据）交给银行，委托银行代为收款的托收方式，主要用于贸易货款的结算。

托收的结算程序一般包括出口商发货交单，出口地银行寄单托收，进口地银行提示单据，进口商承付或承兑，进口地银行付款或承兑交单后偿付，出口地银行收妥结汇等内容。托收结算程序如图 5-2 所示。

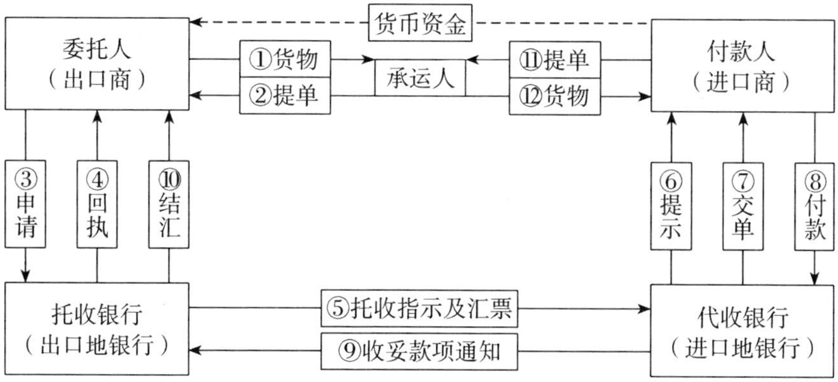


**图 5-2　跟单托收结算程序图**

（一）出口托收业务的核算

出口跟单托收结算方式，是出口商根据买卖双方签订的贸易合同规定，在货物运出后，将有关货运单据和以进口商为付款人的汇票交给银行，由银行委托国外银行向进口商收取货款的一种结算方式。因出口托收不经国外银行开来信用证，没有信用证及银行信用作付款保证，故又称“无证托收”。

1. 交单的处理

出口商委托银行代收货款时，应备妥出口托收单据，填具“无证出口托收申请书”，连同出口单据一并送交银行办理托收。在托收申请书上应由申请人注明收款方式、交单条件和其他有关收款事项。银行审单后，根据申请书的要求，填制“出口托收委托书”，注明货款收妥后的处理办法，连同有关单据寄交国外代收银行委托收款。

银行在寄出托收委托书及有关单据时，为表示代表物权的单据已经寄出，而货款尚未收妥而对进出口各方的权责关系，应通过“应收出口托收款项”和“出口托收款项”对转科目进行核算。其会计分录为：

借：应收出口托收款项（外币）

贷：出口托收款项（外币）

2. 收妥结汇

出口托收款项一律实行收妥结汇。国内托收银行接到国外代收银行收妥货款的报单或授权通知书后，与出口单位办理结汇。其会计分录为：

借：出口托收款项（外币）

贷：应收出口托收款项（外币）

借：存放境外同业或有关科目（外币）

贷：货币兑换——汇卖价（外币）

借：货币兑换——汇卖价（人民币）

贷：吸收存款——××户（人民币）

如出口托收遇到国外拒付时，应核销上述对转科目。

（二）进口代收业务的核算

进口代收结算方式是指国外出口商根据贸易合同规定，不通过开立信用证，在货物发运后委托出口地银行寄单，通过进口地银行向进口商收取货款的一种结算方式。

1. 国外寄来进口代收单据的处理

银行收到国外寄来的进口代收单据后，应将单据编列顺序号，并缮制“进口代收单据通知书”，将汇票和单据连同进口代收通知书送进口商审核，请其确认付款。同时，填制有关凭证，进行账务处理。其会计分录为：

借：应收进口代收款项（外币）

贷：进口代收款项（外币）

如进口商不同意承付，应提出拒付理由书，连同单据退还银行，由银行转告国外委托行。如进口商提出部分拒付，在取得国外委托行同意后，按实际付款金额办理付款手续，并按部分付款的金额进行相应的转账。拒付时也应转销对转科目。

2. 进口单位确认付款

进口商审核同意承付后，将承付确认书交给银行，通知银行办理结汇并对外付款。远期汇票经进口商承兑后将已承兑汇票到期日通知国外委托行，待汇票到期日按即期付款手续处理。其会计分录为：

借：吸收存款——××户（人民币）

贷：货币兑换——汇卖价（人民币）

借：货币兑换——汇卖价（外币）

贷：存放境外同业或有关科目（外币）

同时，转销对转科目。其会计分录为：

借：进口代收款项（外币）

　贷：应收进口代收款项（外币）

按照国际惯例，代收行应按规定费率计收进口代收手续费，此项费用若按规定由进口商负担者，当然向进口商计收，如托收委托书上没有明确由谁负担，则从收妥的进口代收款项中扣收等值外汇。出口商如有异议，由交易双方直接交涉，代收行不必过问。

进口代收款项收妥后，须按托收委托书上规定的付款办法及付汇路线划给托收行。

## 三、信用证结算业务的核算

信用证是开证银行根据开证申请人（进口商）的要求和指示向受益人（出口商）开立的一定金额，在一定期限内凭议付行寄来规定单据付款或承兑汇票的书面承诺，也是银行有条件保证付款的凭信。信用证结算方式是当前国际贸易结算的主要方式。

信用证的特点是以银行信用保证代替商业信用保证，即开证银行以自己的信用作付款保证，承担第一性的、首要的付款责任。信用证是一项独立的保证文件，它虽以买卖双方交易合同为基础，但又不依附于交易合同，开证银行只对信用证负责。信用证业务处理的是代表货物所有权或证明货物已发运的单据，而非货物，故信用证交易把合同的货物交易转变为只管单证是否相符的单据交易。银行对于信用证项下不能控制的一切事故免责，信用证主要是起保证作用和资金融通作用。

信用证的结算程序一般包括进口商申请开证，进口地银行开证，出口地银行通知信用证，出口商装货备单，出口地银行议付、索汇，进口商赎单提货等内容。信用证结算程序如图 5-3 所示。

### （一）信用证项下出口业务的核算

出口信用证结算是出口商根据国外进口商通过国外银行开来的信用证，按照合同条款规定，将出口单据送交国内银行，由银行办理审单议付，在向国外银行收取外汇后，对出口商办理结汇的一种结算方式。出口信用证结算方式的会计处理手续，主要包括信用证的受理和通知、交单议付、货款收妥结汇等三个环节。

1. 受理与通知

银行接到国外开来的信用证时，首先应对开证银行的资信、资金实力、进口商的偿付能力和保证条款等进行全面审查，并明确表示信用证能否接受或如何修改。对有关贸易条款方面的问题由出口单位根据合同审查，如需修改，由出口单位与进

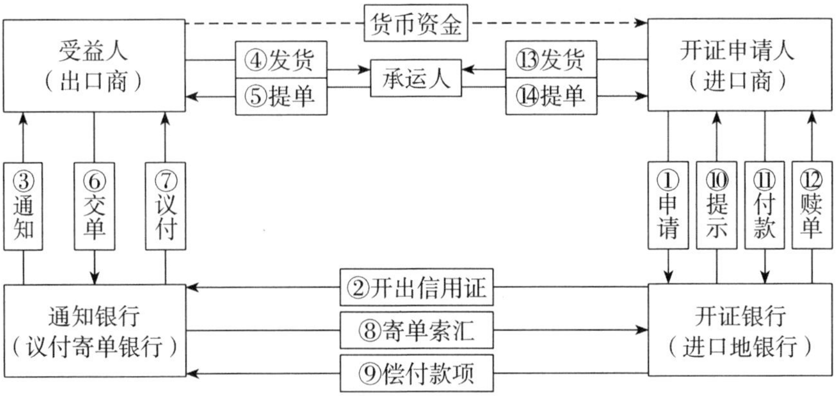


**图 5-3　跟单信用证结算程序图**

口商联系。

信用证经审核无误后，即编制信用证通知流水号，并将信用证正本及时通知出口商，以便其备货出运。同时，根据信用证副本缮制“国外开来保证凭信”记录卡，并依据各联不同的作用分别处理。该过程虽未发生资金收付，但已在银行与进出口商之间形成了一种潜在的权责关系，为明确责任，应进行表外科目记录，其会计分录为：

收：国外开来保证凭信（外币）

银行办理信用证通知后，应将信用证副本及“国外开来保证凭信”记录卡留底联归档严格保管，以后有关修改和使用情况，均需随时记录，以便查考。

“国外开来保证凭信”表外科目，是用以核算境外联行及国外代理行开来委托国内银行代为通知各信用证受益人的保证凭信。该科目余额反映了一定时期银行经办出口结算业务的具体情况，是银行匡算待收外汇资金的依据，也是管理与监督出口商及时备货出运的手段。

如国外银行在开证时已预先汇入信用证项下部分或全部保证金，授权出口地银行在议付单据后进行扣抵，则应在信用证留底及其他有关单证上详细记录，并通过“存入保证金”科目进行核算。其会计分录为：

借：存放境外同业或有关科目（外币）

　贷：存入保证金（外币）

出口商按信用证规定备妥出口单证，向银行交单议付时，即可使用保证金办理结汇，多退少补。

2. 交单议付

国外开证银行履行信用证的付款责任，是以信用证规定的条款为依据，以单证相符、单单一致为前提。出口商如同意接受国外开来的信用证，必须严格按照信用证规定条款办理，备妥一切单证，按期运出商品。

银行接受出口商送来办理议付的信用证和单据，应及时审核，要求单证相符、单单一致，以及单据内容正确完备，并经审核无误后，在信用证上批注议付日期及运输方式，并填制“出口寄单议付通知书”，销记表外科目。“出口寄单议付通知书”是银行出口收汇的索偿证书，也是出口收汇和结汇的主要业务凭证。其会计分录为：

付：国外开来保证凭信（外币）

借：应收信用证出口款项（外币）

　贷：代收信用证出口款项（外币）

如信用证规定部分货款托收，或按信用证金额超额出口，在议付时，均需在“出口寄单议付通知书”上分别注明信用证议付金额及托收金额，并另填制“出口托收委托书”，以便分别进行核算。

对在审单过程中发现的单据不符，银行应迅速向出口商反映，以便出口商及时与有关方面协商解决。

3. 出口收结汇

出口收结汇是银行办理出口信用证业务的最后环节，是议付行在议付单据或代为收妥出口款项后，按当日银行挂牌汇率，买入外汇，同时折算成相应的人民币支付给出口商的结算过程。出口方议付行俟接到国外银行付款入账的“已贷记”或“请借记”通知书，办理出口结汇手续。其会计分录为：

借：代收信用证出口款项（外币）

　贷：应收信用证出口款项（外币）

借：存放境外同业或有关科目（外币）

　贷：吸收存款——外汇活期存款——××户（外币）

如该出口商仅有人民币账户，应按当日外汇牌价折成人民币结汇入账。其会计分录为：

借：存放境外同业或有关科目（外币）

　贷：手续费及佣金收入——国外银行费用收入户（外币）

　　货币兑换——汇买价（外币）

借：货币兑换——汇买价（人民币）

　贷：吸收存款——××户（人民币）

【例 5-8】某分行 5 月 10 日接到香港地区某联行开来即期信用证一份，购买服装，受益人为 D 服装进出口公司，信用证金额为港币 155 000 元；6 月 6 日，公司将全套单据向某分行办理议付，单证相符；6 月 20 日，分行收到香港某联行的贷记报单，办理结汇转账。设当天港币的买入价为 HKD100 = ¥88.32，其会计分录为：

①5 月 10 日收到信用证的核算：

收：国外开来保证凭信　　HKD155 000

②6 月 5 日寄单索汇的核算：

付：国外开来保证凭信　　HKD155 000

借：应收信用证出口款项　　HKD155 000

　贷：代收信用证出口款项　　HKD155 000

③6 月 20 日收汇结汇的核算：

借：代收信用证出口款项　　HKD155 000

　贷：应收信用证出口款项　　HKD155 000

借：存放海外联行——香港某联行户　　HKD155 000

　贷：货币兑换——汇买价　　HKD155 000

借：货币兑换——汇买价　　¥136 896

　贷：吸收存款——D 服装进出口公司户　　¥136 896

(二) 信用证项下进口业务的核算

进口信用证结算是银行根据进口商申请开证的要求，向国外出口商（受益人）开立一定金额、在一定期限内按规定条件保证付款的信用证，凭国外寄来的按照信用证条款规定的单据，对国外付款，并向进口商办理结汇的一种结算方式。

进口信用证结算业务，主要包括开立信用证、修改信用证、审单与付款等三个环节。银行开立信用证时要通过“应收开出信用证”与“开出信用证”两个科目进行核算，以反映银行开立信用证后对有关当事人间的责任关系。

1. 开立信用证

进口商和国外出口商签订贸易合同后，按照合同规定条件，填具“开立信用证申请书”，并连同有关批件、证明一同交银行申请开立信用证。银行接到开证申请书及相关文件，应核实开证申请人是否在工商行政管理部门注册、具有法人资格、实行独立核算、有自营或代理进出口权、资信状况、偿债能力、进口货物的国内外市场情况、开证单位的经验素质，以及附属证明文件、进口合同和证实单据的真实性，经审核同意后，根据开证申请人的自身情况，酌情收取保证金，并选择信誉高、资本实力雄厚和经营能力强的国外银行作为代理行，签发信用证。

随着信用证的签发，银行对外承担了第一性付款责任。不论即期还是远期信用证，银行均对此办理相应的转账。其会计分录为：

借：应收开出信用证（外币）

　贷：开出信用证（外币）

2. 修改信用证

信用证开出后，如因情况变化，进口商提出修改信用证，银行应予同意，但需协助审核，如审核申请修改的信用证号码、修改后的条款等；然后将修改条款通知国外代理行或联行，转送国外出口商。如国外出口商要求修改原信用证，经进口商同意后，也可修改，并将修改内容分别与进出口双方及代理行联系，其修改后的增减金额，应通过上述"应收开出信用证"和"开出信用证"科目调整，并在信用证留底账卡上加以批注。

如修改增额，其会计分录为：

借：应收开出信用证（外币，增加额）

　贷：开出信用证（外币，增加额）

如修改减额，其会计分录为：

借：开出信用证（外币，减少额）

　贷：应收开出信用证（外币，减少额）

3. 审单与付款

银行收到国外议付行寄来的单据后，应立即通知进口商，并与原信用证所要求的条款核对，做好收单审单工作。进口商提交海关申报单、涉外付汇申报单及外管局批文、付汇确认书，经银行审核确认付款后，由银行按信用证条款规定，在付款登记簿上详细登记信用证号码、付款日期、金额、账户行名称、寄单行名称及业务编号，办理付款或承兑，并对进口商办理结汇。

信用证付款方式，有即期付款和远期付款两种。即期付款信用证支付方式，又可分单到国内审单付款、国外审单主动借记、国外审单电报索汇等数种形式。

4. 即期付款信用证

（1）单到国内审单付款

单到国内审单付款即银行接到国外代理行寄来的单据后，立即送交进口商审核，并约定进口商于3日内通知银行对外结汇付款或提出拒付理由办理拒付。银行在进口商确认付款后，即对国外代理行发出付款通知，同时，对进口商办理结汇转账手续。其会计分录为：

借：吸收存款——××户（人民币）

　贷：货币兑换——汇卖价（人民币）

借：货币兑换——汇卖价（外币）

　贷：存放境外同业或有关科目（外币）

同时，转销对转科目。其会计分录为：

借：开出信用证（外币）

　贷：应收开出信用证（外币）

【例5-9】某分行受S公司委托，于3月15日向香港华商公司开出即期信用证一份，金额为HKD250 000，购买货物一批，信用证由香港汇丰银行通知，规定支付方式为“单到国内审单付款”。4月20日，接到香港汇丰银行寄来全套单据，金额为HKD250 000及议付费用HKD2 000，共计HKD252 000，随即通知S公司。S公司于4月22日送来确认承付书，全额承付，银行当即办理付汇与结汇手续。设结汇当天港币汇卖价为HKD100=￥87.25。

①3月15日开立信用证。其会计分录为：

| | | |
|---|---|---|
| 借：应收开出信用证 | HKD250 000 | |
| 　贷：开出信用证 | | HKD250 000 |

②4月22日对外付汇。其会计分录为：

| | | |
|---|---|---|
| 借：吸收存款——S公司户 | ￥219 870 | |
| 　贷：货币兑换——汇卖价 | | ￥219 870 |
| 借：货币兑换——汇卖价 | HKD252 000 | |
| 　贷：海外联行存款——国华银行户 | | HKD252 000 |
| 借：开出信用证 | HKD250 000 | |
| 　贷：应收开出信用证 | | HKD250 000 |

（2）国外审单主动借记付款

国外审单主动借记付款是出口商将有关单据交由议付行审核后，如单据相符，议付行即可主动借记开证行在该行所开立的账户，并将单据连同借记报单一并寄送开证行。在会计核算中，该种方式与上一种方式的差别在于：账户使用不同；由于银行先垫款，进口商应负担自国外银行划款日起至其归还银行垫款日止的银行垫款利息。其会计分录为：

借：吸收存款——××户（人民币）

　贷：货币兑换——汇卖价（人民币）

借：货币兑换——汇卖价（外币）

　贷：存放境外同业存款或有关科目（外币）

　　利息收入——××利息收入户（外币）

同时，转销对转科目。其会计分录为：

借：开出信用证（外币）

　贷：应收开出信用证（外币）

（3）国外审单电报索汇

国外审单电报索汇是由国外议付行审查单证无误后，并不立即借记开证行账户，而是用电报通知开证行，再由开证行用电汇或信汇汇交议付行。该种方法除付款行为表现为授权或主动借记的不同，其他与第一种方式完全一致。其会计分录详见第一种方式。

5. 远期付款信用证

远期付款信用证是为进口商提供远期付款的便利，由开证行对出口商提供的一种银行担保，保证出口商提交远期跟单汇票时，在单单、单证一致的情况下，银行给予承兑，并在信用证到期时付款。

远期付款信用证分两个阶段进行，即承兑和到期付款。

（1）承兑

开证行收到远期信用证项下进口单据后，将单据连同“进口信用证单据通知书”送交进口商确认到期付款。进口商确认到期付款后，银行即办理远期汇票的承兑手续，并将已承兑汇票或承兑通知书寄国外议付行。汇票一经承兑，即反映承兑行对国外议付行承担到期付款的责任，也反映承兑行对进口商拥有的权益，对此，应办理承兑时的核算。其会计分录为：

借：应收承兑汇票款（外币，到期值）

　贷：承兑汇票（外币，到期值）

借：开出信用证（外币，开证金额）

　贷：应收开出信用证（外币，开证金额）

（2）到期付款

在远期汇票承兑到期时，开证行即办理对国外付款和对进口商结汇扣款手续。其会计分录为：

借：承兑汇票（外币，到期值）

　贷：应收承兑汇票款（外币，到期值）

其余对外付款对内扣款的手续及分录与即期信用证相同。

【例 5-10】某分行受 H 进口公司委托，于 9 月 10 日向美国花旗银行开出不可撤销的远期信用证 USD120 000，开证条款规定“承兑后 60 天付款”。9 月 25 日，经有关方面同意，信用证修改减额 USD10 000。开证行收到单据经审核相符，送该公司确认到期付款。开证行于 10 月 15 日承兑远期汇票，并对议付行寄发“已承兑通知书”，通知到期日全额付款。承兑到期，银行对公司办理结汇，对外付汇。设支付日当天美元汇卖价为 USD100 = ¥682.75。

①9 月 10 日开立信用证。其会计分录为：

借：应收开出信用证　　USD120 000
　贷：开出信用证　　USD120 000

②9 月 25 日修改信用证。其会计分录为：

借：开出信用证　　USD10 000
　贷：应收开出信用证　　USD10 000

③10 月 15 日承兑远期信用证。其会计分录为：

借：应收承兑汇票款　　USD110 000
　贷：承兑汇票　　USD110 000

借：开出信用证　　USD110 000
　贷：应收开出信用证　　USD110 000

④12 月 15 日到期付款，办理结汇，对外付款。其会计分录为：

借：吸收存款——H 进口公司户　　¥751 025
　贷：货币兑换——汇卖价　　¥751 025

借：货币兑换——汇卖价　　USD110 000
　贷：存放境外同业——花旗银行户　　USD110 000

借：承兑汇票　　USD110 000
　贷：应收承兑汇票款　　USD110 000

## 本章小结

1. 商业银行办理外汇业务，应遵循国家有关外汇管理的相关法规。

2. 我国商业银行采用外汇分账制进行外币业务核算，设置“货币兑换”科目核算全部外汇交易。

3. 本章重点介绍了外汇买卖、外汇存贷款及国际结算业务的会计核算。

## 关键概念

外汇分账制　结汇　套汇　贸易融资　国际结算

## 思考与应用

（一）复习思考

1. 简述外汇业务核算的特点。
2. 简述外汇分账制核算的基本要点。
3. 如何认识和使用“货币兑换”科目？
4. 什么是外汇贷款？现汇贷款的核算手续如何？
5. 贸易融资有哪几种方式？如何核算？

6. 什么是买方信贷外汇贷款？简述其基本做法。

（二）操作练习

某商业银行发生下列外汇业务，请编制有关会计分录：（折算时按下表所列的牌价计算）

| 币种 | 外币单位 | 汇买价 | 汇卖价 | 钞买价 |
|---|---|---|---|---|
| 美元 | 100 | 703. 25 | 706. 36 | 700. 12 |
| 英镑 | 100 | 1 356. 15 | 1 361. 50 | 1 303. 45 |

1. 客户王平从其活期存款美元账户支取 USD1 000，换成等值英镑，汇往国外支付购药费用。

2. 客户李珊要求将 USD200 现金兑换成人民币现金。

3. 开户单位 A 公司托收出口货款一笔，金额为 USD20 000，交单方式为 D/P 即期付款。委托国外联行代收，本行填制委托书并寄出全套单证。10 天后，收到代收行划收报单及委托书回单，将收回的货款与 A 公司结汇。

4. B 公司在本行开有美元活期存款账户，应 B 公司申请，本行开出由纽约花旗银行通知的不可撤销信用证 USD320 000，用于购买设备。支付方式为单到国内审单付款。20 天后收到纽约花旗银行寄来的全套单据，金额为 USD320 000 及议付费用 USD5 000，当即通知 B 公司。B 公司全额承付，本行办理付款手续。

# 第六章 银行间支付清算业务核算

## 学习目标

1. 熟悉支付清算体系的概念和内容
2. 掌握中国人民银行大额实时支付系统的核算步骤
3. 掌握中国人民银行小额批量支付系统的核算步骤
4. 熟悉银行业金融机构行内支付系统的核算步骤

## 第一节 支付清算业务概述

### 一、支付清算体系的概念和内容

所谓支付，广义上是指经济活动引起的一切资金转移行为。一个国家的支付体系是其经济金融体系的重要组成部分，是实现资金转移的制度和技术安排的有机组合。支付清算体系包括以下组成要素：

1. 支付清算系统。支付清算系统是支撑各种支付工具应用、实现资金清算并完成资金转移的通道。

2. 支付工具。支付工具是传达收付款人支付指令、实现债权债务清偿和资金转移的载体，它分为现金和票据、银行卡等非现金支付工具。

3. 支付清算服务组织。支付清算服务组织是通过账户服务、支付系统、支付工具等手段为社会提供资金清算和结算服务的机构。

4. 支付清算体系监督管理。支付清算体系监督管理是中央银行为维护支付体系的安全、稳定及社会公众对支付体系的信心，综合运用经济、法律和行政手段，对支付清算系统、支付工具和支付清算服务组织进行监督管理的行为。

## 二、支付结算与资金清算的关系

商业银行为开户的企业和个人办理资金的转移，是支付结算业务的主要内容，由此而引发的银行之间的资金账务往来和债权债务关系，则是银行间支付清算业务的主要处理对象。

银行客户之间的资金转移业务可以从两个角度来看：从客户角度出发，资金往来通过银行进行划转，称为支付结算；从银行角度出发，由客户资金转移引起的银行之间的资金存欠关系的结清称为资金清算。由此可见，资金清算是支付结算业务的延伸，而支付结算所使用的支付工具又是资金清算的支撑。银行之间资金清算系统的科学设计和不断改进，为支付结算提供了更为安全快捷的通道，提高了结算质量，并能够促进支付结算工具的创新。

## 三、我国支付清算体系简介

### （一）中国现代化支付系统

中国现代化支付系统（CNAPS）是中国人民银行利用电子计算机网络和电子通讯技术开发建设的，为银行业金融机构和金融市场提供资金清算服务的公共平台。该系统能够高效、安全地处理银行业金融机构办理的异地各种支付业务及其资金清算和金融市场交易的资金清算业务。

中国现代化支付系统支撑的支付工具包括贷记支付和借记支付工具。贷记支付包括汇兑、委托收款、托收承付、定期贷记；借记支付包括银行汇票、国内信用证、银行本票、支票、旅行支票、定期借记等。其他工具还有商业汇票和银行卡。现代化支付系统支持商业银行间的支付清算，包括跨行和行内的贷记支付业务，如汇兑、委托收款和托收承付划回、定期贷记。定期借记业务可通过支付系统处理，商业银行的资金调拨、行间资金拆借也须通过支付系统处理。

中国人民银行现代化支付系统由大额实时支付系统和小额批量支付系统两个业务应用系统，以及清算账户管理系统和支付信息管理系统两个辅助支持系统组成；建有两级处理中心，即国家处理中心和全国省会（首府）城市处理中心及深圳城市处理中心。现代化支付系统的总体结构如图 6-1 所示。

大额实时支付系统（HVPS）主要处理同城和异地的金额在规定起点（2 万元）以上的大额贷记支付业务和紧急的小额贷记支付业务。大额支付指令逐笔实

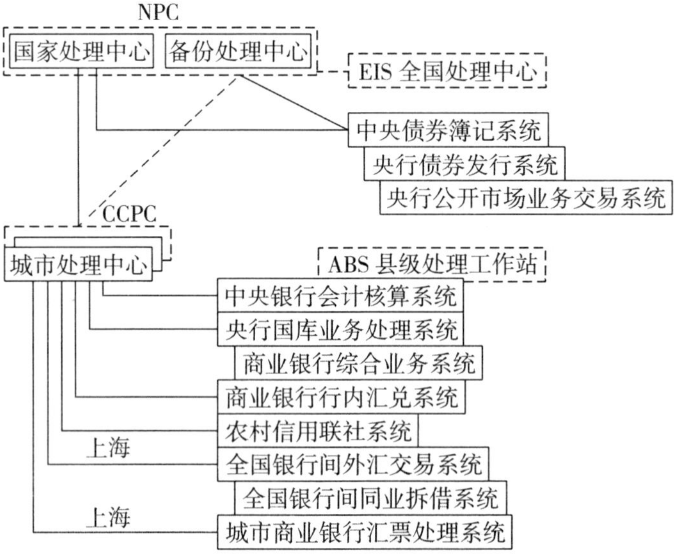


**图 6-1 现代化支付系统总体结构图①**

时发送，全额清算资金。

小额批量支付系统（BEPS）主要处理同城和异地纸质凭证截留的借记支付业务以及每笔金额在规定起点以下的小额贷记支付业务。支付指令批量发送，轧差净额清算资金。

（二）全国支票影像交换系统

全国支票影像交换系统是指运用影像技术将实物支票转换为支票影像信息，通过计算机及网络将影像信息传递至出票人开户银行提示付款的业务处理系统。影像交换系统定位于处理银行机构跨行和行内的支票影像信息交换，其资金清算通过中国人民银行覆盖全国的小额支付系统处理。支票影像业务的处理分为影像信息交换和业务回执处理两个阶段，即支票提出银行通过影像交换系统将支票影像信息发送至提入行提示付款；提入行通过小额支付系统向提出行发送回执完成付款。

（三）同城票据交换系统

作为我国支付清算系统的重要组成部分，票据交换系统是由人民银行分支行组织的，在指定区域内定时、定点集中交换结算票据的跨行支付清算体系，其主要任务是清分人民银行和银行业金融机构所提出交换的结算票据。票据交换系统主要处理纸质票据不能截留的支票、本票、跨行银行汇票，以及跨行代收、代付的纸质凭

① 通讯网络为虚拟或专用网络，以地面网为主，卫星网备份。

证。票据交换的场所被称为票据交换所。

（四）银行业金融机构行内支付系统

银行业金融机构行内支付系统是银行业金融机构综合业务处理系统的重要组成部分，是其内部资金往来与资金清算的渠道，在支付清算系统中居于基础地位。各大商业银行先后建设了新一代行内支付系统，这些系统采用以客户为导向的信息管理机制，并通过纵向分层、横向分区的结构，实现了业务处理系统数据集中，以满足扁平化管理的需要，同时强化了风险管理功能。

（五）中国银联银行卡跨行支付系统

中国银联银行卡跨行支付系统由银行卡跨行支付系统及发卡银行行内银行卡支付系统组成。目前，我国已形成以中国银联银行卡跨行支付系统为主干，连接各发卡银行行内银行卡支付系统的银行卡支付网络架构。

（六）城市商业银行汇票处理系统

城市商业银行汇票处理系统依托中国人民银行现代化支付系统，其银行汇票使用经中国人民银行批准的，由城市商业银行资金清算中心颁布的统一标识的银行汇票凭证、统一印模的汇票专用章和统一的密押系统。清算中心负责城市商业银行银行汇票业务的资金清算。

（七）农信银支付清算系统

农信银支付清算系统是由农信银资金清算中心根据全国农村合作金融机构支付结算业务的特点，借鉴现代化支付系统和全国性商业银行资金清算及支付结算业务系统的先进经验，应用现代计算机网络和信息技术开发的、集资金清算和信息服务为一体的支付清算平台。

（八）境内外币支付系统

境内外币支付系统由中国人民银行牵头建设，由清算总中心集中运营，由直接参与机构等单一法人集中接入，采用“Y”型信息流结构，由外币清算处理中心负责对支付指令进行接收、清算和转发，由代理结算银行负责对支付指令进行结算。

外币清算处理中心主要功能包括外币支付报文收发，圈存资金和授信额度管理，对外币支付进行逐笔实时清算，对可用额度不足的外币支付进行排队管理，对清算排队业务进行撮合，管理清算窗口，分币种分场次向代理结算银行提交清算结果。

代理结算银行的主要功能包括为参与者开立外币结算账户，提供日间授信，圈存资金和授信额度管理，根据清算结算进行记账处理，日终对账。代理结算银行由人民银行指定或授权的商业银行担任。境内外币支付系统对支付指令逐笔实时全额结算。

中国支付清算体系的整体框架如图 6-2 所示。

本章将重点介绍人民银行现代化支付系统的核算以及银行业金融机构行内支付

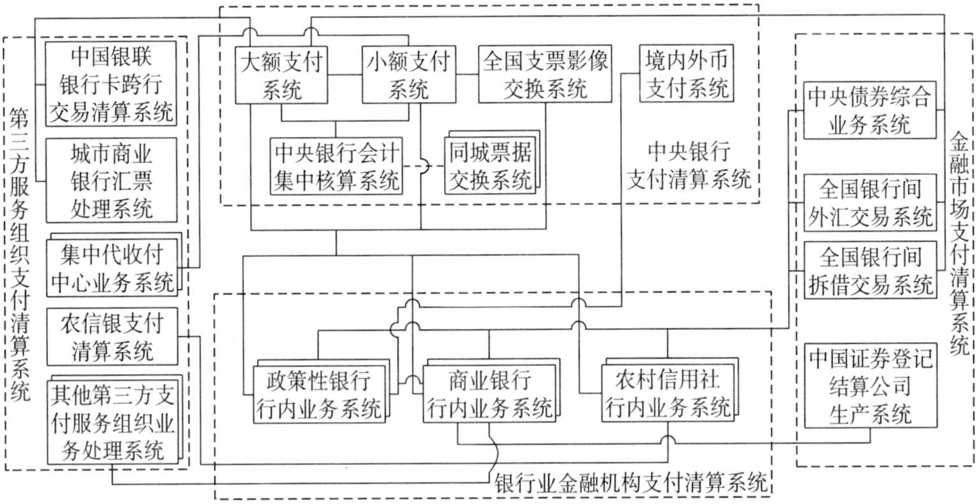


**图 6-2　中国支付清算体系整体框架图**①

系统的核算。由于本章业务涉及的会计科目为支付系统专用科目，且会计主体包括人民银行和商业银行，二者使用的科目体系不同，因此对于会计科目及核算内容将单独介绍，不再列表说明。

# 第二节　中国人民银行大额实时支付系统的核算

## 一、大额实时支付系统的参与者

中国人民银行大额实时支付系统的参与者根据其参与支付系统的身份不同，分为直接参与者、间接参与者和特许参与者。

直接参与者是指直接与支付系统城市处理中心连接并在中国人民银行开设清算账户的银行机构以及中国人民银行地市级（含）以上中心支行（库）。

间接参与者是指未在中国人民银行开设清算账户而委托直接参与者办理资金清算的银行和非银行金融机构以及中国人民银行县（市）支行（库）。

特许参与者是指经中国人民银行批准通过大额支付系统办理特定业务的机构。

## 二、大额实时支付系统的业务流程

大额实时支付系统由发起行、发起清算行、发报中心、国家处理中心、收报中

---

① 资料来源　中国人民银行支付结算司．中国支付体系发展报告 2009［M］．北京：中国金融出版社，2010.

心、接收清算行、接收行构成（见图 6-3）。其信息传递从发起行发起，经发起清算行、发报中心、国家处理中心、收报中心、接收清算行，传至接收行止。

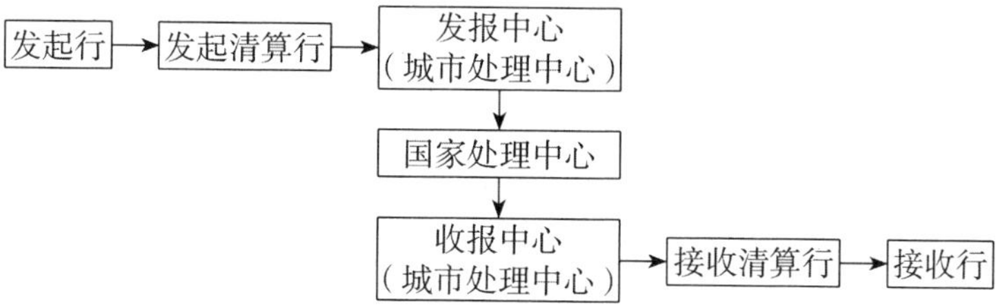


**图 6-3　大额实时支付系统的业务流程**

发起行（发报行）是向发起清算行提交支付业务的参与者。

发起清算行（清算账户行）是向支付系统提交支付信息并在人民银行开设清算账户的直接参与者或特许参与者。发起清算行也可作为发起行向支付系统发起支付业务。

发报中心（城市处理中心，人民银行机构）是向国家处理中心转发发起清算行支付信息的城市处理中心。

国家处理中心（人民银行机构）是接收、转发支付信息，并进行资金清算处理的机构。

收报中心（城市处理中心，人民银行机构）是向接收清算行转发国家处理中心支付信息的城市处理中心。

接收清算行（清算账户行）是向接收行转发支付信息并在人民银行开设清算账户的直接参与者。

接收行（收报行）是从接收清算行接收支付信息的参与者。接收清算行也可作为接收行接收支付信息。

## 三、大额实时支付系统的业务范围

贷记支付业务是指付款人委托其开户银行主动将款项划给收款人的业务。目前大额实时支付系统贷记支付业务的金额起点为 2 万元，业务范围包括一般大额支付业务、即时转账业务和城市商业银行的银行汇票业务。

（一）一般大额支付业务

一般大额支付业务是由发起行发起，逐笔实时发往国家处理中心，国家处理中心清算资金后，实时转发接收行的业务。包括汇兑、委托收款划回、托收承付划回、中央银行和国库部门办理的资金汇划等。

（二）即时转账业务

即时转账业务是由与支付系统国家处理中心直接连接的特许参与者（第三方）发起，通过国家处理中心实时清算资金后，通知被借记行和被贷记行的业务。目前主要由中央债券综合业务系统发起。

（三）城市商业银行的银行汇票业务

城市商业银行的银行汇票业务是支付系统为支持中小金融机构结算和通汇而专门设计的，支持城市商业银行的银行汇票资金移存和兑付的资金清算业务。

本章主要介绍一般大额支付业务的会计核算。

由于同一城市的同一商业银行分支机构只能在人民银行开设一个清算账户，所以同一清算账户行辖属机构之间的支付业务不能使用本支付系统。大额支付系统需要收费，一般商业银行对于非资金调拨的系统内往来业务往往不通过大额支付系统处理。

## 四、会计科目设置

由于本章所介绍的会计科目为行间支付清算业务专用科目，在新会计准则的科目表中未予列示，且不同会计主体使用不同科目体系。出于详解目的，本章不再列表说明。

（一）清算账户行（商业银行机构）的会计科目

1.“大额支付系统往账待清算”科目

本科目核算清算账户行发出的支付业务以及代理下属机构发出的支付业务。清算账户行受理贷记支付业务时，贷记本科目。日终收到人民银行清算资金对账报文，其中所列往账总金额在借方时，借记本科目，贷记“存放中央银行款项”；往账总金额在贷方时，贷记本科目，借记“存放中央银行款项”。本科目余额通常在贷方，表示未发出款项。

2.“大额支付系统来账待清算”科目

本科目核算清算开户行接收的支付业务以及代理下属机构接收的支付业务。清算账户行受理汇入贷记业务时，借记本科目。日终收到人民银行清算资金对账报文，其中所列来账总金额在贷方时，贷记本科目，借记“存放中央银行款项”；来账总金额在借方时，借记本科目，贷记“存放中央银行款项”。本科目余额通常在借方，表示未转账或未转发款项。

3.“支付系统应付结算款项”科目

本科目核算各网点接收的来账中收款人账号户名与本网点实际账号户名不符的来账，由系统中等待手工解付的款项自动转入本科目，再由经办人员检查确认后手工处理。

4. “支付系统手续费暂收款项”科目

本科目核算各网点办理支付业务的结算收费及划缴。当收取手续费时，借记“库存现金”或有关存款科目，贷记本科目；当划缴手续费时，借记本科目，贷记“库存现金”或“存放中央银行款项”等科目。

（二）城市处理中心和国家处理中心（人民银行机构）的会计科目

1. 存款类科目

城市处理中心和国家处理中心按参与大额实时支付系统的金融机构类别，分别设置“工商银行准备金存款”、“农业银行准备金存款”、“中国银行准备金存款”、“建设银行准备金存款”、“交通银行准备金存款”、“政策性银行准备金存款”、“其他商业银行准备金存款”、“城市信用社准备金存款”、“农村信用社准备金存款”、“其他金融机构准备金存款”、“外资银行准备金存款”、“外资其他金融机构准备金存款”、“其他存款”等存款科目。各准备金存款科目核算各金融机构存放在中国人民银行的法定准备金和超额准备金。“其他存款”科目核算特许参与者用于清算的资金和支付业务收费的归集、划拨等。

此类科目贷方核算各银行业金融机构在人民银行准备金存款的增加金额，借方核算各银行业金融机构在人民银行准备金存款的减少金额，余额通常在贷方。此类科目需按直接参与者（不包括人民银行机构）、特许参与者分设清算账户。

2. 清算类科目

（1）“大额支付往来”科目。本科目核算支付系统发起清算行和接收清算行通过大额支付系统办理的支付结算往来款项，余额轧差反映。年终，本科目余额全额转入“支付清算资金往来”科目，余额为零。

（2）“支付清算资金往来”科目。本科目核算支付系统发起清算行和接收清算行通过大额支付系统办理的支付结算汇差款项。年终，“大额支付往来”科目余额对清后，结转至本科目，余额轧差反映。

（3）“汇总平衡”科目（国家处理中心专用）。本科目是为平衡国家处理中心代理人民银行各行（库）账务处理而设置的。该科目用于核算三类业务：发起行或接收行为人民银行的不通过清算账户核算的支付清算业务，如国库资金汇划业务、人民银行会计营业部门自身汇划业务等；为人民银行会计营业部门发起的只涉及一个清算账户的单边业务，如现金存取、缴存款、再贷款业务等；为同城票据交换轧差净额的清算等业务。

## 五、大额实时支付业务的会计核算

大额实时支付系统的运行时序如图 6-4 所示。

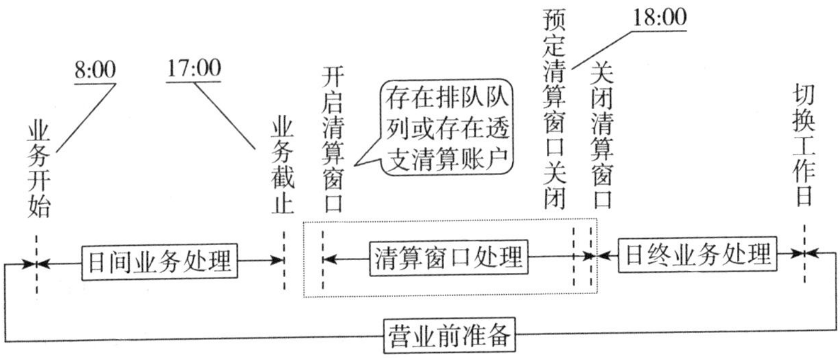


**图 6-4　大额实时支付系统运行时序图**

（一）发起行和发起清算行的核算

发起行按规定受理并审核有关支付业务凭证后，即可办理发送往账业务。发送往账业务涉及的业务类型通常包括汇兑、委托收款、托收承付、同业拆借、退汇、电子联行、国库资金汇划等。发送往账业务的商业银行可能是清算账户行，也可能是非清算账户行。

1. 发起行为清算账户行（直接参与者）的发出贷记业务

贷记业务在支付结算业务中，通常为本行客户付出款项给在他行开户的收款单位。此类业务发起行的会计分录为：

借：吸收存款——付款人户

　贷：大额支付系统往账待清算

复核经办人员根据原始发报依据对报文复核无误后，加编密押。若金额超出授权金额则等待授权，不需授权则联动发报交易，系统自动记账，打印“电子汇划贷方报单”。对于清算账户行本身的支付业务，在作复核发报或授权时，报文即已向大额支付系统发出。

2. 发起行为非清算账户行（间接参与者）的发出贷记业务

此时，发起行需首先通过商业银行的行内支付系统将款项转到发起清算行（清算账户行），再由清算账户行通过大额支付系统转账。向发起清算行发出贷记业务时，会计分录为：

借：吸收存款——付款人户

　贷：辖内上存款项（或其他科目）

复核经办人员根据原始发报依据对报文复核无误后，加编密押。若金额超出授权金额则等待授权，不需授权则联动发报交易，系统自动记账，打印贷方报单。

发起清算行对于来自发起行的支付报文，系统自动核押、接收。对于发起行发来的贷记业务，将其转发大额支付系统，由系统自动记账。会计分录为：

借：辖内款项存放（或其他科目）

贷：大额支付系统往账待清算

3. 凭证及日终处理

发起行办理支付业务时，客户所提交的“电汇凭证”、“托收凭证”等均为发报依据，应作为电子汇划贷方报单的附件。清算账户行的电子汇划往账报单，则作为已发报凭证。

发起清算行对于所有已发出的支付业务，只有收到国家处理中心返回的“已清算”结果，才表示该笔业务发送成功。发起清算行业务系统接收人民银行前置机的“大额支付业务核对报文”，自动核对并销记“支付系统往来报单登记簿”，自动进行资金清算的账务处理。会计分录为：

借：大额支付系统往账待清算（往账总金额）

贷：存放中央银行款项（往账总金额）

根据大额支付系统“委托日期必须为当日”的要求，所有往账支付业务，应当全部在当日营业终了之前发出。系统在营业时间结束后，将不再允许进行录入、发报的处理。因此，在营业终了前15分钟，应停止向系统内录入往账支付的业务。对于此后客户申请办理的汇兑等支付业务，应向客户说明该笔汇款将于下一个工作日发出，并在原始凭证上加盖“轧次日”戳记。

（二）发报中心（城市处理中心）的核算

发报中心收到发起清算行发来的支付信息，确认无误后，逐笔加编全国密押，实时发送国家处理中心。

（三）国家处理中心的核算

国家处理中心收到发报中心发来的支付报文，逐笔确认无误后，对于发起清算行、接收清算行均为商业银行的，做会计分录：

借：××银行准备金存款——××发起清算行户

贷：大额支付往来——人民银行××行（发报中心）户

借：大额支付往来——人民银行××行（收报中心）户

贷：××银行准备金存款——××接收清算行户

对于发起清算行和接收清算行中有一方为人民银行或双方均为人民银行机构的账务处理，这里不做介绍。

（四）收报中心（城市处理中心）的核算

收报中心接收国家处理中心发来的支付信息，确认无误后，逐笔加编地方密押，实时发送接收清算行。

（五）接收清算行和接收行的核算

接收清算行的电子汇划系统接收大额支付系统前置机传送来的支付报文，系统进行自动清分，若收款人账号含有网点号，则直接将报文清分至收款人开户行；若账号为非标准账号，则以报文接收行行号为清分条件，将报文清分至接收行。支付报文通过电子汇划系统进行转发并记账，接收行收到“账号”、“户名”相符的支付报文，系统将自动登记客户分户账。

1. 接收行为清算账户行

接收到贷记业务信息后，转至银行行内业务处理系统。会计分录为：

借：大额支付系统来账待清算

　贷：吸收存款——收款人户

2. 接收行为非清算账户行

这种情况下，需经接收清算行通过行内支付系统电子汇划将款项划至接收行。

接收清算行受理贷记业务，通过电子汇划将款项转至接收行时，会计分录为：

借：大额支付系统来账待清算

　贷：辖内款项存放（或其他科目）

接收行根据支付报文，将贷记支付款项转至客户账户时，会计分录为：

借：辖内上存款项（或其他科目）

　贷：吸收存款——收款人户

3. 人工处理

对于“账号”、“户名”不相符的支付报文，或收款账户为内部账户的情况，汇入款项应先转入“支付系统应付结算款项”，然后经人工处理入账。有关会计分录为：

借：大额支付系统来账待清算（或电子汇划待转账）

　贷：支付系统应付结算款项

经检查核实后，办理人工转账。会计分录为：

借：支付系统应付结算款项

　贷：吸收存款——收款人户

4. 接收清算行的资金清算

接收清算行业务系统接收人民银行前置机的“大额支付业务核对报文”，自动核对并销记“支付系统往来报单登记簿”，自动进行资金清算的账务处理。会计分录为：

借：存放中央银行款项（来账总金额）

　贷：大额支付系统来账待清算（来账总金额）

（六）大额支付系统结算收费的核算

凡通过大额支付系统办理转账支付业务的发起行，均需按规定的标准和实际发生的业务笔数，向人民银行缴付汇划费用。人民银行根据规定设置了不同业务类型和分时段按金额收费的标准，于每月月末前一天对上月末至当日的业务进行计费，并在月末扣收。

1. 发起行收取手续费。发起行在经办大额款项汇划业务时，即向客户扣收手续费。会计分录为：

借：吸收存款——付款人户（或库存现金）

　贷：大额支付手续费暂收款项

2. 人民银行向各清算账户行划收手续费，各清算账户行的会计分录为：

借：大额支付手续费暂收款项（本行为发起行时收取的手续费）

　贷：存放中央银行款项

3. 各发起清算行再向各发起行（非清算账户行）划收手续费缴付人民银行。会计分录为：

借：辖内款项存放（或其他科目）

　贷：存放中央银行款项

4. 各发起行向其发起清算行结清暂收手续费时，会计分录为：

借：大额支付手续费暂收款项

　贷：辖内上存款项（或其他科目）

（七）国家处理中心年终账务结转

1. “大额支付往来”科目的结转

年度最后一个工作日，国家处理中心完成日终试算平衡，并将日终账务信息下载后，立即将“大额支付往来”科目余额以“人民银行××行（库）”为单位，结转到“支付清算资金往来”科目。如“大额支付往来”科日为借方余额的，会计分录为：

借：支付清算资金往来——人民银行××行（库）户

　贷：大额支付往来——人民银行××行（库）户

如“大额支付往来”科目为贷方余额的，会计分录相反。

国家处理中心将各行（库）“支付清算资金往来”账户的余额保留，纳入下一年度每一营业日的账务平衡。

人民银行会计营业部门和国库部门接收国家处理中心日终下载的账务信息，进行自身试算平衡后，办理年度账务结转，将“大额支付往来”科目余额结转“支付清算资金往来”科目。

2. 汇总平衡科目的结转

年终总的试算平衡结束后，国家处理中心以“人民银行××行（库）”为单位，将汇总平衡科目借方或贷方余额结转为下年度的期初余额。

3. 清算账户的结转

年终总的试算平衡结束后，国家处理中心分别将每一个清算账户的借方或贷方余额结转为下年度的期初余额。

4. “支付清算资金往来”科目余额的核对

国家处理中心账务结转后，将“支付清算资金往来”账户余额下载至人民银行会计营业部门和国库部门。各人民银行（库）收到下载的“支付清算资金往来”账户余额，与自身结转存档的“支付清算资金往来”科目的余额进行核对。核对不符的，以国家处理中心下载的余额进行账务调整，纳入暂收（付）款项科目核算，查明原因后，进行相应的处理。

## 第三节　中国人民银行小额批量支付系统的核算

### 一、小额批量支付系统与大额实时支付系统的关系

小额批量支付系统与大额实时支付系统均属于中国人民银行现代化支付系统的应用系统，运作原理相同、参与者相同、运用的清算账户管理系统相同，并共享在中国人民银行清算账户的清算资金。

二者的区别体现在以下方面：

第一，清算的金额起点不同。目前，大额支付系统规定的金额起点为 2 万元以上；小额支付系统为 2 万元以下。

第二，业务范围不同。大额支付系统处理的是大额贷记支付业务和紧急的小额贷记支付业务；小额支付系统则处理银行业金融机构行内直接参与者之间的支付业务以及跨行普通、定期和实时的贷记和借记业务。

第三，处理模式不同。大额支付系统实时处理支付指令，全额清算资金；小额支付系统一般批量发送支付指令，轧差净额清算资金。

### 二、小额批量支付系统的参与者和业务流程

小额批量支付系统的参与者分为直接参与者、间接参与者和特许参与者。其定义与大额实时支付系统参与者的定义相同。

小额批量支付系统处理的业务类型分为贷记业务和借记业务两类，各类业务的

流程如下。

（一）贷记业务

1. 同城贷记业务

小额支付系统处理的同城贷记支付业务，其信息从付款行发起，经付款清算行、城市处理中心、收款清算行，至收款行止（见图6-5）。

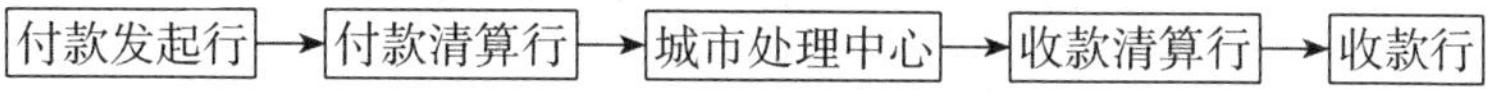


**图6-5 同城贷记支付业务流程**

2. 异地贷记业务

小额支付系统处理的异地贷记支付业务，其信息从付款行发起，经付款清算行、付款行城市处理中心、国家处理中心、收款行城市处理中心、收款清算行，至收款行止（见图6-6）。

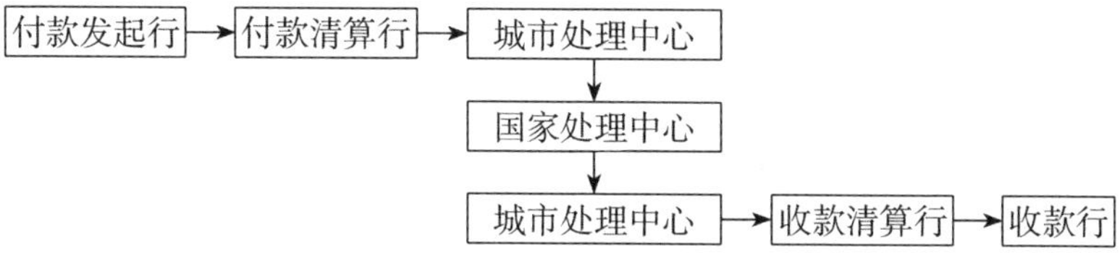


**图6-6 异地贷记支付业务流程**

（二）借记业务

1. 同城借记业务

小额支付系统处理的同城借记支付业务，其信息从收款行发起，经收款清算行、城市处理中心、付款清算行、付款行后，付款行按规定时限发出回执信息，经原路径返回至收款行止（见图6-7）。

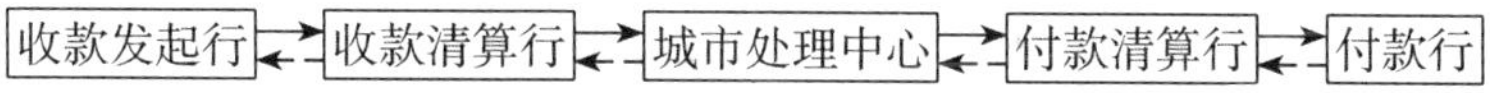


**图6-7 同城借记支付业务流程**

2. 异地借记业务

小额支付系统处理的异地借记支付业务，其信息从收款发起行发起，经收款清算行、收款行城市处理中心、国家处理中心、付款行城市处理中心、付款清算行、付款行后，付款行按规定时限发出回执信息，经原路径返回至收款发起行止（见图6-8）。

付款清算行是指向小额支付系统提交贷记支付业务信息或发起借记支付业务回执信息的直接参与者；收款清算行是指向小额支付系统提交借记支付业务信息，并

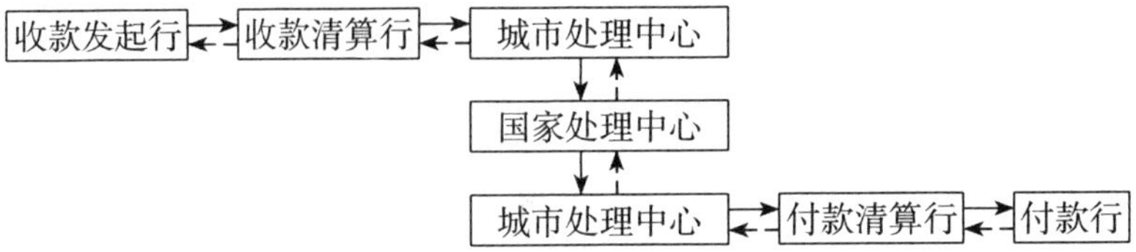


图 6-8　异地借记支付业务流程

接收借记支付业务回执信息或贷记支付业务信息的直接参与者。

## 三、小额批量支付系统的业务范围

银行业金融机构行内直接参与者之间的支付业务可以通过小额支付系统办理。小额支付系统处理下列跨行支付业务：

1. 普通贷记支付业务。是指付款行向收款行主动发起的付款业务。包括汇兑、委托收款（划回）、托收承付（划回）、国库贷记汇划业务、网银贷记支付业务等。

2. 定期贷记支付业务。是指付款行依据当事各方事先签订的协议，定期向指定收款行发起的批量付款业务。包括代付工资、代付保险金、养老金业务等。

3. 实时贷记支付业务。是指付款行接受付款人委托发起的、将确定款项实时贷记指定收款人账户的业务。主要包括个人储蓄通存业务。

4. 普通借记支付业务。是指收款行向付款行主动发起的收款业务。包括中国人民银行机构间的借记业务和国库借记汇划业务等。

5. 定期借记支付业务。是指收款行依据当事各方事先签订的协议，定期向指定付款行发起的批量收款业务。包括代收水、电、煤气等公用事业费业务及国库批量扣税业务等。

6. 实时借记支付业务。是指收款行接受收款人委托发起的、将确定款项实时借记指定付款人账户的业务。包括个人储蓄通兑业务、对公通兑业务及国库实时扣税业务等。

7. 中国人民银行规定的其他支付业务。

## 四、会计科目设置

### （一）清算账户行的会计科目

人民银行发布的《小额支付系统业务处理手续》中，清算账户行使用的科目为“待清算支付款项”，未区分往账和来账。与人民银行清算时，直接将该科目余额与“存放中央银行款项”对转。各商业银行可按需要设置相应的账户。

1. “小额支付系统往账待清算”科目

清算账户行向支付系统发出或代理下属机构发出贷记支付业务或借记支付业务回执，记入本科目贷方；日终收到人民银行资金清算对账报文时，将贷方发生额从借方转出，清算后本科目无余额。

2. “小额支付系统来账待清算”科目

清算账户行接收或代理下属机构接收支付系统发来的贷记支付业务或借记支付业务回执，记入本科目借方；日终收到人民银行资金清算对账报文时，将借方发生额从贷方转出，清算后本科目无余额。

3. “小额支付系统待发报”科目

清算账户行辖属机构已复核或授权的小额贷记支付业务或借记业务回执在等待组包发出时，记入本科目贷方；等待发出的支付业务组包发出时，记入本科目借方。发出后本科目无余额。

（二）国家处理中心和城市处理中心的会计科目

人民银行所设国家处理中心和城市处理中心核算小额批量支付业务的会计科目，存款类科目与大额实时支付系统所使用的科目相同；联行类科目中，“支付清算资金往来”和“汇总平衡”科目与大额实时支付系统相同，另设置“小额支付往来”科目，核算支付系统清算账户行通过小额支付系统办理的支付结算往来款项，余额轧差反映。年终，该科目余额全额转入“支付清算资金往来”科目，结转后余额为零。

## 五、小额批量支付业务的会计核算

（一）贷记业务的核算

1. 发出贷记业务

（1）付款发起行为非清算账户行，经办柜员审核客户提交的有关贷记凭证后，需要通过商业银行行内电子汇划系统发往付款清算行。会计分录为：

借：吸收存款——付款人户

　　贷：辖内上存款项（或其他科目）

复核柜员根据客户提交的贷记凭证对报文进行复核，若交易金额未超过授权金额，则系统自动记账，打印贷方报单。付款清算行收到后，转账的会计分录为：

借：辖内款项存放（或其他科目）

　　贷：小额支付系统待发报

（2）付款发起行本身即为清算账户行时，会计分录为：

借：吸收存款——付款人户

贷：小额支付系统待发报

（3）清算账户行组包发报时，应在规定的时间内自动进行组包，并将其发至人民银行小额支付系统前置机。对于加急的小额支付业务报文，可由清算账户行人工进行组包发出。发出贷记业务时，会计分录为：

借：小额支付系统待发报

贷：小额支付系统往账待清算

对于所有已发出的非实时贷记业务报文，收到轧差节点返回的“已轧差”通知，表示该笔业务处理完成。

2. 接收贷记业务

（1）收款清算行接收辖属收款行的贷记业务，会计分录为：

借：小额支付系统来账待清算

贷：辖内款项存放（或其他科目）

通过商业银行行内电子汇划系统发至收款行，收款行的会计分录为：

借：辖内上存款项（或其他科目）

贷：吸收存款——收款人户（或其他有关科目）

（2）收款清算行受理自身为收款行的贷记业务时，会计分录为：

借：小额支付系统来账待清算

贷：吸收存款——收款人户（或其他有关科目）

（二）借记业务的核算

1. 收款行发出借记业务

收款行柜员受理客户提交的有关借记凭证，审核无误后，打印借记业务凭证，交复核柜员对报文进行复核，并将借记业务凭证专夹保管，俟接收到回执后处理。无论收款行是否清算账户行，发出借记阶段均无须进行账务处理。收款清算行发出借记业务包时，也不产生账务，对于所有已发出的借记业务报文，收到接收行（付款行）的“成功”或“拒付”回执，并进行账务处理后，该笔业务才处理完成。

2. 付款行接收借记业务

付款行在接收来账报文时，使用来账业务借方专用凭证进行批量打印。对于接收到符合自动处理条件的借记业务报文，系统自动进行处理；对于接收到的不符合自动入账条件的借记业务报文，由柜员进行人工处理。

付款行对于符合扣账条件的借记业务报文，在记账同时产生“成功”回执报文。付款行为非清算账户行时，会计分录为：

借：吸收存款——付款人户（或其他有关科目）

贷：辖内上存款项（或其他科目）

付款行为清算账户行时，会计分录为：

借：吸收存款——付款人户（或其他有关科目）

　贷：小额支付系统往账待清算

付款清算行受理辖属付款行的借记业务，在借记商业银行行内电子汇划科目的同时，贷记“小额支付系统往账待清算”科目。

对不符合扣账条件的借记业务报文，产生“拒付”回执报文，无须进行账务处理。

3. 收款行接收借记业务回执

收款行接收借记业务回执并进行下列账务处理后，其所发出的借记业务才能完成。相应的账务处理应分别两种情况进行。

（1）收款行为非清算账户行，其收款清算行的会计分录为：

借：小额支付系统来账待清算

　贷：辖内款项存放（或其他科目）

通过行内电子汇划系统发至收款行，收款行的会计分录为：

借：辖内上存款项（或其他科目）

　贷：吸收存款——收款人户（或其他有关科目）

（2）收款行本身即为清算账户行时，其会计分录为：

借：小额支付系统来账待清算

　贷：吸收存款——收款人户（或其他有关科目）

（三）日终轧差和清算资金

1. 清算账户行的处理

清算账户行业务系统接收前置机“小额业务包汇总核对报文”，按照人民银行小额支付系统对账报文，系统自动对轧差日期、场次、节点相同的往来业务进行轧差。当往账金额大于来账金额时，会计分录为：

借：小额支付系统往账待清算

　贷：小额支付系统来账待清算

　　　存放中央银行款项

当来账金额大于往账金额时，会计分录为：

借：小额支付系统往账待清算

　　存放中央银行款项

　贷：小额支付系统来账待清算

小额支付系统的资金清算既包括清算账户行与人民银行（城市处理中心）的清算，也包括清算账户行与非清算账户行（收款行和付款行）的清算。法定工作日，清算账户行与人民银行按清算场次对当日的往账来账分别进行清算；清算账户行与非清算账户行之间则通过行内电子汇划系统进行清算。

2. 城市处理中心轧差

（1）同城业务。城市处理中心在日常受理小额支付业务时，对同城业务检查、核押无误，轧差后将业务包转发相应的清算账户行。轧差公式为：

某清算行提交清算的贷方净额（+）（或借方净额（-））= 同城贷记来账金额 + 他行返回同城借记回执成功交易金额 - 同城贷记往账金额 - 发出同城借记回执成功交易金额

（2）异地业务。对异地往账业务检查、核押无误，加编全国押后转发国家处理中心；对异地来账业务核验全国押无误后，加编地方押转相应的接收清算行。

城市处理中心在规定提交时点对每场轧差净额进行试算平衡检验，检验无误后自动提交清算。

3. 国家处理中心轧差

国家处理中心对按付款清算行和收款清算行双边实时轧差，轧差公式为：

某清算行提交清算的贷方净额（+）（或借方净额（-））= 异地贷记来账金额 + 他行返回异地借记回执成功交易金额 - 异地贷记往账金额 - 发出异地借记回执成功交易金额

国家处理中心在规定提交时点对每场轧差净额进行试算平衡检验，检验无误后自动提交清算。

国家处理中心收到同城和异地轧差净额清算报文，试算平衡检查无误后，自动完成相关账务处理。对于各清算行的轧差净额，分两种情况核算。

（1）属于清算行贷方差额的，会计分录为：

借：小额支付往来——人民银行××行（库）户

　　贷：××银行准备金存款——××行户

（2）属于清算行借方差额的，会计分录为：

借：××银行准备金存款——××行户

　　贷：小额支付往来——人民银行××行（库）户

（四）国家处理中心年终账务结转

1. 小额支付往来科目的结转

年度最后一个工作日，国家处理中心完成日终试算平衡，将“小额支付往来”科目余额以“人民银行××行（库）”为单位，一并转入“支付清算资金往来”科目。若“小额支付往来”为借方余额，会计分录为：

借：支付清算资金往来

　　贷：小额支付往来——人民银行××行（库）户

若为贷方余额，分录相反。

2. 汇总平衡科目的结转、清算账户的结转以及支付清算资金往来科目余额的核对与大额支付系统的处理方式相同，这里不再赘述。

## 第四节　银行业金融机构行内支付系统的核算

商业银行的行内支付系统由来已久，传统上被称为联行往来，是指商业银行系统内的资金账务往来。它是同一商业银行不同行处之间办理资金调拨，货币结算，相互间代收、代付款项而引起的。目前各商业银行都分别有各自的行内支付系统和制度，并普遍采用了电子汇划系统，以提高社会资金周转效率。

银行业金融机构行内支付系统是银行业金融机构综合业务处理系统的主要组成部分，是其内部资金往来与资金清算的渠道，是其拓展支付服务市场、提升市场竞争能力的重要设施，在整个支付系统中居于基础地位。

### 一、系统内电子汇划与资金清算的基本做法

尽管银行业金融机构都有各自独立的行内电子汇划系统，但商业银行行内电子汇划与资金清算的基本做法通常采取“实存资金、同步清算、头寸控制、集中监督”的方式。

实存资金是指以清算行为单位在总行清算中心开立备付金存款账户，用于汇划款项时资金的清算。

同步清算是指发报经办行通过其清算行经总行清算中心将款项划至收报经办行的同时，总行清算中心办理清算行之间的资金清算。

头寸控制是指各清算行在总行清算中心开立的备付金存款账户应保留足够余额，不得透支，便于总行清算中心对各行汇划款项实行集中清算。如清算行备付金存款余额不足，应及时调入。

集中监督是指总行清算中心对汇划往来数据发送、资金清算、备付金存款账户资信情况和行际查询查复事宜进行管理和监督。

在电子汇划中，通过计算机网络系统，采取“汇划数据实时发送，各清算行控制进出，总行清算中心即时处理，汇划资金按时到达”的办法。

“汇划数据实时发送”是指发报经办行录入电子汇划数据后，全部即时发送到发报清算行。

“各清算行控制进出”是指清算行辖属所有经办行的资金汇划、查询查复等全部通过清算行进出，清算行控制辖属经办行内资金清算。

“总行清算中心即时处理”是指总行清算中心将发报清算行传输来的电子汇划数据即时传输到收报经办行。实时业务由收报清算行即时传输到收报经办行，批量业务由收报清算行次日传输到收报经办行。总行清算中心当日更新各清算行备付金存款。

“汇划资金按时到达”是指实时业务即时到达，批量业务次日到达收报经办行。为了区分轻重缓急，实时业务实时处理，对紧急款项和查询查复事项即时处理，即时到达收报经办行；批量业务批量处理，可次日到达收到经办行。

## 二、电子汇划业务范围和参与机构

电子汇划业务包括同一商业银行系统内行间异地贷记、借记支付业务。其中，贷记支付业务包括汇兑、异地委托收款、托收承付、异地商业汇票款划回和系统内资金划拨等；借记支付业务包括解付本系统银行汇票、系统内按规定扣划款项、贷款账户转移及按规定允许扣收的款项和特定的直接借记业务。

银行业金融机构电子汇划业务的参与机构包括发报经办行、发报清算分中心、总行清算中心、收报清算分中心和收报经办行。凡具体办理款项汇划业务的对外营业机构均为经办行。汇划款项业务的发出行为发报经办行，汇划款项业务的接收行为收报经办行。在总行清算中心开立账户的清算分中心一般设在省及直辖市分行、总行直属分行及二级分行。总行清算中心负责办理系统内各经办行之间的资金汇划、各清算分中心之间的资金清算以及资金拆借、账务核算管理、资金清算等业务。系统内异地电子汇划业务的一般程序如图 6-9 所示。

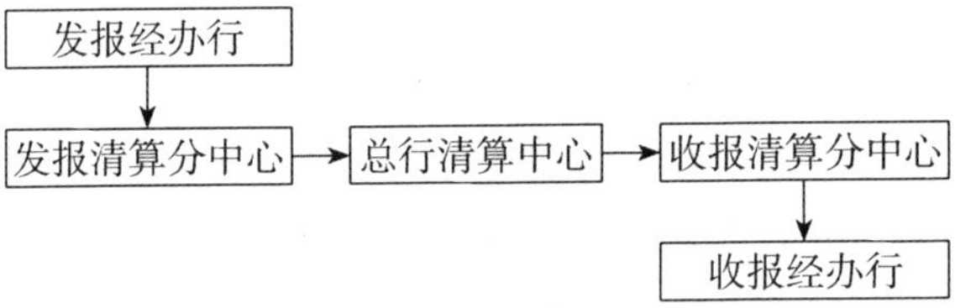


图 6-9 系统内异地电子汇划业务的一般程序

## 三、电子汇划业务的会计科目

由于各银行业金融机构行内支付系统各自独立设计，虽然基本做法类似，但使用的备付金存款会计科目不尽相同。有些商业银行系统使用往来类科目，如“清算资金往来”或“电子汇划往来”等资产负债共同类科目，作为清算备付金之前的过渡科目。

### （一）“系统内上存款项”科目

该科目用于核算和反映各清算分中心存放在上级管辖行的清算（调拨）备付金。该科目为省区分行、直辖市分行、总行直属分行、二级分行使用。属于资产类科目。

### （二）“系统内款项存放”科目

该科目用于核算和反映总行、省区分行核算下级行存放的清算（调拨）备付金存款。该科目为总行、各省区分行使用。属于负债类科目。

（三）“辖内上存款项”科目

该科目用于核算和反映辖内各支行或网点核算存放在上级行的备付金存款。该科目为资产类科目。

（四）“辖内款项存放”科目

该科目用于核算和反映各分行、支行核算下级行或网点上存的备付金存款。该科目为负债类科目。

## 四、电子汇划业务的账务处理

（一）发报经办行

发报经办行受理客户汇兑、托收承付、委托收款划款业务，属于发出贷记业务。发报经办行对发出贷记业务的有关凭证审核无误后，办理转账手续，向发报清算行（分中心）传输信息。会计分录为：

借：吸收存款——付款人户（或其他有关科目）

　贷：辖内上存款项（或其他科目）

发报经办行受理客户银行汇票代理兑付等业务，属于发出借记业务，会计分录与发出贷记业务相反。

发报经办行对客户提交的支付凭证进行账务处理后，分别作为电子汇划借方或贷方报单的附件。

（二）发报清算分中心

发报清算分中心的主要任务是将各发报经办行传输来的全国汇划业务实时上传至总行清算中心。对于辖属经办行传输来的辖内汇划款项业务，应及时转发给收报经办行。

1. 系统内异地汇划业务

对于异地汇划业务，发报清算分中心的计算机自动进行账务处理，更新在总行开立的备付金存款账户余额，并将汇划信息传输至总行清算中心转发收报清算分中心。

收到发报经办行贷记支付业务时，会计分录为：

借：辖内款项存放——发报经办行户

　贷：系统内上存款项——上存总行备付金户

借记支付业务，会计分录相反。

2. 系统内辖属经办行之间的资金汇划业务

此时，发报清算分中心又承担着收报清算分中心的责任，应将汇划款项转发辖属的收报经办行。对于贷记支付业务，会计分录为：

借：辖内款项存放——发报经办行户

　贷：辖内款项存放——收报经办行户

借记支付业务，会计分录相反。

（三）总行清算中心

总行清算中心收到各发报清算分中心传来的汇划业务数据，计算机系统自动登记后，将款项传送至各收报清算分中心。每日营业终了，总行清算中心更新各清算分中心在总行开立的备付金存款账户余额。对于贷记支付业务，会计分录为：

借：系统内款项存放——发报清算分中心户

　贷：系统内款项存放——收报清算分中心户

对于借记支付业务，会计分录相反。

日终处理结束后，计算机生成总行清算中心的“电子汇划往来汇总报单”、电子汇划日报表和相应对账信息，下发分中心及经办行对账。

（四）收报清算分中心

收报清算分中心收到总行清算中心传来的汇划业务数据，计算机系统自动检测收报经办行是否为辖属行处，核押无误后自动进行账务处理。接收电子汇划贷记支付业务信息，会计分录为：

借：系统内上存款项——上存总行备付金户

　贷：辖内款项存放——收报经办行户

接收借记支付业务信息时，会计分录相反。

日终处理结束后，由计算机生成各清算分中心的汇总报单、日报表及各类对账单，打印核对无误后，结束当日汇划业务。

收报清算分中心对于实时业务即时处理并传至收报经办行，批量业务处理后次日传至收报经办行。处理方式有集中式和分散式两种。

在集中式处理方式下，清算分中心作为业务处理中心，负责辖内汇划收报的集中处理及汇出汇款、应解汇款等内部账务的集中管理。收到总行清算中心传来实时的汇划电子数据后，即时代辖属经办行记账；收到总行清算中心传来的批量电子汇划数据后，日终进行挂账处理，次日待经办行确认后记账。

在分散式处理方式下，收报清算分中心收到总行清算中心传来的电子汇划数据后，均传至收报经办行处理。实时的电子汇划数据要即时传至收报经办行记账。批量电子汇划数据由收报清算分中心挂账，次日待收报经办行确认后传至收报经办行记账。

（五）收报经办行

收报经办行接收到收报清算分中心传来的批量、实时汇划业务信息后，打印报单，并自动进行账务处理。对于贷记支付业务，会计分录为：

借：辖内上存款项

　贷：吸收存款——收款人户（或其他有关科目）

借记支付业务，会计分录相反。

## 五、电子汇划清算账户的核算

各清算分中心在总行清算中心开立备付金账户，在“系统内上存款项”科目核算。通过人民银行将款项汇入总行清算中心，具体手续是：根据资金营运部门的资金调拨单，填制人民银行电（信）汇凭证，通过人民银行汇入总行清算中心。会计分录为：

借：其他应收款——待处理汇划款项户

　贷：存放中央银行款项——准备金存款户

待总行清算中心收到后，由系统自动作账务处理。会计分录为：

借：系统内上存款项——上存总行备付金存款户

　贷：其他应收款——待处理汇划款项户

总行清算中心收到各清算行和省区分行上存的备付金后，应该当日通知有关清算行，并进行账务处理，通过“系统内款项存放”科目核算。会计分录为：

借：存放中央银行款项——准备金存款户

　贷：系统内款项存放——××分行备付金存款户

二级分行在管辖省区分行开立备付金账户，也是通过人民银行汇入省区分行，处理手续同上。

支行在管辖省区分行开立备付金存款账户，通过“辖内上存款项”和“辖内款项存放”科目核算，其具体处理手续同上。通过人民银行汇入省区分行，支行会计分录为：

借：其他应收款——待处理汇划款项户

　贷：存放中央银行款项——准备金存款户

待省区分行收到后，由系统自动进行账务处理。会计分录为：

借：辖内上存款项——上存分行备付金存款户

　贷：其他应收款——待处理汇划款项户

省区分行收到各支行上存的备付金后，当日通知有关支行，并进行账务处理。会计分录为：

借：存放中央银行款项——准备金存款户

　贷：辖内款项存放——××支行备付金存款户

各行在上级行出现头寸不足时，应通过人民银行及时补足备付金存款。

## 本章小结

1. 由银行客户资金转移引起的银行之间的资金存欠关系的结清称为资金清算，资金清算是支付结算的延伸。

2. 目前，我国已初步建成以中国人民银行大小额支付系统为核心，银行业金融机构行内支付系统为基础，票据交换系统、银行卡支付系统、外币支付系统为重要组成部分的支付清算网络体系。

3. 本章重点介绍了中国人民银行现代化支付系统和银行业金融机构行内支付系统的运行和会计核算。

## 关键概念

资金清算　大额支付系统　小额支付系统　银行业金融机构行内支付系统

## 思考与应用

（一）复习思考

1. 什么是支付清算体系？资金清算与支付结算关系如何？

2. 当前我国的支付清算体系是怎样构成的？

3. 简述人民银行现代化支付系统的参与者和组成机构。

4. 简述大额支付系统与小额支付系统的联系与区别。

5. 商业银行系统内电子汇划清算的基本做法是什么？

（二）操作练习

北京S工商银行支行发生下列电子汇划清算业务，请分别编制联行业务的发报经办行、发报清算行、总行清算中心、收报清算行和收报经办行的会计分录。

1. 开户单位蓝天贸易公司提交信汇凭证，向在上海工商银行支行开户的服装公司汇出汇款60 000元，经审核无误，办理转账。（实时汇划，收报清算行集中处理）

2. 开户单位新兴百货公司提交中国工商银行长春某支行签发的银行汇票，金额30 000元，要求全额兑付，经审核无误，办理转账。（批量汇划，收报清算行集中处理）

3. 收到工商银行大连某支行寄来的委托收款凭证，金额15 000元，系在本行开户的市百货公司向大连东胜商贸公司支付货款，承付期已到，办理转账。（实时汇划，收报经办行分散处理）

4. 收到工商银行沈阳分行发来的信汇凭证，为本行的开户单位塑料厂收妥货款20 000元。（批量汇划，收报经办行分散处理）

# 第七章 中间业务的核算

## 学习目标

1. 熟悉中间业务的概念、特征及种类
2. 掌握代理业务的核算
3. 掌握担保类业务的核算
4. 了解承诺类业务的核算
5. 熟悉衍生金融工具的核算

## 第一节 中间业务概述

### 一、中间业务的概念

“中间业务”有广义和狭义概念之分。广义的中间业务是指商业银行不需向外借入资金、且不必动用自己的资财，仅利用自己的人力资源、市场信息和现代化电信技术与设备，替广大客户办理各项资金收付、进行担保和其他委托事项、提供各项金融服务，并收取手续费的中介业务。

按照2001年6月21日中国人民银行颁布实施的《商业银行中间业务暂行规定》，中间业务是指不构成商业银行表内资产、表内负债，形成银行非利息收入的业务。这一定义属于狭义的中间业务，也是传统的中间业务。

国际上，还有一个“表外业务”的定义。表外业务包括所有不在资产负债表中反映的业务。《巴塞尔协议》将广义的表外业务分为两类：一类是或有项目的表外业务，如贷款承诺、各种担保业务、金融衍生交易等；另一类是金融服务表外业务，即我国银行传统的中间业务，包括支付结算、代理与咨询业务、信托业务、租赁业务及与贷款相关的组织和审批等服务。

广义的中间业务与表外业务没有根本的区别，只是我国将这类业务称为中间业务。但狭义的表外业务在定义上与狭义的中间业务存在区别。中国人民银行在2000年发布的《商业银行表外业务风险管理指引》中，将表外业务定义为：商业银行所从事的、按照现行会计准则不计入资产负债表内，不形成现实的资产和负债，但能改变损益的业务，包括担保类、承诺类和金融衍生类三种类型，这属于狭义的表外业务，也属于创新的中间业务。

## 二、中间业务的特征

从定义中可以看出，中间业务与传统的商业银行资产、负债业务有所不同。

其一，中间业务以收取手续费为主要目的，一般并不需要动用银行资金，也不直接占用客户资金。

传统的资产负债业务需要银行在组织存款、取得资金后，再通过信贷投放或购买证券等投资活动来获取利息收入、利差或其他收入，风险较大。与之不同的是，中间业务一般无须动用资金，通过代替客户承办收付及各种委托事项，以收取手续费的方式获取收益，成本低、效益高、风险小。此外，中间业务收入是银行非利息收入的重要组成部分，在国外银行，中间业务收入所占比重一般在60%以上。

其二，中间业务产品是一种固化了商业信誉的金融商品，而不仅仅是单纯的金融品种。

中间业务的开展是以银行的信誉为基础的，而金融服务产品的开发又反过来进一步提高了银行的信誉。另外，在研制中间业务品种时，还应考虑能否被市场接受，只有得到社会广泛认可的中间业务才具有强大的生命力。

其三，中间业务的服务方式和效率与传统存贷业务相比，要求具有更灵活、迅捷、便利的服务手段，现代化程度更高，更能促进现代化科学技术与现代化管理手段的尽快推广和运用。

## 三、中间业务的分类

参考2002年中国人民银行发布的《商业银行中间业务暂行规定》给定的参考分类标准，商业银行中间业务主要包括以下类型：

### （一）支付结算类中间业务

支付结算类业务是指由商业银行为客户办理因债权债务关系引起的与货币支付、资金划拨有关的收费业务。这部分内容在本书第四章已经详细介绍，本章不再重述。

（二）银行卡业务

银行卡是由商业银行向社会发行的具有消费信用、转账结算、存取库存现金等全部或部分功能的信用支付工具。依据清偿方式不同，银行卡业务可分为贷记卡业务、准贷记卡业务和借记卡业务，而借记卡可进一步分为转账卡、专用卡和储值卡。依据结算的币种不同，银行卡可分为人民币和外币卡业务。依据流通范围不同，银行卡还可分为国际卡和地区卡。

（三）代理类中间业务

代理业务是指商业银行接受政府、企业单位、其他银行或金融机构以及居民个人的委托，以代理人的身份代表委托人办理一些经双方议定的经济事务、提供金融服务并收取一定费用的业务。其主要内容如下。

1. 代理政策性银行业务。指商业银行接受政策性银行委托，代为办理政策性银行因服务功能和网点设置等方面的限制而无法办理的业务，包括代理贷款项目管理等。

2. 代理中国人民银行业务。指根据政策、法规应由中央银行承担，但由于机构设置、专业优势等方面的原因，由中央银行指定或委托商业银行承担的业务，主要包括财政性存款代理业务、国库代理业务、发行库代理业务、金银代理业务等。

3. 代理商业银行业务。指商业银行之间相互代理的业务，如为委托行办理支票托收等业务。

4. 代收代付业务。指商业银行利用自身的结算便利，接受客户的委托代为办理指定款项的收付事宜的业务，如代理各项公用事业收费、代理行政事业性收费和财政性收费、代发工资、代扣住房按揭消费贷款还款等。

5. 代理证券业务。指银行接受委托办理的代理发行、兑付、买卖各类有价证券的业务，还包括接受委托代办债券还本付息、代发股票红利、代理证券资金清算等业务。这些有价证券主要包括国债、公司债券、金融债券、股票等。

6. 代理保险业务。指商业银行接受保险公司委托代其办理的保险业务。商业银行代理保险业务，可以受托代个人或法人投保各险种的保险事宜，也可以作为保险公司的代表，与保险公司签订代理协议，代保险公司承接有关的保险业务。代理保险业务一般包括代售保单业务和代付保险金业务。

7. 代理保管业务。指商业银行以自身所拥有的保管箱、保管库等设备条件，接受单位和个人的委托，代为保管各种贵重金属、契约文件、设计图纸、文物古玩、珠宝首饰以及股票、债券等有价证券。代理保管的方式主要有出租保管箱、密封保管、露封保管等。银行按保管物品的不同，按年一次收取手续费。

8. 其他代理业务。包括代理财政委托业务、代理其他银行卡收单业务等。

（四）担保类中间业务

担保类中间业务，指商业银行为客户债务清偿能力提供担保，承担客户违约风险的业务。其主要内容如下。

1. 银行承兑汇票（定义见第四章）。

2. 备用信用证。指开证行应借款人要求，以放款人作为信用证的受益人而开具的一种特殊信用证，以保证在借款人破产或不能及时履行义务的情况下，由开证行向受益人及时支付本利。

3. 各类保函。包括投标保函、承包保函、还款担保保函、借款保函等。

（五）承诺类中间业务

承诺类业务是指商业银行在未来某一日期按照事前约定的条件向客户提供约定信用的业务，主要指贷款承诺，包括可撤销承诺和不可撤销承诺两种（定义见本章第三节）。

（六）交易类中间业务

交易类中间业务指商业银行为满足客户保值或自身风险管理等方面的需要，利用各种金融工具进行的资金交易活动，主要包括金融衍生业务，具体有金融远期合约、金融期货合约、互换合约和期权合约等（定义见本章第四节）。

（七）基金托管业务

基金托管业务，是指具有托管资格的商业银行接受基金管理公司委托，安全保管所托管基金的全部资产，为所托管的基金办理基金资金清算、款项划拨、会计核算、基金估值，监督管理人投资运作。包括封闭式证券投资基金托管业务、开放式证券投资基金托管业务和其他基金的托管业务。

（八）信息咨询类业务

信息咨询业务是商业银行以转让、出售信息和提供智力服务为主要内容的中间业务。商业银行运用自身所累积的大量信息资源，以专门的知识、技能和经验为客户提供所需信息和多项智力服务，就是银行的信息咨询业务。

由于一些中间业务的会计核算只有收取手续费和表外科目记账的处理，如咨询类、保管类业务等，所以本章仅就几个具有代表性的中间业务品种的核算进行介绍。其中支付结算类中间业务和银行卡业务在本书前面章节已经进行了详细说明，本章不再重述。另外，本章一些特殊业务使用的会计科目在《企业会计准则——应用指南2006》中未予列出，商业银行可根据需要增设这些科目，期末编制报表时，将这些账户的余额并入准则规定的报表项目即可。另外，由于科目的专属性较强，各类业务使用的科目将分别介绍，不再统一列表。

# 第二节　担保类业务的核算

## 一、担保类业务的概念和种类

担保类业务是指商业银行根据申请人的申请，以出具保函的形式向申请人的债权人（保函受益人）承诺，当申请人不履行其债务时，由银行按照约定履行债务或承担责任的行为。

商业银行开办保函业务的类型按业务品种划分，包括投标保证 、承包保证、履约保证、预收（付）款退款保证、工程维修保证、延期付款保证、来料加工保证及来件装配保证、关税保付保证、保释金保证、付款保证、延期付款保证、分期付款保证、借款保证、租赁保证、补偿贸易保证、账户透支保证等。按保函类别还可划分为付款类保函、履约类保函和债务类保函。

## 二、担保类业务的核算

（一）反担保的处理

1. 申请人采取缴存保证金方式提供反担保

经办行业务部门与申请人、反担保人正式签订“出具保函协议书”和相应的反担保的合同后，申请人交存保证金的，应提交有关支付票据及进账单一式三联。经办人审核无误后，以支付票据作借方记账凭证，进账单第一联加盖“转讫章”退申请人作回单，第二联作贷方记账凭证，第三联加盖“业务用公章”交业务部门。会计分录为：

借：吸收存款——××申请人户

　贷：保证金存款——××申请人户

2. 申请人采取质押、抵押、第三方保证方式提供反担保

采取此种方式的，经办行按照贷款业务核算的有关手续办理。

（二）收取手续费的核算

“出具保函协议书”生效后，经办行应根据业务部门通知按照“出具保函协议书”的约定及时向被保证人收取手续费，同时，填制业务收费凭证并办理转账。会计分录为：

借：吸收存款——××被保证人户

　贷：中间业务收入（或手续费及佣金收入）——担保业务收入户

营业柜台收到业务部门出具的保函时，同时填制表外科目收入凭证，登记表外科目明细账：

收：开出保函——××申请人户

（三）担保垫款的核算

1. 垫付款项的处理

被保证人在合理时间内未能筹足偿债资金，而使经办行垫付款项时，应向被保证人和反担保人主张追索权及反担保债权。

（1）申请人采取缴存保证金方式提供反担保的，应首先全额扣划保证金，不足部分列入“逾期贷款——担保垫款”（也在“贷款”科目下设置该明细科目）科目，营业柜台应根据有关原始凭证填制特种转账借、贷方凭证办理转账。会计分录为：

借：吸收存款——××被保证人户

　　保证金存款——××申请人户

　　逾期贷款——担保垫款——××被保证人户

　贷：吸收存款——××保函受益人户

同时填制表外科目付出凭证，登记表外科目明细账：

付：开出保函——××申请人户

（2）申请人采取质押、抵押、第三方保证方式提供反担保的，经办行按贷款业务核算的有关垫款规定处理。同时填制表外科目付出凭证，登记表外科目明细账：

付：开出保函——××申请人户

2. 结计担保垫款利息收入的处理

银行在结计垫款利息收入时，按规定计算利息并填制“利息清单”一式三联。第一联、第二联分别作借方、贷方记账凭证，第三联退客户。会计分录如下：

借：应收利息——应收担保垫款利息——××被保证人户

　贷：利息收入——担保垫款利息收入户

3. 收回垫付款项的处理

收回担保垫款时，客户填制支付凭证偿还垫款，支付凭证第一联加盖“转讫章”后退客户。会计分录如下：

借：吸收存款——××被保证人户

　贷：逾期贷款——担保垫款——××被保证人户

　　　应收利息——应收××垫款利息——××被保证人户

（四）保函到期或终止担保的终止

保证期满，商业银行未承担保证责任的，或保证金存款用于保证项下的支付仍有余额的，商业银行应在收回保函后，根据被保证人的请求将款项从相关账户转出。退还时，申请人应提交有关支付票据及进账单一式三联，营业柜台审核无误后，以有关支款凭证作借方记账凭证，进账单第一联加盖“转讫章”退申请人作回单，第二联作贷方记账凭证，第三联加盖“转讫章”交被担保人。会计分录如下：

借：保证金存款——××申请人户

　贷：吸收存款——××被保证人户

同时填制表外科目付出凭证，登记表外科目明细账：

付：开出保函——××申请人户

# 第三节　承诺类业务的核算

承诺类业务是指商业银行在未来某一日期按照事前约定的条件向客户提供约定信用的业务，主要包括贷款承诺、信贷证明、贷款意向书、意向性信贷额度、贷款回购协议、票据发行便利等业务。下面将简要介绍贷款承诺和信贷证明业务。

## 一、贷款承诺

### （一）贷款承诺概述

1. 贷款承诺的种类

贷款承诺分为可撤销承诺和不可撤销承诺。

（1）可撤销承诺。这种承诺附有客户在取得贷款前必须履行的特定条款。如果在银行承诺期间及实际贷款期间发生客户信用等级降低的情况，或客户没有履行特定条款，则银行可撤销该项承诺。可撤销承诺包括透支和信用额度。

（2）不可撤销承诺。指银行未经客户允许不得随意取消的贷款承诺。不可撤销承诺包括：商业票据备用信用额度、循环信用额度、回购协议、票据发行便利等。

2. 贷款承诺书的出具

（1）贷款承诺书的出具必须建立在贷款项目批准之后，未经省分行贷款审批会议正式审批决策的项目不得对外出具承诺书。

（2）贷款承诺书一般由省级分行统一对外出具，同时抄送本行信贷部门和项目所在二级分行；属于高风险范围的应抄送本行信贷风险管理部门，超过省级分行信贷授权的报总行审批。二级分行及下属机构一律不得以任何名义对外出具贷款承诺书。

（3）贷款承诺书是严肃的法律文件，会带来相应的民事法律后果，要谨慎办理，不得为争办项目而违反规定，盲目对外出具贷款承诺书。

3. 贷款承诺的变更

贷款项目终审后，由审批行下达信贷审批结论通知，对同意出具贷款承诺书的，由有权签发的部门签发贷款承诺书。在贷款承诺有效期内，如发现借款人或建设项目情况发生较大变化，影响到贷款的安全，银行有权终止贷款承诺。

（二）贷款承诺的业务核算

贷款承诺业务核算的内容主要是贷款承诺书的出具和承诺费的收取。

1. 出具贷款承诺书的核算

在银行出具贷款承诺书后银行就承担了承诺的义务，在承诺期内要按照协议发放贷款。对于此承诺后果银行应设置“贷款承诺”账户进行表外核算。“贷款承诺”账户核算银行因为与客户签订协议或意向而在一定时期内可能发放的贷款。本科目可以按照客户单位进行明细核算。

银行与客户签订贷款承诺书或增加贷款额度时，按契约金额记录，

收：贷款承诺——××户

履行承诺、减少额度或因故撤销贷款承诺时，按照减少金额记录，

付：贷款承诺——××户

2. 收取承诺费的核算

银行按照承诺贷款的一定比例收取手续费时，按收费金额入账，其会计分录为：

借：吸收存款——××户

　贷：中间业务收入（或手续费及佣金收入）——贷款承诺手续费

## 二、信贷证明

（一）信贷证明业务概述

银行信贷证明系指根据授信申请企业要求，在其参与工程等项目建设资格预审、投标、履约时，向银行提出申请，经银行评审同意后，由银行出具的一种融资证明，旨在证明申请人在承包工程中有能力从银行获得必要的信贷支持。信贷证明往往被要求与投标或履约保函一并出具。

信贷证明业务应纳入银行综合授信管理范围，实行综合授信额度管理。每笔信贷证明的金额一般为项目总标金额的10%，最高不超过项目总标金额的30%。信贷证明的期限最长不得超过3年。信贷证明的币种为人民币或我行国际结算可受理的外币币种，信贷证明的收费标准为年费率0.1%～0.45%，各行可自行决定按季、半年度或一次性收取，第一笔收费时间应在信贷证明开具之前。项目开标后，如申请人未中标，已收取的费用不再退回。

（二）信贷证明的核算

信贷证明的核算主要是信贷证明的出具和信贷证明的终止或撤销。

1. 信贷证明的出具

客户向银行提出申请，提交《银行信贷证明业务申请书》和银行规定的材料。银行按授信审查要求对其进行调查，并将调查情况和初审意见及有关业务资料送授信管理部门审核，复审同意后出具信贷证明，会计分录为：

收：信贷证明

同时，按照协议收取手续费，会计分录为：

借：吸收存款——申请单位户

　贷：中间业务收入（或手续费及佣金收入）——信贷证明手续费

信贷证明有效期内，如发生信贷证明项下的贷款需求，银行应在履行义务前30天按流动资金贷款要求重新评估项目的风险和还款来源，审查并落实贷款担保，按贷款审批权限和审批程序报批准后办理。

2. 信贷证明的终止

信贷证明提前解除后应及时向客户收回信贷证明正本。信贷证明到期或银行履行完信贷证明项下有关义务后一周内，无论信贷证明正本是否收回，经办人都应填写“信贷证明核销凭证”，办妥信贷证明核销手续，会计分录为：

付：信贷证明

## 第四节　衍生工具的核算

### 一、衍生工具概述

（一）衍生工具的概念

按照《国际会计准则第39号——金融工具：确认和计量》和我国《企业会计准则第22号——金融工具确认和计量》的定义，衍生工具是指同时具有以下特征的金融合约：

1. 其价值取决于一种或多种基础资产或指数，比如利率、汇率、证券价格、商品价格、信用等级、价格指数或类似变量等。

2. 不要求初始投资，或相对于市场情况变动有类似反应的其他类型的合约，其所要求的初始投资较少。

3. 在将来某个日期交割。

（二）衍生工具分类

衍生工具主要有以下几种表现形式：远期合同、期货合同、互换和期权，以及具有远期合同、互换和期权中一种或一种以上特征的工具。

1. 远期合同

远期合同，是交易双方达成的、在未来某一时点以事先约定的价格买进或卖出特定标的物的合同。

2. 期货合同

期货合同可以说是标准化的远期合同，是交易双方在交易所内达成的、按照当日结算程序进行的在未来某一特定时点买卖合约标的物合同。

3. 互换

互换又称为掉期，是指交易双方按照约定的条件、在特定时间内交换并支付款项的合同。互换主要包括货币互换与利率互换。

货币互换是指交易双方就不同币种、相同期限、等值资金的债务进行的交换。假设有一家英国的 A 公司在美国开设了一家子公司，需要美元，但是其取得美元贷款的利率较高；另有一家美国的 B 公司在英国开设了一家子公司，需要英镑，而其在英国的贷款利率也很高。那么在这种情况下，双方就可以签订协议，由 A 公司先借入英镑，再贷给 B 公司的英国子公司；同时，B 公司先借入美元，再贷给 A 公司的美国子公司，待合同到期时，再互相归还本金。这就是典型的货币互换。

利率互换是指交易双方就同一货币的债务交换不同形式的利率。假设有两家英国公司甲和乙，两者都有英镑贷款，甲公司的贷款利率是浮动利率，乙公司的贷款利率是固定利率，那么这两家公司就可以进行利率互换，由甲公司支付固定利率的利息，而乙公司则支付浮动利率的利息。

4. 期权

期权是交易双方签订的一种合约，它使购买者（或持有者）有权在以后的某时期内或某一特定日期按照当前商定的价格向对方购买或出售一定数量的标的物，同时购买者又不承担义务。当行情对期权持有者有利时，他可以选择行使期权，买进或卖出某项标的物；当行情不利时，持有者也可以不行使期权，放弃买卖。为了获得这种权利，期权购买者必须向对方支付一笔资金，这笔资金称之为期权价格或权利金。

期权有“买入期权”（或“看涨期权”）与“卖出期权”（或“看跌期权”）两种。买入期权的购买者有权以约定的价格向期权的出售方购买一定数量的标的物，这项期权合同就是买入期权；相反，卖出期权的购买者有权以约定的价格销售标的物，那么这项期权合同就是卖出期权。

按照履约日的不同，期权又可以分为美式期权和欧式期权。美式期权的购买者可以在到期日之前的任意一天行权；相反，如果合同规定购买者只能在到期日行使权利，那么就是欧式期权。

此外，根据标的物的不同，期权又可以分为外汇期权、股票期权、利率期权以及股票指数期权等。

银行所从事的衍生工具交易可分为以下两类：①银行为规避自有资产、负债的风险或为获利进行的衍生工具交易。银行从事此类业务时被视为衍生工具的最终用户。②银行向客户（包括金融机构）提供衍生工具交易服务。银行从事此类业务时被视为衍生工具的交易商，其中，能够对其他交易商和客户提供衍生工具报价和交易服务的交易商被视为衍生工具的造市商。

## 二、衍生工具核算的基本规定

我国《企业会计准则》和《企业会计准则应用指南》对衍生工具的会计处理做出了规定，结合《企业会计准则应用指南——会计科目和主要账务处理》，现将核算要点归纳如下。

### （一）基本原理

银行应在成为金融合约的一方时，将衍生工具确认为一项资产或负债。

衍生工具在初始确认和期末时，均应以公允价值进行计量。衍生工具的公允价值变动，应区分其是否被指定为套期工具分别进行处理。如果衍生工具不被指定为套期工具，则其公允价值变动应计入变动当期损益。如果衍生工具被指定为套期工具，则其公允价值变动应区别不同情况进行处理。

套期业务涉及套期工具和被套期项目。套期工具是指定的衍生金融工具，其公允价值或现金流量的变动，预期可抵消被套期项目的公允价值或现金流量的变动。非衍生金融资产或负债，只有在对外汇汇率变动风险进行套期时，才可以指定为套期工具。

被套期项目是指使金融机构面临公允价值或未来现金流量变动风险的资产、负债、确定承诺、很可能发生的预期交易或在国外经营的净投资。

### （二）会计科目设置

1.“衍生工具”科目

本科目核算银行衍生工具的公允价值及其变动形成的衍生资产或负债。本科目按衍生工具类别进行明细核算。若期末为借方余额，反映了由衍生工具形成资产的公允价值；若期末为贷方余额，则反映了由衍生工具形成负债的公允价值。

2.“套期工具”科目

本科目核算银行开展套期保值业务套期工具公允价值变动形成的资产或负债。本科目按照套期工具类别进行明细核算。若期末为借方余额，反映了由套期工具形成资产的公允价值；若期末为贷方余额，则反映了由套期工具形成负债的公允价值。

3. “被套期项目”科目

本科目核算银行开展套期保值业务被套期保值项目公允价值变动形成的资产和负债。本科目按被套期项目类别进行明细核算，若期末为借方余额，反映了由被套期项目形成资产的公允价值；若期末为贷方余额，则反映了由被套期项目形成负债的公允价值。

（三）基本账务处理

取得衍生工具时，企业应按其公允价值，借记“衍生工具”，贷记“存放中央银行款项”或有关负债科目；对于发生的相关交易费用，应借记“投资收益”，贷记“存放中央银行款项”。

资产负债表日，衍生工具的公允价值高于其账面余额的差额，应借记“衍生工具”，贷记“公允价值变动损益”；公允价值低于其账面余额的差额，则应借记“公允价值变动损益”，贷记“衍生工具”。

终止确认衍生工具时，企业应借记“存放中央银行款项”等相关科目，贷记“衍生工具”，两者的差额应记入“投资收益”。此外，企业还需要将“公允价值变动损益”科目的余额结转至“投资收益”科目。

## 三、衍生工具的会计核算

（一）金融期货交易

金融期货主要包括利率期货、外汇期货和股票指数期货等。期货合同作为远期合同的一种标准形式，它是在交易所内进行的。期货合同的交易参与者可以根据行情随时转手平仓，由此豁免购买或出售标的物的责任。期货合同的交易双方必须向结算机构缴纳一定数量的保证金，在转手平仓时通过保证金来进行结算，如果亏损额超过了保证金，则结算时还需要偿付不足的部分，这就是所谓“净额交割”原则。

金融期货的会计处理程序如下：

1. 初始确认

对于期货交易的会计处理程序一般采用交易日会计。因此在交易日（即签约日）应该对期货合同进行初始确认，按照合同约定的价格确认金融资产和金融负债。同时还应确认缴纳的保证金。

2. 后续确认

当期货合同的公允价值发生变动时，应相应地调整其账面价值，变动带来的损失或利得应计入当期损益。另外，期货交易比较特殊的一点是，期货交易所通常会对保证金的金额设一条保持线，当保证金在保持线以下时需要补交，在保持线以上时多出的部分可以退回。因此，在期货交易的后续确认中，还要对保证金的变动进行相应的处理。

3. 终止确认

当期货合同的交易参与者在合约到期前转手平仓时，应将此时期货合同公允价值变动带来的利得或损失计入当期损益。另外，交易者还需要通过保证金进行"差额结算"，并终止确认期货合同，对此也要进行会计处理。若期货合同的交易参与者选择在合同到期时进行实际交割，那么此时应进行实际交割的会计处理。

【例 7-1】20××年 8 月 3 日，A 银行签订了一份 2 个月期的债券期货合同，承诺购入债券期货 500 000 元，并按照期货价格的 12% 缴纳了 60 000 元保证金，根据交易所的规定，期货交易的参与者在每个月月末应根据期货价格的变动补交或退回相应的保证金。8 月 31 日，该项债券期货的市价为 630 000 元。9 月 15 日，甲公司以 700 000 元的价格转手平仓，并支付交易费 4 000 元。则 A 银行的具体账务处理如下：

①8 月 3 日，初始确认金融资产和金融负债。

借：衍生工具——债券期货投资　　500 000
　贷：应付债券期货合同款　　500 000

记录缴纳的保证金：

借：存出保证金　　60 000
　贷：存放中央银行款项　　60 000

②8 月 31 日，期货合同的公允价值变动额应计入当期损益。

公允价值变动额 = 630 000 - 500 000 = 130 000（元）

借：衍生工具——债券期货投资　　130 000
　贷：公允价值变动损益　　130 000

补交保证金时：

应补交保证金额 = 630 000×12% - 60 000 = 15 600（元）

借：存出保证金　　15 600
　贷：存放中央银行款项　　15 600

③9 月 15 日，转手平仓期货合同时，其公允价值变动计入当期损益。

公允价值变动额 = 700 000 - 630 000 = 70 000（元）

借：衍生工具——债券期货投资　　70 000
　贷：公允价值变动损益　　70 000

对期货合同进行终止确认，通过保证金进行差额结算，支付的手续费计入当期损益：

借：应付债券期货和同款 500 000

　　存放中央银行款项 271 600

　　投资收益 4 000

　贷：衍生工具——债券期货投资 700 000

　　　存出保证金 75 600

将“公允价值变动损益”科目余额结转到“投资收益”科目：

“公允价值变动损益”科目贷方余额＝750 000+30 000＝180 000（元）

借：公允价值变动损益 200 000

　贷：投资收益 200 000

A 银行在此项期货交易中所获得的投资收益为 196 000 元（200 000－4 000）。

此例为合同到期前转手平仓的核算。若到期实际交割，则应于到期日再次确认公允价值变动损益，再按保证金进行差额结算，其余分录基本相同。

（二）期权交易

期权交易可以分为看涨期权和看跌期权。对于看涨期权的购买者而言，只要标的物的市场价格高于协定价格，购买者就会选择履约，先以协定价格买入标的物，然后再将标的物以市场价格出售，从而赚取价差利润。若标的物的市场价格低于协定价格，看涨期权的购买者将选择不执行期权，其损失就是支付的期权费。

若买入的是看跌期权，则情况正好相反。当标的物的市场价格低于协定价格时，看跌期权的购买者会选择履约，即购买者先以较低的市场价格买进标的物，再以协定价格出售，从而赚取价差利润。当标的物的市场价格高于协定价格时，看跌期权的买方则会放弃执行权，此时的损失就是所支付的期权费。

期权交易的会计处理程序如下：

1. 初始确认

期权交易的买方应在交易日按照协定价格确认金融资产和金融负债，对于买方支付的期权费，也应作为期权交易的初始净投资额予以确认。

2. 后续确认

当期权的公允价值发生变动时，应调整期权的账面价值，同时将公允价值变动带来的损失或利得计入当期损益。

3. 终止确认

若买方决定执行期权合约，则应将此时期权公允价值的变动额扣除期权费这一投资成本后的净额计入当期损益，同时还要记录买方先以协定价格买入标的物、然后再将标的物以市场价格出售的业务。若买方决定不执行，则应注销金融资产和金融负债。

【例 7-2】20××年 3 月 20 日，A 银行购入一项 10 个月期的美式看涨期权，双方约定 A 银行可以在任何时间以 15 元/股的价格买入 B 公司的股票 20 000 股，为此甲公司支付了 22 000 元的期权费。6 月 30 日，该股票的价格上涨至 20 元/股。7 月 10 日，该股票的价格为 22 元/股，A 银行决定履行合约，买入后随即又将这只股票卖掉。具体账务处理如下：

①3 月 20 日，A 银行应按照协定价格确认金融资产和金融负债，同时记录期权费。

借：衍生工具——股票期权投资　　300 000

　贷：股票期权投资应付款　　300 000

借：衍生工具——股票期权投资期权费　　22 000

　贷：存放中央银行款项　　22 000

②6 月 30 日，期权合约的公允价值变动计入当期损益，并据此调整期权的账面价值。

变动带来的利得 =（20-15）×20 000 = 100 000（元）

借：衍生工具——股票期权投资　　100 000

　贷：公允价值变动损益　　100 000

③7 月 10 日，A 银行决定履约。

期权公允价值的变动 =（22-20）×20 000 = 40 000（元）

扣除期权费后的净额 = 40 000-22 000 = 18 000（元）

借：衍生工具——股票期权投资　　40 000

　贷：公允价值变动损益　　18 000

　　衍生工具——股票期权投资期权费　　22 000

A 银行在买入 B 公司的股票后随即以市场价格 22 元出售，会计分录为：

借：股票期权投资应付款　　300 000

　　存放中央银行款项　　140 000

　贷：衍生工具——股票期权投资　　440 000

此外，甲公司还要结清“公允价值变动损益”科目，会计分录为：

借：公允价值变动损益　　118 000

　贷：投资收益　　118 000

在这次期权交易活动中，甲公司的投资收益就是 118 000 元。

（三）互换交易

以货币互换交易为例，假定互换的参与者为非银行金融公司，并采用外汇分账制核算外币业务。

【例 7-3】20×6 年 1 月 1 日，甲公司与乙公司签订互换合约，双方协议，由甲发行 3 年期、年利率为 9. 875% 的 8 000 000 英镑的债券，并将取得的资金贷给乙；而乙则发行 3 年期、年利率为 6% 的 20 000 000 美元的债券，并将取得的资金贷给甲。双方于每年年末付息一次，并且将外汇兑换比率锁定为£ 1= US ＄ 1. 85。

（1）甲公司具体的会计处理程序如下：

① 20×6 年 1 月 1 日，确认一笔负债。

借：银行存款——英镑　　£ 8 000 000

　贷：应付债券——英镑　　£ 8 000 000

甲与乙签订互换协议，将£ 8 000 000 贷给乙，同时收取 US ＄ 20 000 000，

借：货币兑换——英镑　　£ 8 000 000

　贷：银行存款——英镑　　£ 8 000 000

借：银行存款——美元　　US ＄ 14 800 000

　贷：货币兑换——美元　　US ＄ 14 800 000

同时还要将公司的债券进行调换，

借：应付债券——英镑　　£ 8 000 000

　贷：货币兑换——英镑　　£ 8 000 000

借：货币兑换——美元　　US ＄ 14 800 000

　贷：应付债券——美元　　US ＄ 14 800 000

此时，甲公司账面上保留的是 14 800 000 美元的银行存款和 14 800 000 美元的债券。

②20×6 年 12 月 31 日，双方互相支付利息。

甲公司应支付给乙公司美元利息 = US ＄ 14 800 000 ×6% = US ＄ 888 000

借：利息支出——美元利息　　US ＄ 888 000

　贷：银行存款——美元　　US ＄ 888 000

同时，还要收取乙公司支付的英镑债券利息，

9. 875% ×£ 8 000 000 =£ 790 000

借：银行存款——英镑　　£ 790 000

　贷：应付债券——英镑利息　　£ 790 000

待实际支付英镑债券利息时，编制分录如下：

借：应付债券——英镑利息　　£ 790 000

　贷：银行存款——英镑　　£ 790 000

③ 20×7 年 12 月 31 日、20×8 年 12 月 31 日，甲公司应重复编制②中的几笔

分录。

④ 20×8 年 12 月 31 日互换合同到期时，应再次调换债券本金。

借：银行存款——英镑　　　　　　　　　　£ 8 000 000

　贷：货币兑换——英镑　　　　　　　　　　　　£ 8 000 000

借：货币兑换——美元　　　　　　US $ 14 800 000

　贷：银行存款——美元　　　　　　　　　　　US $ 14 800 000

同时，还要将公司的债券进行调换，

借：货币兑换——英镑　　　　　　　　　　£ 8 000 000

　贷：应付债券——英镑　　　　　　　　　　　　£ 8 000 000

借：应付债券——美元　　　　　　US $ 14 800 000

　贷：货币兑换——美元　　　　　　　　　　　US $ 14 800 000

此时，甲公司账面上又调整为 8 000 000 英镑的银行存款和 8 000 000 英镑的债券。

然后，还要编制偿付英镑债券本金的分录：

借：应付债券——英镑　　　　　　　　　　£ 8 000 000

　贷：银行存款——英镑　　　　　　　　　　　　£ 8 000 000

（2）乙公司应编制的分录为：

① 20×6 年 1 月 1 日，乙公司确认一笔负债。

借：银行存款——美元　　　　　　US $ 14 800 000

　贷：应付债券——美元　　　　　　　　　　　US $ 14 800 000

甲与乙签订互换协议，将 14 800 000 美元贷给乙，同时收取 8 000 000 英镑，

借：货币兑换——美元　　　　　　US $ 14 800 000

　贷：银行存款——美元　　　　　　　　　　　US $ 14 800 000

借：银行存款——英镑　　　　　　　　　　£ 8 000 000

　贷：货币兑换——英镑　　　　　　　　　　　　£ 8 000 000

同时还要将公司的债券进行调换，

借：应付债券——美元　　　　　　US $ 14 800 000

　贷：货币兑换——美元　　　　　　　　　　　US $ 14 800 000

借：货币兑换——英镑　　　　　　　　　　£ 8 000 000

　贷：应付债券——英镑　　　　　　　　　　　　£ 8 000 000

此时，乙公司账面上保留的是 8 000 000 英镑的银行存款和 8 000 000 英镑的债券。

②20×6 年 12 月 31 日，双方互相支付利息。

乙公司应支付给甲公司英镑债券利息£ 790 000（8 000 000×9.875%），会计分录为：

借：利息支出——英镑利息　　£ 790 000

　贷：银行存款——英镑　　£ 790 000

同时，还要收取甲公司支付的美元利息 US $ 888 000（14 800 000×6%），会计分录为：

借：银行存款——美元　　US $ 888 000

　贷：应付债券——美元利息　　US $ 888 000

待实际支付美元债券利息时，会计分录为：

借：应付债券——美元利息　　US $ 888 000

　贷：银行存款——美元　　US $ 888 000

③ 20×7 年 12 月 31 日、20×8 年 12 月 31 日，乙公司应重复编制上述几笔分录。

④ 20×8 年 12 月 31 日互换合同到期时，做会计分录：

借：银行存款——美元　　US $ 14 800 000

　贷：货币兑换——美元　　US $ 14 800 000

借：货币兑换——英镑　　£ 8 000 000

　贷：银行存款——英镑　　£ 8 000 000

同时，还要将公司的债券进行调换，

借：货币兑换——美元　　US $14 800 000

　贷：应付债券——美元　　US $14 800 000

借：应付债券——英镑　　£ 8 000 000

　贷：货币兑换——英镑　　£ 8 000 000

此时，甲公司账面上又调整为 14 800 000 美元的银行存款和 14 800 000 美元的债券。

然后，还要编制偿付美元债券本金的分录：

借：应付债券——美元　　US $14 800 000

　贷：银行存款——美元　　US $14 800 000

（四）套期保值

1. 定义

套期保值简称为套期，是指企业为规避外汇风险、利率风险、商品价格风险、股票价格风险、信用风险等，指定一项或一项以上套期工具，使套期工具的公允价值或现金流量变动，以期抵消被套期项目全部或部分公允价值或现金流量变动。

套期工具，是指企业为进行套期而指定的、其公允价值或现金流量变动预期可抵消被套期项目的公允价值或现金流量变动的衍生工具、非衍生金融资产或非衍生金融负债。其中，非衍生金融资产或非衍生金融负债仅与外汇风险套期有关。无论是衍生工具还是某些非衍生金融资产或非衍生金融负债，作为套期工具的基本条件都是其公允价值应当能够可靠地计量。

被套期项目，是指使企业面临公允价值或现金流量变动风险，且被指定为被套期对象的下列项目：

（1）单项已确认资产、负债、确定承诺、很可能发生的预期交易，或境外经营净投资。

（2）一组具有类似风险特征的已确认资产、负债、确定承诺、很可能发生的预期交易，或境外经营净投资。

（3）分担同一被套期利率风险的金融资产或金融负债组合的一部分（仅适用于利率风险公允价值组合套期）。

其中，“确定承诺”是指在未来某特定日期或期间，以约定价格交换特定数量资源或具有法律约束力的协议。预期交易，是指尚未承诺但预期会发生的交易。在此需要注意的是，衍生工具不能作为被套期项目。

2. 套期保值的分类

套期保值按照套期关系可以分为三类：公允价值套期、现金流量套期和境外经营净投资套期。

（1）公允价值套期。是指对已确认资产或负债、尚未确认的确定承诺，或该资产或负债、尚未确认的确定承诺中可辨认的一部分的公允价值变动风险进行的套期。该类价值变动源于某类特定风险，且将影响企业的损益。

（2）现金流量套期。是指对现金流量变动风险进行的套期。该类现金流量变动源于与已确认资产或负债、很可能发生的预期交易有关的某类特定风险，且将影响企业的损益。例如，商业银行对3个月后预期很可能发生的与可供出售金融资产处置相关的现金流量变动风险进行套期。对确定承诺的外汇风险进行的套期，可以作为现金流量套期或公允价值套期。

（3）境外经营净投资套期。是指对境外经营净投资外汇风险进行的套期。境外经营净投资，是指企业在境外经营净资产中的权益份额。企业既无计划也无可能于可预见的未来会计期间结算的长期外币货币性应收项目（含贷款），应当视同境外经营净投资的组成部分。

3. 公允价值套期的核算

（1）指定被套期项目时，应按其账面价值，借记或贷记“被套期项目”，贷记或借记“持有至到期投资”等相关科目。已计提减值准备的，还应该同时结转减值准备。

（2）指定套期工具时，应按其账面价值，借记或贷记“套期工具”，贷记或借记“衍生工具”等科目。

（3）被套期项目因被套期风险形成的利得或损失应当计入当期损益，同时调整被套期项目的账面价值。被套期项目为按摊余成本进行后续计量的金融资产或可供出作金融资产的，也应当按此规定处理。借记或贷记“被套期项目”，贷记或借记“套期损益”科目。

（4）套期工具为衍生工具的，套期工具公允价值变动形成的利得或损失应当计入当期损益；套期工具为非衍生工具的，套期工具账面价值因汇率变动形成的利得或损失应当计入当期损益，借记或贷记“套期工具”，贷记或借记“套期损益”科目。

4. 现金流量套期的核算

（1）指定套期工具时，应按其账面价值，借记或贷记“套期工具”，贷记或借记“衍生工具”等科目。

（2）套期工具利得或损失中属于有效套期的部分，应当直接确认为所有者权益，并单列项目反映。借记或贷记“套期工具”，贷记或借记“资本公积——其他资本公积”科目。该有效套期部分的金额，按照下列两项的绝对额较低者确定：套期工具自套期开始的累计利得或损失；被套期项目自套期开始的预计未来现金流量现值的累计变动额。

（3）套期工具利得或损失中属于无效套期的部分（即扣除直接确认为所有者权益后的其他利得或损失），应当计入当期损益。借记或贷记“套期工具”，贷记或借记“套期损益”科目。

（4）被套期项目为预期交易，且该预期交易使企业随后确认一项金融资产或金融负债的，原直接确认为所有者权益的相关利得或损失，应当在该金融资产或金融负债影响企业损益的相同期间转出，计入当期损益。但当企业预期原直接在所有者权益中确认的净损失全部或部分在未来会计期间不能弥补时，应将不能弥补的部分转出，计入当期损益。

（5）被套期项目为预期交易，且该预期交易使企业随后确认一项非金融资产或非余融负债的，企业可以选择下列方法处理：第一，原直接确认为所有者权益的相关利得或损失，应在该非金融资产或非金融负债影响企业损益的相同期间转出，计入当期损益，但当企业预期原直接在所有者权益中确认的净损失全部或部分在未来会计期间不能弥补时，应将不能弥补的部分转出，计入当期损益；第二，将原直接在所有者权益中确认的相关利得或损失转出，计入该非金融资产或非金融负债的初始确认金额。

5. 境外经营净投资套期的核算

对境外经营净投资的套期，企业应按类似于现金流量套期会计的规定处理：

（1）套期工具形成的利得或损失中属于有效套期的部分，应直接确认为所有者权益，并单列项目反映。

处置境外经营时，上述在所有者权益中单列项目反映的套期工具利得或损失应予转出，计入当期损益。

（2）套期工具形成的利得或损失中属于无效套期的部分，应计入当期损益。

## 本章小结

1. 商业银行中间业务包括支付结算类业务、银行卡业务、代理类业务、担保类业务、承诺类业务、交易类业务、基金托管业务、咨询顾问类业务和其他类中间业务。

2. 商业银行中间业务一般不占用银行资金，通过收取手续费的方式获取收益，形成非利息收入。

3. 本章重点介绍了代理类业务、担保类业务和承诺类业务等传统中间业务的会计核算及衍生金融工具业务的核算。

## 关键概念

中间业务　表外业务　担保业务　承诺业务　衍生工具

## 思考与应用

1. 简述中间业务的含义和特点。
2. 商业银行中间业务的组成如何？哪些属于传统中间业务？
3. 简述代理类业务的组成和会计核算的特点。
4. 试述衍生金融工具的概念和分类。
5. 衍生金融工具核算的基本原理是什么？
6. 何为套期保值？套期保值有哪些类型？

# 第八章 证券公司会计

## 学习目标

1. 了解证券公司的主要业务
2. 掌握自营证券业务的种类和财务核算
3. 掌握代理买卖证券、代理兑付证券等证券经纪业务的会计核算
4. 掌握全额承购包销、余额承购包销和代销方式承购证券业务的会计核算

## 第一节 证券公司业务概述

### 一、证券市场和证券公司

（一）证券的定义和证券市场

证券是指各类记载并代表一定权利的法律凭证，用以证明持有人有权依其所持凭证记载的内容而取得应有的权益。有价证券是指标明票面金额，证明持有人有权按期取得一定收入并可自由转让和买卖的所有权或债权凭证。

证券市场是股票、债券、投资基金等有价证券发行和交易的场所。从广义上讲，证券市场是指一切以证券为对象的交易关系的总和，通过自由竞争的方式，根据供求关系决定有价证券价格的一种交易机制。证券市场就是为解决资本的供求矛盾而产生的，是经济发展到一定阶段的产物，它解决了投资需求和筹资需求的对接，从而有效地化解了资本的供求矛盾。

（二）证券公司及其主要业务

根据《中华人民共和国证券法》（简称《证券法》）规定，证券公司是指依照

《中华人民共和国公司法》（简称《公司法》）规定，经国务院证券监督管理机构审查批准设立的从事证券经营业务的有限责任公司或者股份有限公司。证券公司不仅是证券市场上最重要的中介机构，也是证券市场的主要参与者。它承担着代理证券发行、代理证券买卖、资产管理以及证券咨询等重要职能。表8-1列示了各国证券公司的主要业务及其基本内容。

表8-1　**证券公司的主要业务及其基本内容**

| | |
|---|---|
| 证券经纪业务 | 证券买卖，接受客户委托，代客户买卖证券并收取佣金 |
| 证券自营业务 | 证券公司为本公司买卖证券，赚取差价并承担相应风险 |
| 投资银行业务 | 承销：证券公司代理证券发行人发行证券的行为<br>兼并与收购：寻求并购机会，定价，融资<br>客户资产管理业务：接受客户委托，为客户进行证券投资和证券资产管理服务，以获取管理费或业务报酬的业务 |
| 证券投资咨询业务 | 证券公司为客户提供有关资产管理、负债管理、风险管理、流动性管理、投资组合设计、估价等多种咨询服务 |
| 创新业务 | 权证创设；资产证券化；上市前直接投资业务；股指期货交易、融资融券业务 |

根据我国《证券法》的规定，国家对证券公司实行分类管理，分为综合类证券公司和经纪类证券公司。证券公司应该根据经批准从事的业务范围，按照《企业会计准则》的有关规定，进行相关业务的会计核算。下面主要介绍综合类证券公司的业务：

1. 承销业务。证券承销是指证券公司代理证券发行人发行证券的行为，它是综合类证券公司的一项主要业务。

2. 经纪业务。证券经纪业务又称代理买卖证券业务，是指证券公司接受客户委托代客买卖有价证券的行为。证券经纪业务是证券公司最基本的一项业务。证券公司作为中介人，代为办理证券买卖，它只是根据委托人对证券品种、价格和交易数量的委托办理证券交易。这个委托办理的过程大致有办理股东账户、开户、委托和交割四个步骤。

3. 自营业务。证券自营业务是证券公司为本公司买卖证券、赚取差价并承担相应风险的行为。由于证券市场的高收益性和高风险性，证券公司的自营业务具有一定的投机性，业务风险较大。

4. 投资咨询业务。综合类证券公司还可以为客户提供有关资产管理、负债管理、风险管理、流动性管理、投资组合设计、估价等多种咨询服务。有时候咨询服务是包含在证券承销、经纪和基金管理业务中的。

5. 并购业务。证券公司作为公司的并购顾问，辅助客户物色目标公司，设计并购方案，代表客户接洽目标公司；证券公司也可以帮助目标公司设计防卫措施，抵御敌意收购。

6. 受托投资管理业务。证券公司根据有关法律、法规和投资委托人的投资意愿，作为受托投资管理人，与委托人签订受托投资管理合同，以委托人委托的资产在证券市场上从事股票、债券等金融工具的组合投资，从而实现委托资产收益的最大化。

7. 基金管理业务。证券公司可以作为基金的发起人发起和设立基金；可以作为基金管理者管理自己发行的基金；也可以作为基金的承销人，帮助其他基金发行人向投资者发售基金收益凭证；还可以接受基金发起人的委托作为基金的管理人，帮助管理基金，并据此获得一定的佣金收入。

以上七项都是证券公司从事的业务范围，但是尤以承销业务、经纪业务和自营业务为最主要的业务。这三类业务将在后面详细加以介绍。

## 第二节　自营证券业务的核算

### 一、自营证券业务概述

自营证券业务是证券公司为本公司买卖证券、赚取差价并承担相应风险的行为。自营证券业务包括买入证券和卖出证券。

公司自营买入的证券，应按取得时的公允价值计价。公允价值发生变动，应于会计期末按公允价值调整账面价值。公司自营卖出的证券，应在与证券交易所清算时，按成交价扣除相关税费后的净额确认收入。

### 二、主要会计科目及核算内容

自营证券业务核算设置的会计科目如表 8-2 所示。

### 三、自营证券买入的核算

证券公司买入证券后，应根据《企业会计准则第 22 号——金融工具确认和计量》的规定，对取得的证券根据持有意图进行分类。

证券公司的买入证券可以被划分为以公允价值计量且其变动计入当期损益的金融资产和可供出售金融资产。以公允价值计量且其变动计入当期损益的金融资产包括交易性金融资产和指定为以公允价值计量且其变动计入当期损益的金融资产。

表 8-2 **自营证券业务会计科目及其核算内容**

| | 名称 | 主要核算内容 |
|---|---|---|
| 资产类 | 结算备付金 | 核算公司为证券交易的资金清算与交收而存入指定清算代理机构的款项。本科目下设置“自有”和“客户”两个明细科目。“自有”明细科目核算公司为进行自营证券交易等业务的资金清算与交收，而存入指定清算代理机构的款项 |
| | 交易性金融资产 | 核算证券公司为交易目的持有的债券投资、股票投资、基金投资、权证投资等交易性金融资产的公允价值。证券公司持有的直接指定为以公允价值计量且其变动计入当期损益的金融资产，也在该科目核算 |
| | 可供出售金融资产 | 核算证券公司持有的可供出售金融资产的公允价值，包括可供出售的股票投资、债券投资等金融资产 |
| 损益类 | 投资收益 | 核算证券公司自营证券业务确认的投资收益或投资损失。债券投资期间取得的利息收入，可在“利息收入”科目核算 |
| | 资产减值损失 | 核算证券公司根据资产减值等准则计提各项资产减值准备所形成的损失 |

（一）买入时划分为交易性金融资产的核算

金融资产满足下列条件之一的，应当划分为交易性金融资产：

第一，取得该金融资产的目的，主要是为了近期内出售或回购。

第二，属于进行集中管理的可辨认金融工具组合的一部分，且有客观证据表明企业近期采用短期获利方式对该组合进行管理。

第三，属于衍生工具。但是，被指定且为有效套期工具的衍生工具、属于财务担保合同的衍生工具与在活跃市场中没有报价且其公允价值不能可靠计量的权益工具投资挂钩并须通过交付该权益工具结算的衍生工具除外。

1. 向清算代理机构存入资金

进行自营证券的买卖，需要通过清算代理机构进行结算。公司将自有资金存入清算代理机构时，按实际存入金额入账。会计分录为：

借：结算备付金——自有

　　贷：银行存款

从清算代理机构收回资金，做相反的会计分录。

2. 初始确认

证券公司取得交易性金融资产，在初始确认时，按照公允价值入账，发生的相关交易费用，直接计入当期损益。支付的价款中如果有已宣告但尚未发放的现金股利或已到付息期但尚未领取的利息时，作为应收股利或应收利息反映。按照实际支付的金额，减少结算备付金的余额。会计分录为：

借：交易性金融资产——成本

投资收益

应收股利（或应收利息）

贷：结算备付金——自有

3. 收到属于取得交易性金融资产支付价款中包含的已宣告发放的现金股利或债券利息时，会计分录为：

借：结算备付金——自有

贷：应收股利（或应收利息）

4. 交易性金融资产持有期间被投资单位宣告发放的现金股利或在资产负债表日按分期付息、一次还本债券投资的票面利率计算的利息，确认为投资收益。会计分录为：

借：应收股利（或应收利息）

贷：投资收益

5. 实际收到现金股利或应收利息时，会计分录为：

借：银行存款

贷：应收股利（或应收利息）

6. 资产负债表日，交易性金融资产公允价值变动形成的利得或损失，计入当期损益。

（1）交易性金融资产的公允价值高于其账面余额的，按其差额记：

借：交易性金融资产——公允价值变动

贷：公允价值变动损益

（2）低于其账面余额的，按其差额做相反的会计分录。

（二）买入时划分为可供出售金融资产的核算

1. 初始确认。

证券公司取得可供出售金融资产时，按可供出售金融资产的公允价值与交易费用之和作为初始入账金额，支付的价款中包含的已宣告但尚未发放的现金股利，应单独确认为应收项目。按照实际支付的金额，减少结算备付金的金额。会计分录为：

借：可供出售金融资产——成本

应收股利

贷：结算备付金——自有

对于可供出售金融资产为债券投资的，由于债券票面利率和实际利率的差异，导致债券的公允价值与面值不相等。因此，在会计处理上，一方面在“可供出售金融资产——成本”账户中反映债券的面值，另一方面应用“可供出售金融资产——利息调整”账户将面值调整为公允价值。对支付的价款中包含的已到付息期但尚未领取的债券利息，应确认为应收利息，按照实际支付的金额，减少结算备付金的金额。在初始确认时，会计分录为：

借：可供出售金融资产——成本

应收利息

借或贷：可供出售金融资产——利息调整

贷：结算备付金——自有

2. 证券公司收到属于取得可供出售金融资产支付价款中包含的已宣告发放的现金股利或债券利息时，会计分录为：

借：结算备付金——自有

贷：应收股利（或应收利息）

3. 证券公司取得的可供出售权益工具，在持有期间被投资单位宣告发放的现金股利时，证券公司按应享有的份额确认收益。会计分录为：

借：应收股利

贷：投资收益

4. 证券公司取得的可供出售债券投资，在持有期间计提的利息，应当确认为投资收益。证券公司应当按照摊余成本和实际利率计算确定投资收益。

（1）资产负债表日，可供出售债券为分期付息、一次还本债券投资的，按票面利率计算确定的应收未收利息，借记“应收利息”科目，按可供出售债券的摊余成本和实际利率计算确定的利息收入，贷记“投资收益”科目，按其差额，借记或贷记“可供出售金融资产——利息调整”科目。会计分录为：

借：应收利息

借或贷：可供出售金融资产——利息调整

贷：投资收益

（2）可供出售债券为一次还本付息债券投资的，应于资产负债表日按票面利率计算确定的应收未收利息，借记“可供出售金融资产——应计利息”科目，按可供出售债券的摊余成本和实际利率计算确定的利息收入，贷记“投资收益”科目，按其差额，借记或贷记“可供出售金融资产——利息调整”科目。会计分录为：

借：可供出售金融资产——应计利息

借或贷：可供出售金融资产——利息调整

贷：投资收益

（3）对已确定发生减值损失的可供出售债券投资，在资产负债表日，应按减值可供出售债券投资的摊余成本和实际利率计算确定的利息收入，借记“可供出售金融资产减值准备”科目，贷记“投资收益”科目。同时，将按合同本金和合同利率计算确定的应收利息金额进行表外登记。会计分录为：

借：可供出售金融资产减值准备

贷：投资收益

收：应收未收利息——××户

5. 实际收到现金股利或应收利息时，会计分录为：

借：银行存款

贷：应收股利（或应收利息）

6. 资产负债表日，可供出售金融资产应当以公允价值计量，且公允价值变动计入资本公积（其他资本公积）。

资产负债表日，可供出售金融资产的公允价值高于其账面余额的，按其差额，做会计分录：

借：可供出售金融资产——公允价值变动

贷：资本公积——其他资本公积

低于其账面余额的，按其差额做相反的会计分录。

## 四、自营证券卖出的核算

### （一）出售交易性金融资产的核算

处置交易性金融资产时，其公允价值与账面余额之间的差额应确认为投资收益；同时将原计入该交易性金融资产的公允价值变动转出，计入投资损益。会计分录为：

借：结算备付金——自有

借或贷：投资收益

贷：交易性金融资产

同时，

借或贷：公允价值变动损益

贷或借：投资收益

（二）出售可供出售金融资产的核算

处置可供出售金融资产时，将取得的价款与该金融资产账面价值之间的差额，计入投资损益；同时，将原直接计入所有者权益的公允价值变动累计额对应处置部分的金额转出，计入投资损益。会计分录为：

借：结算备付金——自有

借或贷：投资收益

　贷：可供出售金融资产

同时，

借或贷：资本公积——其他资本公积

　贷或借：投资收益

出售自营证券需要转出证券的账面余额，并且将记入“公允价值变动损益”和“资本公积（其他资本公积）”明细科目的金额转入投资收益。

【例 8-1】某证券公司的自营证券中，W 股票被作为交易性金融资产进行核算和管理，年初结存的数量 60 万股，成本账户余额 6 500 000 元，公允价值变动账户余额 20 000 元，本月 6 日购进 20 万股，支付实际价款 2 200 000 元，15 日购进 20 万股，支付价款 2 300 000 元，本月 28 日售出 70 万股，获取价款 8 300 000 元。

出售证券时，自营证券成本结转的会计分录为：

借：结算备付金——自有　　8 300 000

　贷：交易性金融资产——成本　　7 600 000（6 500 000+2 200 000×10÷20）

　　交易性金融资产——公允价值变动　　20 000

　　投资收益　　680 000

借：公允价值变动损益　　20 000

　贷：投资收益　　20 000

【例 8-2】如在上例中，本月 28 日售出证券 100 万股，获取价款 12 000 000 元，其他资料不变。则应记：

借：结算备付金——自有　　12 000 000

　贷：交易性金融资产——成本 11 000 000（6 500 000+2 200 000+2 300 000）

　　交易性金融资产——公允价值变动　　20 000

　　投资收益　　980 000

借：公允价值变动损益　　20 000

　贷：投资收益　　20 000

## 五、自营证券减值准备的核算

证券公司应当在资产负债表日对以公允价值计量且其变动计入当期损益的金融资产以外的金融资产的账面价值进行检查，有客观证据表明该金融资产发生减值的，应当确认减值损失。可供出售金融资产发生减值的，在确认减值损失时，应当将原直接计入所有者权益的公允价值下降形成的累计损失一并转出，计入减值损失。

确定可供出售金融资产发生减值的，按应减记的金额，借记“资产减值损失”科目，按应从所有者权益中转出原计入资本公积的累计损失金额，贷记“资本公积——其他资本公积”科目，按其差额，贷记“可供出售金融资产——公允价值变动”科目。

对于已确认减值损失的可供出售金融资产，在随后的会计期间内公允价值已上升且客观上与确认原减值损失事项有关的，原确认的减值损失应当予以转回，计入当期损益。但是，该转回后的账面价值不应当超过假定不计提减值准备情况下该金融资产在转回日的摊余成本。会计分录为：

借：可供出售金融资产——公允价值变动

　贷：资产减值损失

但可供出售金融资产为股票等权益工具投资的（不含在活跃市场上没有报价、公允价值不能可靠计量的权益工具投资），借记“可供出售金融资产（公允价值变动）”科目，贷记“资本公积——其他资本公积”科目。

# 第三节　证券经纪业务的核算

证券经纪业务又称代理买卖证券业务，是指证券公司接受客户委托，代客买卖有价证券的行为。证券经纪业务是证券公司最基本的一项业务。证券公司作为中介人，只是根据委托人对证券品种、价格和交易数量的委托办理证券交易。

证券经纪业务主要有代理买卖证券、代理兑付证券、代保管证券等。证券公司从事经纪业务收取手续费，是证券公司营业收入的主要部分。

## 一、主要会计科目及核算内容

证券经纪业务核算设置的会计科目如表 8-3 所示。

表 8-3　　**证券经纪业务会计科目及其核算内容**

| | 名称 | 主要核算内容 |
| --- | --- | --- |
| 资产类 | 结算备付金 | 核算内容见表 8-2。设置“客户”明细科目核算公司代理客户进行证券交易等业务的资金清算与交收，而为客户存入指定清算代理机构的款项 |
| | 代理兑付证券 | 核算公司接受委托代理兑付到期的证券 |
| | 证券清算款 | 因证券交易与清算代理机构办理资金清算的款项等，可以单独设置“证券清算款”科目 |
| 负债类 | 代理买卖证券款 | 核算代理客户买卖股票、债券和基金等有价证券而收到的款项。代理客户认购新股的款项、代理客户领取的现金股利和债券利息、代理客户向交易所支付的配股款等核算 |
| | 代理兑付证券款 | 核算公司受托代理兑付证券收到的兑付资金 |

## 二、证券经纪业务的核算

### （一）资金专户的核算

证券公司代理客户进行证券买卖，客户将款项交存证券公司，公司应设立资金专户，将代理买卖证券款与公司自有资金严格区分使用，不得随意挪用和占用客户资金。

1. 客户开设资金专户并交来款项时，会计分录为：

借：银行存款

　贷：代理买卖证券款

2. 客户日常存款的会计分录与上述交来存款的分录相同，取款的会计分录则相反。

3. 客户结息销户时，首先结清利息，会计分录为：

借：应付款项——应付客户资金利息

　贷：银行存款

提款销户时的会计分录为：

借：代理买卖证券款

　贷：银行存款

4. 按季计提客户存款利息的会计分录为：

借：利息支出

　贷：应付款项——应付客户资金利息

客户资金专户统一结息时，会计分录为：

借：应付款项——应付客户资金利息（已提利息部分）

　　利息支出（未提利息部分）

　贷：代理买卖证券款

5. 公司为客户在证券交易所开设清算资金专户时的会计分录为：

借：结算备付金——客户

　贷：银行存款

（二）代理买卖证券

代理买卖证券是证券公司代理客户进行证券买卖的业务。公司代理客户买卖证券收到的代理买卖证券款，必须全额存入指定的商业银行的资金专户，不能与本公司的存款混淆。公司在收到代理客户买卖证券款项的同时，还应当确认一项负债，与客户进行相关的结算。

1. 公司接受客户委托，通过证券交易所代理买卖证券，与客户清算时，如果买入证券成本总额大于卖出证券成交总额，会计分录为：

借：代理买卖证券款（买卖证券成交价的差额，加代扣代收的交易税费和应向客户收取的佣金等手续费）

　　手续费及佣金支出——代买卖证券手续费支出（公司应负担的交易费用）

　贷：结算备付金（买卖证券成交价的差额，加代扣代缴的印花税费和公司应负担的交易费）

　　　手续费及佣金收入——代买卖证券手续费收入（向客户收取的佣金等手续费）

2. 公司接受客户委托，通过证券交易所代理买卖证券，与客户清算时，如果卖出证券成本总额大于买入证券成交总额，会计分录是：

借：结算备付金（买卖证券成交价的差额，减代扣代缴的印花税费和公司应负担的交易费用）

　　手续费及佣金支出——代买卖证券手续费支出（公司应负担的交易费用）

　贷：代理买卖证券款（买卖证券成交价的差额，减代扣代缴的交易税费和应向客户收取的佣金等手续费）

　　　手续费及佣金收入——代买卖证券手续费收入（向客户收取的佣金等手续费）

（三）代理认购新股

1. 代客户认购新股，收到客户认购款时，会计分录为：

借：银行存款——客户

　贷：代理买卖证券款

2. 将款项划付清算代理机构，会计分录为：

借：结算备付金——客户

　贷：银行存款——客户

3. 客户办理申购手续，在公司与证券交易所清算时，会计分录为：

借：代理买卖证券款

　贷：结算备付金——客户

4. 证券交易所完成中签认定工作，将未中签的资金退给客户，会计分录为：

借：结算备付金——客户

　贷：代理买卖证券款

5. 公司将未中签的款项划回，会计分录为：

借：银行存款——客户

　贷：结算备付金——客户

6. 公司将未中签的款项退给客户，会计分录为：

借：代理买卖证券款

　贷：银行存款——客户

（四）代理配股派息

1. 当日配股和定期配股

（1）当日向证券交易所解缴配股款的，客户提出配股要求，证券公司的会计分录为：

借：代理买卖证券款

　贷：结算备付金——客户

（2）定期向证券交易所解交配股款的，客户提出配股要求，证券公司的会计分录为：

借：代理买卖证券款

　贷：其他应付款——应付客户配股款

与证券交易所清算配股款，按配股金额，公司做如下分录：

借：其他应付款——应付客户配股款

　贷：结算备付金——证券公司

2. 代理客户领取现金股利和利息，会计分录为：

借：结算备付金——客户

贷：代理买卖证券款

3. 公司按规定向客户统一结息，会计分录为：

借：利息支出

贷：代理买卖证券款

（五）代理兑付证券

1. 接受委托代国家或企业兑付到期的无记名债券

（1）收到委托单位的兑付资金，会计分录为：

借：银行存款

贷：代理兑付证券款

（2）收到客户交来的实物债券，会计分录为：

借：代理兑付证券

贷：银行存款

（3）向委托单位交回已兑付的实物债券，会计分录为：

借：代理兑付证券款

贷：代理兑付证券

（4）如果委托单位尚未拨付兑付资金，并由公司垫付的，收到兑付债券时，会计分录为：

借：代理兑付证券

贷：银行存款

（5）向委托单位交回已兑付的证券并收回垫付的资金，会计分录为：

借：银行存款

贷：代理兑付证券

（6）收到代兑付手续费收入，会计分录为：

借：银行存款

贷：手续费及佣金收入——代理兑付证券手续费收入

2. 接受委托代国家或企业兑付到期的记名债券

（1）收到委托单位的兑付资金，会计分录为：

借：银行存款

贷：代理兑付证券款

（2）兑付债券本息，会计分录为：

借：代理兑付证券款

贷：银行存款

3. 公司收取的代兑付手续费收入

（1）如果向委托单位单独收取，核算应收或已收的手续费，会计分录为：

借：应收款项

　　银行存款

　贷：手续费及佣金收入——代兑付债券手续费收入

（2）如果手续费与兑付款一并汇入，会计分录为：

借：结算备付金

　贷：代理兑付证券款

　　　其他应付款——预收代理兑付证券手续费

（3）兑付债券业务完成后，确认手续费收入，会计分录为：

借：其他应付款——预收代理兑付证券手续费

　贷：手续费及佣金收入——代理兑付证券手续费收入

## 第四节　证券承销业务的核算

证券承销业务是指证券公司在一级市场接受发行单位的委托，代为办理发售各类证券的业务。如代国家发售国库券、国家重点建设债券，代企业发行集资债券和股票、基金等。

### 一、主要会计科目及核算内容

证券承销业务核算设置的会计科目如表 8-4 所示。

表 8-4　　**证券承销业务会计科目及其核算内容**

<table>
<tr><th></th><th>名称</th><th>主要核算内容</th></tr>
<tr><td rowspan="2">资产类</td><td>交易性<br>金融资产</td><td rowspan="2">证券公司接受委托采用全额承购包销方式承销的证券，以及采用余额承购包销方式承销的证券、承购的证券，应在收到证券时，将其进行分类。如划分为以公允价值计量且其变动计入当期损益的金融资产，应在“交易性金融资产”科目核算；如划分为可供出售金融资产，应在“可供出售金融资产”科目核算。科目核算内容见表 8-2</td></tr>
<tr><td>可供出售<br>金融资产</td></tr>
<tr><td>负债类</td><td>代理承销<br>证券款</td><td>核算证券公司接受委托，采用余额承购包销方式或代销方式承销证券所形成的、应付证券发行人的承销资金</td></tr>
</table>

### 二、证券承销的业务类型和核算

证券公司的证券承销业务主要有全额承购包销、余额承购包销和代销三种。

（一）全额承购包销

全额承购包销，是指证券公司与证券发行单位签订合同或协议，由证券公司按合同或协议确定的价格将证券从发行单位购进，并随即向发行单位支付全部款项，然后按一定价格在证券一级市场发售的一种代理发行方式。证券公司主要是从中赚取证券发售价格与证券承购价格的差价。

证券公司在按承购价格购入待发售的证券时，确认为一项金融资产；将证券转售给投资者时，按发行价格进行价款结算，按已发行证券的承购价格结转代发行证券的成本并确认投资收益。发行期结束后，如有未售出的证券，应按自营证券进行核算与管理。

1. 认购证券。证券公司根据协议认购全部证券，按承购价向委托发行单位支付全部证券款项时：

借：交易性金融资产（可供出售金融资产）

　贷：银行存款

2. 发售证券。证券公司将证券向市场发售或转售给投资者，按发行价办理核算。同时按照承购价结转售出证券的账面价值，差额确认为投资收益。会计分录为：

借：银行存款

　贷：交易性金融资产（可供出售金融资产）

　　投资收益

3. 未售证券转自营。发行期结束，未售出的证券按自营证券进行管理，按照自营证券有关规定进行会计核算。

（二）余额承购包销

余额承购包销是指发行人委托承销机构在约定期限内发行证券，到销售截止日期，未售出的余额由承销商按协议价格认购。

证券公司收到代发行单位发售的证券时，在备查簿中进行登记。证券承销期内，按承销价格销售证券。承销期结束后，与发行单位结算承销证券款项和手续费，如果有未发售完的证券，按规定由企业认购。

代发行证券收取的手续费，应于发行期结束后，与发行单位结算发行价款时确认为手续费及佣金收入。

1. 承销无记名证券

（1）收到委托发行的证券。证券公司收到委托单位委托发行的证券时，应作为重要凭证保管，并在备查簿中进行登记。

（2）承销期内发售证券。在约定的期限内售出证券时，按承销价格记账：

借：银行存款（或库存现金）

　　贷：代理承销证券款

（3）承销期结束，认购未售证券。承销期结束，对未售出的证券，应按承销价格认购。会计分录为：

借：交易性金融资产（可供出售金融资产）

　　贷：代理承销证券款

（4）承销期结束划转销售款项。承销期结束，将募集资金付给委托单位并收取手续费。按承销价格，借记“代理承销证券款”科目，按实际支付给委托单位的金额，贷记“银行存款”科目，按应收取的手续费，贷记“手续费及佣金收入”科目；同时，冲销备查簿中登记的承销证券。会计分录为：

借：代理承销证券款

　　贷：银行存款

　　　　手续费及佣金收入——代承销证券手续费收入

2. 承销记名证券的核算

（1）上网发行证券。证券公司通过证券交易所上网发行的，在证券上网发行日，根据承销合同确认的证券发行总额，按承销价格，在备查簿中记录承销证券的情况。

（2）交割清算。与证券交易所交割清算，按实际收到的金额，借记“结算备付金”等科目，贷记“代理承销证券款”科目。

（3）承销期结束划转销售款项。承销期结束，将承销证券款项交付委托单位并收取承销手续费，按承销价款，借记“代理承销证券款”科目，按应收取的承销手续费，贷记“手续费及佣金收入”科目，按实际支付给委托单位的金额，贷记“银行存款”等科目。

（4）承销期结束，认购未售证券。承销期结束，对未售出的证券由公司认购，按承销价款，借记“交易性金融资产”、“可供出售金融资产”等科目，贷记“代理承销证券款”科目。

（三）代销

代销方式承销证券是指证券公司接受发行单位委托，按照规定的条件，在约定的期限内，代为向投资者销售证券，发行期结束，证券未按原定发行额售出，未售部分退回发行单位，代销证券的证券公司向委托人收取手续费，不承担任何发行风险。

证券公司收到代发行单位发售的证券时，在备查簿中进行登记。证券承销期内，按承销价格销售证券。承销期结束后，与发行单位结算承销证券款项和手续费，如果有未发售完的证券，应退还给发行单位。

代发行证券收取的手续费，于发行期结束后，与发行单位结算发行价款时确认为手续费及佣金收入。

证券公司收到代销证券、承销期内发售证券、承销期结束划转销售款项及收取手续费的账务处理与采用余额包销方式承销证券相同，只是在承销期结束后，如有未售出的证券，应退还给委托单位，并冲销备查簿中登记的承销证券。

## 第五节　其他证券业务的核算

其他证券业务是指证券公司经批准在国家许可的范围内进行的除经纪、自营和承销业务以外的其他与证券有关的业务。如买入返售证券业务、卖出回购证券业务、受托资产管理业务等。

### 一、主要会计科目及核算内容

其他业务核算设置的会计科目如表 8-5 所示。

表 8-5　　其他证券业务会计科目及其核算内容

| | 名称 | 主要核算内容 |
|---|---|---|
| 资产类 | 买入返售金融资产 | 核算证券公司按返售协议约定先买入再按固定价格返售给卖方的证券等金融资产所融出的资金 |
| | 代理业务资产 | 核算证券公司不承担风险的代理业务形成的资产，如受托理财业务进行的证券投资和受托贷款等。证券公司的代理买卖证券、代理承销证券、代理兑付证券不在该科目核算 |
| 负债类 | 卖出回购金融资产款 | 核算证券公司按回购协议先卖出再按固定价格买入的证券等金融资产所融入的资金 |
| | 代理业务负债 | 核算证券公司不承担风险的代理业务收到的款项，如受托投资资金、受托贷款资金等。证券公司的代理买卖证券款、代理承销证券款、代理兑付证券款不在该科目核算 |

### 二、买入返售证券的核算

买入返售证券业务，是指证券公司与其他企业以合同或协议的方式，按一定价格买入证券，到期日再按合同规定的价格将该批证券返售给对方，以获取买入价与卖出价的差价收入。

公司应于买入某种证券时，按实际发生的成本确认为一项资产；证券到期返售时，按返售价格与账面价值的差额，确认为当期收入。

（一）购入返售证券

证券公司根据返售协议购入返售证券时，按实际支付的款项和交易费用之和确定买入返售证券的初始确认金额。会计分录为：

借：买入返售金融资产

　贷：银行存款（结算备付金）

（二）期末计息或分红

资产负债表日，计提买入返售证券利息收入时，按计算确定的买入返售证券的利息收入记账。会计分录为：

借：应收利息

　贷：利息收入

收到支付的买入返售证券的利息时，会计分录为：

借：银行存款（结算备付金）

　贷：应收利息

返售证券宣布发放现金股利，按照返售证券的持有量计算返售证券应收的现金股利记账。会计分录为：

借：应收股利

　贷：投资收益

收到支付的买入返售证券的现金股利时，会计分录为：

借：银行存款（结算备付金）

　贷：应收股利

（三）返售证券

按照协议，返售到期日按合同规定的价格将该批证券返售给对方。会计分录为：

借：银行存款（结算备付金）（实际收到的金额）

　贷：买入返售金融资产（账面余额）

　　　利息收入（投资收益）（借贷方差额）

## 三、卖出回购证券的核算

卖出回购证券业务，是指证券公司与其他企业以合同或协议的方式，按一定价格卖出证券，到期日再按合同规定的价格买回该批证券，以获得一定时期内资金的使用权。

公司应于卖出证券时，按实际收到的款项确认为一项负债；证券到期回购时，按实际支付的款项与卖出证券时实际收到的款项的差额，确认为当期费用。

（一）出售回购证券

证券公司根据回购协议出售回购证券时，应按实际收到的金额入账。会计分录为：

借：银行存款（结算备付金）

　贷：卖出回购金融资产款

（二）期末计息

资产负债表日，计提卖出回购证券利息费用时，应按计算确定的卖出回购证券的利息费用记账。会计分录为：

借：利息支出

　贷：应付利息

（三）回购证券

按照协议，回购到期日按合同规定的价格将该批证券从对方购回。会计分录为：

借：卖出回购金融资产款（账面余额）

　　应付利息（账面余额）

　　利息支出（借贷方差额）

　贷：银行存款（结算备付金）（实际支付的金额）

## 四、受托资产管理的核算

受托资产管理业务，是指证券公司接受委托负责经营管理受托资产的业务。

公司受托经营管理资产，应按实际受托资产的款项，同时确认为一项资产和一项负债；合同到期，与委托单位结算收益或损失时，按合同规定比例计算的应由证券公司享有的收益或承担的损失，确认为当期的收益或损失。

（一）公司收到代理业务款项

公司收到代理业务款项时，按实际收到的款项记账，会计分录为：

借：银行存款（结算备付金等）

　贷：代理业务负债

（二）公司用代理业务资金购买证券等

公司用代理业务资金购买证券等时，按实际支付的款项记账，会计分录为：

借：代理业务资产——成本

　贷：结算备付金——客户

（三）将购买的证券卖出

公司将购买的证券卖出时，会计分录为：

借：结算备付金——客户（实际收到的金额）

借或贷：代理业务资产——已实现未结算损益（差额）

　贷：代理业务资产——成本（卖出证券应结转的成本）

（四）定期或在委托合同到期与委托客户进行结算

定期或在委托合同到期与委托客户进行结算时，按合同约定比例计算其代理业务资产收益中属于委托客户的收益和属于证券公司的收益，并结转已实现未结算的损益。会计分录为：

借：代理业务资产——已实现未结算损益

　贷：代理业务负债（委托客户的收益）

　　　手续费及佣金收入（本公司的收益）

代理业务资产发生亏损时，按合同约定比例计算其代理业务资产损失中属于委托客户的损失和属于证券公司的损失，并结转已实现未结算的损益。

借：代理业务负债

　　手续费及佣金支出

　贷：代理业务资产——已实现未结算损益

（五）按规定划转、核销或退还代理业务资金

按规定划转、核销或退还代理业务资金时，应按实际结算金额记账，会计分录为：

借：代理业务负债

　贷：银行存款（或其他科目）

## 本章小结

1. 证券公司是指依照《公司法》规定，经国务院证券监督管理机构审查批准设立的从事证券经营业务的有限责任公司或者股份有限公司。

2. 综合类证券公司的证券业务分为证券经纪业务、证券自营业务、证券承销业务和经国务院证券监督管理机构核定的其他证券业务。本章主要介绍了这三类业务的核算。

3. 在证券承销、证券经纪和其他证券业务中，有些与商业银行中间业务核算类似，学习中应注意二者的区别。

## 关键概念

证券公司　证券自营　证券承销　买入返售证券　卖出回购证券

## 思考与应用

（一）复习思考

1. 综合类证券公司的主要业务有哪些？

2. 什么是证券经纪业务？主要有哪几种业务类型？

3. 在证券承销业务中，全额承购包销、余额承购包销和代销各有什么特点？如何核算？

4. 简述买入返售证券和卖出回购证券的基本原理和核算特点。

（二）操作练习

1. M 证券公司接受 A 客户委托，通过证交所代理买卖证券。业务开始时收到 A 客户转来的代理买卖证券资金 100 万元，M 公司于 5 月 13 日将资金全部存入证交所。5 月 15 日，代理 A 客户买卖证券业务的买入成交总额大于卖出成交总额 25 万元，代扣代缴的交易费计 5 000 元，应向客户收取的手续费共计 2 000 元，M 公司付给交易所交易费 3 000 元。请据此编制 5 月 13 日和 5 月 15 日的会计分录。

2. M 证券公司 5 月 5 日从二级市场购入 W 公司股票 100 万股，每股市价 6 元，共支付手续费 30 000 元。作为自营证券，初始确认为可供出售金融资产。5 月 30 日，M 公司仍持有该股票，当日市价为每股 10 元。6 月 20 日，M 公司出售该股票，售价为每股 11 元，另支付交易费用 2 万元。请据此编制 5 月 5 日购入股票、5 月 31 日市价变动，及 6 月 20 日出售股票时的会计分录。

3. M 证券公司与 N 上市公司签订合同，以代销方式承销 N 公司上市股票 4 000 万股，发行价格为每股 6 元，另按售出股票金额的 4‰收取手续费。发行期结束时，尚有 160 万股未售出，按协议退还 N 公司。请编制下列会计分录：

（1）收到 N 公司转来的待发行股票，按约定价格入账。

（2）在约定时期内销售给投资者。

（3）发行期结束，将未售出的股票退还 N 公司，并与 N 公司结算款项，将手续费收入入账。

4. M 证券公司与 K 公司签订合同，在上交所按每百元面值 110 元卖出面值为 1 000 万元的债券，约定 3 个月后由 K 公司按每百元面值 115 元购回该债券。请编制卖出债券和回购证券的会计分录。

# 第九章 信托投资公司会计

## 学习目标

1. 了解信托的概念、信托业务的种类以及信托业务的特点
2. 掌握信托存款与委托存款、信托贷款与委托贷款的会计核算
3. 掌握信托投资与委托投资的会计核算

## 第一节 信托及信托业务的种类

### 一、信托的概念

信托是指委托人基于对受托人的信任，将其财产委托给受托人，由受托人按委托人的意愿，以自己的名义，为受益人的利益或者特定目的进行管理或者处分的行为。信托是以资产为核心，以信任为基础，以委托为方式的财产管理制度。

信托是多边信用关系，必须具备委托人、受托人、受益人三方当事人。委托人是信托财产的所有者，他提出信托要求，是信托行为的起点；受托人是有经营能力的信托机构，它通过自身经营的信托业务，满足委托人的要求，使受益人获利，它是信托行为的桥梁；受益人是信托关系中得到实际利益的一方，他可以是委托人自身，也可以是委托人指定的第三者或不确定的多数人，也可同时为委托人和第三者，他是信托行为的终点。

信托有广义和狭义之分。广义信托包括商品信托和金融信托，狭义信托就是指金融信托。金融信托是一种具有融资和融物以及融资与财产管理相结合的金融性质的信托业务，是金融业的一个重要组成部分，标的物主要是委托人的资金或财产

等。本章主要介绍金融信托。

## 二、信托业务的种类

按不同的标准，信托业务可分为不同的种类。

1. 私益信托和公益信托

按信托受益对象不同，信托业务可以分为私益信托和公益信托。

私益信托，是委托人为了自己和其他特定人的利益而设立的信托。私益信托的目的是为了实现私人利益，是为了实现委托人或其他某个或某些特定的人的利益。

公益信托，在英美法系中也被称为慈善信托，是指委托人为了社会公共利益而设立的信托。公益信托的目的是使整个社会或其中的部分公众获益。

2. 个人信托和法人信托

按信托服务对象不同，信托业务可以分为个人信托和法人信托。

个人信托，即以个人身份委托受托人办理信托业务。个人信托又分为生前信托和身后信托。生前信托是个人在世时就以委托人身份与受托人建立了信托关系，其信托契约限于委托人在世时有效；身后信托则根据个人遗嘱办理身后的有关信托事项，如执行遗嘱、管理财产、为保寿险者在身后代领赔款等，仅限于委托人去世后生效。

法人信托，又称公司信托，即委托人不是某个人，而是单位或公司等具备资格的法人委托受托人办理信托业务。

3. 资金信托、实物信托、债权信托和经济事务信托

按信托财产种类不同，信托业务可以分为资金信托、实物信托、债权信托和经济事务信托。

资金信托，又称金钱信托，是一种以货币资金为标的物的信托业务，如单位资金信托、公益资金信托、劳保基金信托、个人特约信托等。

实物信托，是一种以动产或不动产为标的物的信托业务。动产指原材料、设备、物资、交通工具；不动产指厂房、仓库和土地等。

债权信托，是一种以债权凭证为标的物的信托业务，如代为清理和代为收付款项、代收人寿保险公司赔款等。

经济事务信托，是一种以委托代办各种经济事务为内容、以委托凭证为标的物的信托业务，如委托设计、专利转让、委托审查、委托代理会计事务等。

4. 国内信托和国际信托

按信托是否跨国划分，信托业务可以分为国内信托和国际信托。

国内信托，即信托关系人及信托行为在国内进行，其业务主要有信托、委托、代理、租赁、咨询等。

国际信托，即信托关系人及信托行为跨国进行，其业务主要有国际信托投资、国际租赁、代理发行外币有价证券、对外担保见证及国际咨询业务等。

### 三、信托资产的核算方式

信托投资公司因接受信托而取得的财产，以及因信托资产的管理、处分或者其他情形而取得的财产叫信托资产。

信托资产不属于信托投资公司的自有财产，也不属于信托投资公司对收益人的负债。信托投资公司终止时，信托资产不属于其清算资产。

信托投资公司的自有资产与信托资产应分开管理，分别核算。信托投资公司管理不同类型的信托业务，应分别按项目设置信托业务明细账进行核算管理。

信托投资公司对不同信托资产要按来源和运用设置相应会计科目进行核算反映。来源类科目应按其类别、委托人等设置明细账，具体分为短期信托资产来源、长期信托资产来源。短期信托资产来源指不超过一年的信托资产来源，包括短期信托存款、代扣代缴税金、待分配信托收益、应付受托人收益及应付其他收益人款项等；长期信托资产来源指一年以上的信托资产来源，包括长期信托存款、委托存款、财产信托、公益信托、投资基金信托、有价证券信托等。

运用类科目应按其类别、使用人和委托人等设置明细账，具体分为短期信托资产运用、长期信托资产运用。短期信托资产运用是指不超过一年的信托资产运用，包括信托货币资金、拆出信托资金、短期信托贷款、短期信托投资、信托财产等；长期信托资产运用是指一年以上的资金运用，包括长期信托贷款、委托贷款、长期信托投资、信托租赁财产等。

## 第二节　信托存款与委托存款业务的核算

### 一、信托存款与委托存款

信托存款的资金来源基本限于非直接经营单位可自行支配的专项资金。按我国《金融信托投资机构资金管理暂行办法》的规定，信托机构可吸收以下五种一年期以上的信托存款：财政部门委托投资或贷款的信托资金、企事业主管部门委托投资或贷款的信托资金、劳动保险机构的劳保基金、科研单位的科研基金及各种学会、基金会的基金。信托存款每笔资金都要单独管理、独立核算。信托机构对信托存款的运用效益决定信托存款的收益，并且其收益由信托机构按合同规定支付给委托人本人或委托人指定的第三人。

信托存款的委托人对信托资金不指定运用范围，由信托机构负责管理运用并负责保本付息；委托人保本之外，收取固定收益；信托机构的收益则来自于支付委托利息外的资金营运的多余收入，而不是收取的手续费。

委托存款是指委托人将定额资金委托给信托机构，由其在约定期限内按规定用途进行营运，营运收益扣除一定信托报酬后全部归委托人所有的信托业务。

## 二、信托存款的核算

客户提出申请，填写“存款委托书”后，信托机构应审查其资金来源，审查合乎规定后，与客户签订“信托存款协议书”，写明信托存款金额、期限、信托受益支付方法、指定受益人、手续费率等。信托机构为委托人开立账户，委托人将信托存款划转到信托机构开立的银行账户，信托机构相应签发存款凭证给委托人。

（一）主要会计科目及核算内容

信托机构为全面反映和监督对信托存款的吸收、归还、付息及结余情况，应设置“代理业务负债——信托存款”、“应付利息”和“利息支出——信托存款利息支出”等科目，各科目核算内容见表9-1。

表9-1 **信托存款业务会计科目及其核算内容**

| | 名称 | 主要核算内容 |
|---|---|---|
| 负债类 | 代理业务负债 | 核算金融企业不承担风险的代理业务收到的款项，包括受托投资资金和受托贷款资金等。本科目应按存款类别和客户设置明细科目 |
| | 应付利息 | 核算金融企业按权责发生制计提的应付未付利息。贷方反映应计提的存款利息，借方反映实际支付的存款利息，期末贷方余额反映应付未付利息。本科目应按存款客户设置明细科目 |
| 损益类 | 利息支出 | 核算金融企业存款利息支出。借方反映预提的应付利息或实际支付的各项利息，会计期末应将本科目借方发生额从贷方转入“本年利润”科目借方，期末无余额 |

（二）账务处理

1. 信托存款开户

信托公司接受客户委托，为客户开立信托存款账户时，会计分录为：

借：银行存款（或存放中央银行款项，或吸收存款）

贷：代理业务负债——××单位信托存款户

2. 信托存款计息

信托存款是定期存款，原则上在期满后利随本清，但在存款期内根据权责发生制原则定期计算应付利息。会计分录为：

借：利息支出——××信托存款利息支出户

贷：应付利息——××单位户

3. 信托存款到期支取

存款单位在信托存款期满后，凭信托存款单向信托机构提取存款，并结清利息。如果存款单位因各种客观原因，与信托机构协商后，可提前支取，但利率按银行同期活期存款利率计算。支取时，会计分录为：

借：代理业务负债——××单位信托存款户

应付利息——××单位户

利息支出——××信托存款利息支出户

贷：银行存款

## 三、委托存款的核算

客户与信托机构商定办理委托业务后，双方应签订“委托存款协议书”，标明存款的资金来源、金额、期限及双方的责任等。信托机构根据协议书为客户开立委托存款账户，由客户将委托存款资金存入信托机构开立的银行账户里，信托机构则向客户开出“委托存款单”。

（一）委托存款业务会计科目的设置

信托机构为全面反映和监督委托存款业务情况，应设置“代理业务负债——委托存款”、“应付利息”、“利息支出——委托存款利息支出”等科目（核算的内容参阅表9-1）。

（二）委托存款业务的账务处理

1. 委托存款开户

借：银行存款

贷：代理业务负债——××单位户委托存款户

2. 委托存款计息

信托机构按银行同期活期存款利率，按季给委托存款计息，计息的基数是委托存款与委托贷款余额的轧差数。会计分录为：

借：利息支出——××委托存款利息支出户

贷：应付利息——××单位委托存款户

3. 委托存款支取

委托人可随时支取委托存款，但只能限制在委托存款余额与委托贷款余额的轧差数之内。信托机构收到委托人支取委托存款的通知后，将款项划入委托人的银行账户。会计分录为：

借：代理业务负债——××单位委托存款户

贷：银行存款

# 第三节　信托贷款与委托贷款业务的核算

## 一、信托贷款与委托贷款

信托贷款，是指信托机构运用自有资金、信托存款或筹集的其他资金，对自行审定的企业和项目自主发放贷款的业务。贷款的对象、用途、期限和利率等都由信托机构根据国家政策自行确定，贷款的风险责任也由信托投资公司承担。它的性质和用途与银行贷款相似，但更灵活、方便、及时。信托贷款的用途主要是解决企业单位某些正当、合理而银行限于制度规定又无法支持的资金需求。

委托贷款，是指信托机构接受委托人委托，在委托人存入的委托存款额度内，按委托人指定的对象、用途、期限、利率及金额发放贷款，监督使用并到期收回本息的业务。由于信托资金的运用对象、运用范围等均由委托人事先指定，信托机构对委托贷款能否达到预期收益以及到期能否收回不负任何经济责任。

## 二、信托贷款的核算

借款单位向信托机构提出申请后，由信托机构进行审查。审查决定贷款后，由借款单位出具借据，并按要求出具贷款担保，然后与信托机构签订“信托借款合同”，合同写明贷款的金额、期限、利率等。贷款到期，信托机构收回本息。如借款单位确有困难不能还款，应在到期前提出申请，有担保的还需原担保单位承诺担保，然后经信托机构审查同意办理一次续展，续展期最长不超过半年。

### （一）主要会计科目及核算内容

信托贷款业务涉及的主要会计科目见表9-2。

表 9-2　　**信托贷款业务会计科目及其核算内容**

| | 名称 | 主要核算内容 |
|---|---|---|
| 资产类 | 贷款——信托贷款 | 核算金融企业信托项目管理运用、处分信托财产而持有的各项贷款。借方登记信托机构发放的信托贷款本金，贷方登记收回的信托贷款本金，期末借方余额表示发放的信托贷款的余额，具体分为期限不超过1年的短期信托贷款和1年期以上的长期信托贷款。本科目应按贷款客户进行明细核算 |
| 资产类 | 应收利息 | 核算金融企业信托项目应收取的利息，包括债权投资、拆出资金、贷款、买入返售证券、买入返售信贷资产计提的利息等。借方登记信托机构应向借款单位收取的利息，贷方登记实际收回或预收的利息，期末借方余额表示应收未收利息。本科目应按往来客户设置明细账 |
| 损益类 | 利息收入 | 核算金融企业贷款利息收入。贷方登记发生的各项贷款利息收入，期末贷方余额结转“本年利润”贷方，结转之后无余额 |

（二）账务处理

1. 贷款发放。开户时的会计分录为：

借：贷款——短期（或中长期）贷款——××单位信托贷款户

　贷：银行存款或吸收存款

2. 贷款计息。信托机构按季根据每个借款单位的借款积数分别计算利息。会计分录为：

借：应收利息

　贷：利息收入——××贷款利息收入户

3. 贷款收回。信托贷款到期后，信托机构要及时收回信托贷款本金。会计分录为：

借：银行存款

　贷：贷款——短期（或中长期）贷款——××单位信托贷款户

　　　应收利息——××贷款利息收入户

## 三、委托贷款的核算

由委托人向信托机构提出办理委托贷款的申请，信托机构审查同意后与委托人签订委托贷款合同。委托人按合同向信托机构交存委托基金，信托机构为其开立委托存款户，专项存储。信托机构按委托人指定的对象或项目、金额、期限及利率等发放贷款，并督促借款单位按期归还贷款。委托期满，信托机构将已收回的委托贷款和尚未发放的委托存款退回委托人，并收取规定的手续费。手续费按委托金额和期限征收，手续费率每月最高不超过3‰，付款方式、时间由双方商定。需要注意的是，如有到期未收回的委托贷款，信托机构应保留相应委托存款资金，待委托贷款全部收回后再予以全部归还。

（一）主要会计科目及核算内容

委托贷款业务涉及的会计科目见表9-3。

表9-3　委托贷款业务会计科目及其核算内容

| | 名称 | 主要核算内容 |
|---|---|---|
| 负债类 | 代理业务资产——委托贷款 | 核算金融企业接受客户委托代理发放的贷款。借方反映委托贷款的发放，贷方反映委托贷款的收回，期末借方余额反映委托贷款实有额。本科目应按委托客户设置明细账 |
| | 应付账款 | 核算金融企业委托贷款应付委托方的贷款利息。贷方反映受贷方交来的应付给委托方的贷款利息（不含受托方按合同规定收取的手续费），借方反映交付给委托人的委托贷款利息，期末贷方余额反映已收回但尚未交给委托方的委托贷款利息，是公司的一项短期债务。本科目应按委托单位设置明细账 |
| 损益类 | 手续费及佣金收入 | 核算金融企业取得的手续费，贷方反映各项手续费收入，期末将贷方余额结转"本年利润"科目贷方，结转之后应无余额 |

（二）账务处理

1. 发放贷款。委托贷款的发放，事先要由委托人通过书面形式通知信托机构，内容包括贷款单位名称、贷款用途、贷款金额、贷款时间、贷款利率等。借款单位按规定要向信托机构报送有关资料，并填写借据，签订借款合同。然后，信托机构将贷款款项划到借款单位的银行账户里。

借：代理业务资产——××单位委托贷款户

　　贷：银行存款

2. 收取手续费。信托机构向委托人收取手续费，作为委托贷款业务的劳务收入。手续费计算基数以委托贷款额为准，按双方商定的比率收取。会计分录为：

借：银行存款

　　贷：手续费及佣金收入——委托贷款手续费收入

如果按存贷利差收取手续费，则是在按季计算贷款利息时一并收取。会计分录为：

借：银行存款

　贷：应付账款——委托人户

　　手续费及佣金收入——委托贷款手续费收入

3. 结息。信托机构负责按季收取利息，在委托贷款到期时付给委托单位。收息时的会计分录为：

借：银行存款

　贷：应付账款——委托人户

到期付给委托单位：

借：应付账款——委托人户

　贷：银行存款

4. 到期收回。委托贷款到期时，由信托机构负责收回。会计分录为：

借：银行存款

　贷：代理业务资产——××单位委托贷款户

5. 终止委托。如果协议规定贷款收回后终止委托，则将款项划转到委托方的存款账户。会计分录为：

借：代理业务负债——××委托单位户

　贷：银行存款

# 第四节　信托投资与委托投资业务的核算

## 一、信托投资与委托投资

信托投资，是指信托机构以投资者身份，直接参与企业的投资及其经营成果的分配，并承担相应的经济责任的业务。其资金主要来源于信托机构的自有资金及各种信托存款，而非委托投资用于明确的投资对象的专项资金。

信托投资是信托机构以自有资金或未指定使用对象和范围的信托存款进行投资，信托机构对现有项目进行审查初选，在初选项目上进行评估，然后对可否投资提出结论性意见。决定投资后，信托机构与被投资单位签订投资合同，合同一般应写明投资项目的内容、规模、方式、投资金额、参与投资的方式和具体条件，投资各方收益的分配方法等。信托机构将认定的投资资金按期足额划入合资企业账户，并定期或不定期对资金的使用进行检查，促使投资项目按时施工、按时投产、按时竣工，尽快产生效益。信托投资的收益全部归信托机构，风险亦由其承担。

信托投资包括短期信托投资和长期信托投资。短期信托投资指能够随时变现并且持有时间不准备超过一年的信托投资，包括股票、债务、基金等；长期信托投资是指短期信托投资以外的信托投资，包括股权投资、债权投资等。

委托投资，是指委托人将资金事先存入信托机构作为委托投资基金，委托信托机构按其指定的对象、方式进行投资，并对资金的使用情况、被投资企业的经营管理和利润分配等进行管理和监督的业务。信托机构要对受托资金进行单独管理、单独核算，按期结清损益，在扣除规定的费用之外，损益归委托人所有。委托投资既可以直接投资于企业，也可用于购买股票、债券等有价证券。

## 二、信托投资的核算

### （一）主要会计科目及核算内容

信托投资业务核算涉及的主要科目见表9-4①。

表9-4　　信托投资业务会计科目及其核算内容

| | 名称 | 主要核算内容 |
|---|---|---|
| 资产类 | 交易性金融资产 | 核算企业为交易目的持有的债券投资、股票投资、基金投资等交易性金融资产的公允价值。本科目按交易性金融资产的类别和品种，分别"成本"、"公允价值变动"等进行明细核算 |
| 资产类 | 可供出售金融资产 | 核算企业持有的可供出售金融资产的公允价值，包括划分为可供出售的股票投资、债券投资等金融资产。本科目按可供出售金融资产的类别和品种，分别"成本"、"利息调整"、"公允价值变动"等进行明细核算 |
| 损益类 | 投资收益 | 核算企业确认的投资收益或投资损失。金融企业债券投资期间取得的利息收入，可在"利息收入"科目核算 |

### （二）账务处理

1. 交易性金融资产的核算

（1）取得交易性金融资产。信托公司对外投资取得交易性金融资产的，按其公允价值入账。会计分录为：

借：交易性金融资产——成本
　　投资收益——交易费用
　　应收利息（已到付息期但尚未领取的利息）（或应收股利（已宣告但尚未发放的现金股利））
　贷：银行存款（或存放中央银行款项，或结算备付金）

---

① 注意与第八章表8-2同名科目的不同之处。

（2）资产持有期间获得收益。交易性金融资产持有期间被投资单位宣告发放的现金股利，或在资产负债表日按分期付息、一次还本债券投资的票面利率计算的利息。会计分录为：

借：应收股利（或应收利息）

　贷：投资收益（或利息收入）

（3）资产负债表日的计量。资产负债表日，交易性金融资产的公允价值高于其账面价值的差额，则会计分录为：

借：交易性金融资产——公允价值变动

　贷：公允价值变动损益

若公允价值低于其账面价值的差额，作相反的分录。

（4）出售交易性金融资产。信托公司出售交易性金融资产，会计分录为：

借：银行存款（或存放中央银行款项，或结算备付金）（实际收到的金额）

　贷：交易性金融资产（账面价值）

按借贷方的差额，借记或贷记“投资收益”科目，同时将原计入该金融资产的公允价值变动转出，贷记或借记“公允价值变动损益”科目，贷记或借记“投资收益”科目。

2. 可供出售金融资产的核算

（1）取得可供出售金融资产

① 信托企业取得可供出售的金融资产为股票投资的，会计分录为：

借：可供出售金融资产——成本（公允价值与交易费用之和）

　　应收股利（支付的价款中包含的已宣告但尚未发放的现金股利）

　贷：银行存款（或存放中央银行款项，或结算备付金）

② 信托企业取得可供出售的金融资产为债券投资的，会计分录为：

借：可供出售金融资产——成本（面值）

　　应收利息（支付的价款中包含的已到付息期但尚未领取的利息）

　贷：银行存款（或存放中央银行款项，或结算备付金）

同时，按借贷方差额，借记或贷记“可供出售金融资产——利息调整”。

（2）资产负债表日的计量

① 资产负债表日，可供出售债券为分期付息、一次还本债券投资的，应按票面利率计算确定的应收未收利息。会计分录为：

借：应收利息

　贷：投资收益（或利息收入）（可供出售债券的摊余成本和实际利率计算确定的利息收入）

同时，按借贷方差额，借记或贷记“可供出售金融资产——利息调整”。

② 可供出售债券为一次还本付息债券的，应于资产负债表日按票面利率计算确定的应收未收利息。会计分录为：

借：可供出售金融资产——应计利息

贷：投资收益（或利息收入）（可供出售债券的摊余成本和实际利率计算确定的利息收入）

并按借贷方差额，借记或贷记“可供出售金融资产——利息调整”。

③ 资产负债表日，若可供出售金融资产为股票等权益工具投资（不含在活跃市场上没有报价、公允价值不能可靠计量的权益工具投资），且可供出售金融资产的公允价值高于其账面余额的差额，则会计分录为：

借：可供出售金融资产——公允价值变动

贷：资本公积——其他资本公积

公允价值低于其账面余额的差额做相反的会计分录。

（3）资产负债表日发生资产减值的处理

① 确定可供出售金融资产发生减值的，会计分录为：

借：资产减值损失（减记的金额）

贷：资本公积——其他资本公积（从资本公积中转出原计入资本公积的累积损失金额）

同时，按借贷方差额，借记或贷记“可供出售金融资产——公允价值变动”科目。

② 对于已确认减值损失的可供出售的金融资产，在随后的会计期间内公允价值已上升且客观上与确认原减值损失事项有关的，应按照原确认的减值损失，做会计分录：

借：可供出售金融资产——公允价值变动

贷：资产减值损失

（4）出售可供出售的金融资产

出售可供出售的金融资产，应按实际收到的金额，做如下会计分录：

借：银行存款（或存放中央银行款项，或吸收存款）

贷：可供出售金融资产——成本

——公允价值变动

——利息调整

——应计利息

并按应从所有者权益中转出的公允价值累积变动额，借记或贷记“资本公积——其他资本公积”科目，按其差额贷记或借记“投资收益”科目。

## 三、委托投资的核算

委托投资是信托机构接受企业的委托资金，按其指定的对象、范围和用途进行投资，信托机构受托监督投资资金的使用、被投资企业经营状况及利润分配等。委托投资的收益全部归委托人所有，信托机构一般只收取一定比例的手续费，投资的风险也由委托人承担。

（一）主要会计科目及核算内容

委托投资业务核算涉及的主要科目及核算内容见表 9-5。

表 9-5　**委托投资业务会计科目及其核算内容**

| | 名称 | 主要核算内容 |
|---|---|---|
| 资产类 | 代理业务资产——委托投资 | 核算信托机构接受客户委托代理客户进行的投资，本科目按委托单位和投资种类设置明细账 |
| 损益类 | 手续费及佣金收入——委托投资手续费收入 | 核算内容参阅表 9-3 |

（二）账务处理

1. 收到委托资金对外投资。信托公司接受委托，收到委托资金对外投资时，会计分录为：

借：银行存款

　贷：代理业务负债——××单位委托存款户

借：代理业务资产——委托投资——××投资单位户

　贷：银行存款

2. 分红。委托投资的资金分得的红利划到信托机构的银行账户，并转入委托人的委托存款账户时，会计分录为：

借：银行存款

　贷：代理业务负债——××单位委托存款户

3. 收取手续费。开办委托投资业务，信托公司收取手续费的核算与经办委托贷款业务收取手续费的核算相同。会计分录为：

借：银行存款

　贷：手续费及佣金收入——委托投资手续费收入

# 第五节　其他信托业务的核算

信托业务除了以上几节介绍的以外，还包括财产信托、投资基金信托、公益信托、拆出信托资金、代理、担保等业务。

## 一、财产信托

财产信托是委托人将自己的动产、房产以及知识产权等财产、财产权，委托信托投资公司按照约定的条件和目的进行管理和处置。财产信托应按委托人、财产种类进行明细核算。具体账务处理如下：

1. 接受信托资产，会计分录为：

借：固定资产

　贷：代理业务负债

2. 终止财产信托，会计分录为：

借：代理业务负债

　贷：固定资产

3. 信托财产租赁，会计分录为：

借：经营（或融资）租出固定资产

　贷：固定资产

4. 计提租金收入，会计分录为：

借：应收经营（或融资）租赁款

　贷：租赁收入

5. 计提受托人报酬，会计分录为：

借：业务及管理费

　贷：应付账款

6. 支付报酬时，会计分录为：

借：应付账款

　贷：银行存款

## 二、投资基金信托

投资基金信托是指信托投资公司受托经办国家有关法规允许从事的投资基金业务。具体账务处理如下：

1. 批准办理时，会计分录为：

借：银行存款

　贷：投资基金信托

2. 终止时，会计分录为：

借：投资基金信托

借：应付账款

　贷：银行存款

## 三、公益信托

公益信托是信托投资公司为公益目的而设立的信托。公益项目包括救济贫困，扶助残障人士，发展教育、科技、体育、文化、艺术事业，发展医疗卫生事业，保护生态环境，发展其他有利于社会的公共事业。

当信托投资公司办理公益信托业务时，按实际收到的金额或财产价值做会计分录：

借：银行存款

　贷：公益信托

公益信托应按信托类别、委托人进行明细分类核算。

## 四、拆出信托资金

1. 信托公司拆出信托资金时，会计分录为：

借：拆出资金——××单位户

　贷：银行存款

2. 信托公司收到拆出信托资金利息时，会计分录为：

借：银行存款

　贷：利息收入——拆出资金利息收入

3. 信托公司收回拆出信托资金时，会计分录为：

借：银行存款

　贷：拆出资金——××单位户

## 本章小结

1. 信托是指委托人基于对受托人的信任，将其财产委托给受托人，由受托人按委托人的意愿，以自己的名义，为受益人的利益或者特定目的进行管理或者处分的行为。

2. 本章主要介绍金融信托业务的核算，包括信托存款、委托存款、信托贷款、委托贷款、信托投资与委托投资业务的核算。

3. 由于部分其他信托业务与商业银行中间业务类似，本章未予详述。

## 关键概念

金融信托　信托存款　信托贷款　委托存款　委托贷款　委托投资

## 思考与应用

（一）复习思考

1. 简述金融信托业务的含义和类型。

2. 信托业务与委托业务有何相同点和不同点？

（二）操作练习

1. A 信托投资公司接受甲企业委托，存入委托存款 800 万元，并将其贷给甲企业指定的丙公司，贷款期限 2 年，年利率为 7%。A 信托投资公司按贷款金额的 1.5% 收取手续费，贷款到期时，由 A 公司代为收回贷款本息，并按协议将资金划回甲企业。请编制 A 信托投资公司接受委托存款、发放委托贷款并收取手续费、收回贷款本息及将资金划回 A 公司的会计分录。

2. A 信托投资公司接受 W 公司存入资金 400 万元投资于 P 公司，协议约定 A 信托投资公司按投资额的 3% 收取手续费。请编制 A 公司收到投资资金、对 P 公司投资及收取手续费的会计分录。

3. A 信托投资公司 7 月 15 日从二级市场购入 B 公司股票 30 万股，每股市价 5 元，手续费 20 000元，将其确认为可供出售金融资产。7 月 31 日 A 公司持有的 B 公司股票市价为每股 4 元，以后各月末价格未发生变化。同年 11 月 20 日，A 公司出售该股票，售价为每股 6 元，另支付交易费用 22 000 元。请编制 A 公司购入股票、月末进行后续计量以及出售股票的会计分录。

# 第十章 租赁公司会计

## 学习目标

1. 了解租赁的特点和分类
2. 了解经营租赁、融资租赁和其他租赁形式的会计核算原则
3. 掌握出租人和承租人开展经营租赁和融资租赁的账务处理方法
4. 了解其他租赁形式的会计核算内容

## 第一节 租赁业务概述

### 一、租赁的概念和特征

（一）租赁的概念

“租赁”一词，通常是指物件的所有者和使用者之间的一种有偿的借贷关系。《企业会计准则第21号——租赁》中将租赁定义为：“在约定的期间内，出租人将资产使用权让与承租人以获取租金的协议。”

（二）租赁的特征

租赁业务具有下列特征：

1. 租赁是资产的所有权与使用权相分离的交易

无论是经营租赁还是融资租赁，在租赁期间，出租人始终拥有租赁资产的所有权，承租人只获得相关资产的使用权，从而使资产的所有权与使用权相分离。

2. 租赁以分期支付租金的形式偿付本息

租赁交易中，出租人将租赁资产使用权让与承租人后，主要通过定期收取租金

的方式来完成租赁资产的价值补偿。租赁的这一特征在融资租赁业务中表现得尤为突出。

3. 租赁的形式比较灵活

承租人可以根据实际需要灵活选择租赁形式。从租赁费用的高低方面考虑，可以选择经营租赁或者融资租赁；从租期长短考虑，可以选择短期租赁和长期租赁；在租赁资产的处理方式上，承租人可以在租赁期满时，选择延期续租、退还给出租人或者购买该资产。

## 二、租赁业务的种类

租赁业务有很多不同的分类标准，本节主要介绍按租赁性质及资产来源不同的分类。其他分类将在本章第四节介绍。

（一）按租赁的性质进行分类

按租赁的性质不同可以将租赁划分为融资租赁和经营租赁。此分类是以与租赁资产所有权有关的风险和报酬是否转移为依据来划分的。

1. 融资租赁

融资租赁是指实质上已转移了与租赁资产所有权有关的全部风险和报酬的租赁。所谓的“风险”，是指由于资产闲置或技术陈旧而发生的损失，以及由于经营情况变化致使有关收益发生的变动。所谓的“报酬”，是指在资产有效使用年限内直接使用它而获得的收益、资产本身的增值，以及处置所实现的收益。一项租赁只有实质上转移了与租赁资产所有权有关的全部风险和报酬，才能被认定为融资租赁，关于融资租赁的判断标准见本章第三节。

2. 经营租赁

经营租赁是指融资租赁以外的租赁，即承租方为生产经营中的短期需要或季节性需要向出租人短期租赁某类资产的租赁。采用经营租赁形式，承租人的目的只是想获得资产的短期内使用权，而不想取得资产的所有权，通常在租赁期满后，将租赁资产退还给出租人。

（二）按出租人资产来源不同分类

1. 直接租赁

它是指由出租人在资金市场上筹资并向资产的制造商支付货款后取得该项资产，然后直接出租给承租人的一种租赁方式。采用直接租赁方式时，租赁双方应签订租赁合同，并根据承租人的订货要求，出租人与制造商签订资产的买卖合同。

2. 转租赁

它是指由出租人从另外一家租赁公司或直接从制造商那里租入资产后，再转租给承租人的一种租赁形式。这种租赁方式通常签订两个合同，一是租赁公司之间签订的租赁合同，二是租赁公司与承租人之间签订的转租赁合同。

3. 回租

它是指承租人先将自己取得的资产卖给租赁公司，然后再以租赁的形式将资产租回使用的租赁形式。采用这种租赁方式通常是承租人资金比较紧张，而租赁资产又是企业正在使用的资产，其出售只是一种形式，通过分期支付租金的形式继续使用原来的资产。

## 第二节　经营租赁业务的核算

经营租赁是指没有从实质上转移与租赁资产所有权有关的风险和报酬的租赁行为。这种租赁的租赁期一般比较短，在租赁期满后租赁资产退还出租人，承租人有权在租赁期满前取消租赁合同，出租人承担与租赁资产有关的一切费用。

### 一、出租人的会计核算

#### （一）主要会计科目及核算内容

出租人办理经营租赁业务应设置的科目如表 10-1 所示。

表 10-1　　**出租人经营租赁业务会计科目及其核算内容**

| | 名称 | 主要核算内容 |
|---|---|---|
| 资产类 | 应收经营租赁款 | 核算企业采用经营租赁方式租出资产而应向承租人收取的租金以及向承租人收取的手续费 |
| | 经营租赁资产 | 核算企业为开展经营租赁购建的资产的实际成本，包括租赁资产的价款、贸易手续费、银行手续费、运输费、运输保险费，财产保险费、增值税等税款以及租前借款费用等。如果租赁资产是从境外购入的，还应包括境外运输费、境外运输保险费和进口关税。本科目下设置“已出租资产”和“未出租资产”两个二级科目，并按照承租单位相应设置明细账 |
| | 经营租赁资产累计折旧 | 核算企业采用经营租赁方式租出的资产的折旧计提情况。折旧发生时记入贷方，在资产最终报废清理时记入借方转销。期末余额在贷方，表明企业开展经营租赁资产折旧总额。租赁资产的折旧应按同类资产所采用的正常的折旧政策进行计提 |
| 损益类 | 主营业务收入——租金收入 | 核算专门从事租赁业务的企业进行经营租赁而取得的收入。当出租人收取利息和手续费时，记入该科目的贷方，借方表明结转到“本年利润”科目的租赁收入净额 |
| | 其他业务收入——经营租赁收入 | 当出租人为非专业从事租赁业务的企业时，使用本科目核算经营租赁收入 |

（二）账务处理

1. 购置资产。出租人购置用于租赁的资产时，应按实际支付的成本记账。会计分录为：

借：经营租赁资产——未出租资产

　贷：银行存款

2. 租出资产。出租人与承租人签订租赁合同时，根据租赁合同出租资产。会计分录为：

借：经营租赁资产——已出租资产

　贷：经营租赁资产——未出租资产

3. 确认收入。出租人为专业租赁公司的，其基本业务就是从事资产的租赁，因此在确认租赁收益时，记入主营业务收入科目。会计分录为：

借：应收经营租赁款（或银行存款）

　贷：主营业务收入——租金收入

出租人为非专业租赁公司的，将其业务收支在其他业务收支项目中核算。

4. 计提折旧。出租人对购入的租赁资产必须视同自有资产，每期应按企业自有的固定资产计提折旧。会计分录为：

借：业务及管理费

　贷：经营租赁资产累计折旧

5. 后续支出。出租人在租赁期内发生的直接费用，如修理费用等应记入损益进行核算。会计分录为：

借：业务及管理费

　贷：银行存款

6. 收到租金。经营租赁资产租金的构成因素主要包括租赁资产的原价、租赁资产折旧、租赁期间的利息、租赁资产的维护费用以及税金、保险金等。当出租人收到租金时，做会计分录：

借：银行存款

　贷：应收经营租赁款

7. 租赁期满收回资产。租赁期满收回资产时，会计分录为：

借：经营租赁资产——未出租资产

　贷：经营租赁资产——已出租资产

## 二、承租人的会计核算

在经营租赁中，由于与租赁资产所有权有关的风险和报酬并未发生转移，而是由出租人承担，所以，承租人的会计处理比较简单，以下仅做简要介绍。

经营租赁的租金应当在租赁期内的各期间按直线法确认为费用，承租人发生的直接费用应当确认为当期费用。

（一）主要会计科目及核算内容

承租人办理经营租赁业务应设置的科目如表 10-2 所示。

表 10-2　**承租人经营租赁业务会计科目及其核算内容**

| | 名称 | 主要核算内容 |
|---|---|---|
| 资产类 | 长期待摊费用 | 核算租赁初期预付租金以待日后摊销的余额。借方登记预付的租金金额，贷方登记每期摊销金额；借方余额表示尚未摊销的预付租金金额 |
| 负债类 | 应付经营租赁款 | 核算每期应付未付的租赁款，在期末支付租金的情况下使用。贷方登记应付租赁款的增加，借方登记每期支付的金额；贷方余额为应付未付租赁款 |
| 损益类 | 业务及管理费——租赁费 | 核算应由承租人支付的各种费用，在期末应结转到“本年利润”的借方 |

（二）账务处理

1. 预付租金。承租人期初预付租金时，会计分录为：

借：长期待摊费用

　贷：银行存款

2. 分期摊销。分期摊销预付的租金时，会计分录为：

借：业务及管理费

　贷：长期待摊费用

3. 按期支付租金。按期支付租金时，会计分录为：

借：业务及管理费

　贷：银行存款

## 第三节　融资租赁业务的核算

现代租赁业务以融资租赁为主，并在范围和方式上有了重大的发展。融资租赁实质上是一项融贸易、金融、租借为一体的综合性金融产品。出租人提供的是金融服务，而不是单纯的租借服务。承租人通过租入资产使其在没有资金的条件下取得资产的使用权，扩大了生产。融资租赁所租赁的资产由承租人确定，出租人根据承租人的要求购入资产并拥有租赁资产的所有权，承租人根据租赁合同支付租金并取得资产的使用权。在租赁期间，承租人应承担租赁资产的保险费、维修费及折旧，租赁资产本身及其产生的损益和风险均由承租人承担。

融资租赁业务通常涉及出租人、承租人和供应商三方，租赁资产价值高、租赁期长，租赁的程序也较为复杂。

## 一、融资租赁业务的相关概念和判断标准

### （一）相关概念

1. 最低租赁付款额。如果合同没有规定优惠购买选择权，最低租赁付款额是指在租赁期内，承租人应支付或可能被要求支付的各种款项，加上由承租人或与其有关的第三方担保的资产余值；如果租赁合同规定了优惠购买选择权，最低租赁付款额是指在租赁期内承租人应支付的租金，以及因行使优惠购买选择权而支付的任何款项。

2. 最低租赁收款额。是指在租赁开始日最低租赁付款额加上与出租人和承租人无关但在财务上有能力担保的第三方对出租人担保的资产余值。

3. 担保余值。就承租人而言，这是指由承租人或与其有关的第三方担保的资产余值。就出租人而言，这是指就承租人而言的担保余值加上独立于承租人和出租人但在财务上有能力担保的第三方担保的资产余值。

4. 未担保余值。是指租赁资产余值中扣除就出租人而言的担保余值以后的资产余值。

5. 或有租金。是指金额不固定，以时间长短以外的其他如销售百分比、使用量、物价指数等因素为依据计算的租金。

6. 履约成本。是指在租赁期内为租赁资产支付的如技术咨询费、服务费、人员培训费、维修费、保险费等各种使用成本。

7. 租赁资产总额。是指最低租赁收款额与未担保余值现值之和或者原账面价值。

### （二）融资租赁的判断标准

在实际租赁业务发生时，当其满足下列一条或者数条标准时，就要将其视为融资租赁。

1. 在租赁期届满时，租赁资产的所有权转移给承租人。如果在租赁合同中已经约好，或者根据其他条件，在租赁开始日就可以合理地判断出租赁期届满时，出租人会将租赁资产的所有权转移给承租人，则该项租赁应当认定为融资租赁。

2. 承租人有购买租赁资产的选择权。由于所订立的购价预计远低于行使选择权时租赁资产的公允价值，因而在租赁开始日就可以合理地确定承租人将会使用这种选择权。这里的“远低于”，一般是指购价低于或等于行使选择权时租赁资产的

公允价值的5%。

3. 租赁期占租赁资产尚可使用年限的大部分（75%及以上）。但是，如果租赁资产在开始租赁前的使用年限已超过该资产全新时可使用年限的大部分（75%及以上），则该条标准不适用。

4. 就承租人来说，租赁开始日最低租赁付款额的现值几乎相当于租赁开始日租赁资产原账面价值（通常为最低租赁付款额现值占租赁资产原账面价值的90%及以上）；就出租人来说，租赁资产的原账面价值，通常为最低租赁收款额现值占租赁资产原账面价值的90%。但是，如果租赁资产在开始租赁前的使用年限已超过该资产全新时可使用年限的大部分（75%及以上），则该条标准不适用。

5. 租赁资产性质特殊，如果不做重新改制，只有承租人才能使用。这时，可据以判断该租赁为融资租赁。

## 二、出租人的核算

### （一）核算内容及要求

1. 租赁开始日租赁债权的确认

在租赁开始日，出租人应当将租赁开始日最低租赁收款额作为应收融资租赁款的入账价值，并同时记录未担保余值，将最低租赁收款额与未担保余值之和同其现值之和的差额作为未实现融资收益。用算术等式表示为：

$$\text{未实现融资收益} = (\text{最低租赁收款额} + \text{未担保余值}) - (\text{最低租赁收款额的现值} + \text{未担保余值的现值})$$

2. 初始直接费用的处理

出租人承担的初始直接费用包括印花税、佣金、律师费和谈判费等，当其发生时确认为当期费用。

3. 未实现融资收益分配的账务处理

出租人收取的租金包含本金和利息两部分，应在租赁期内对租金进行分配。在分配未实现融资收益时，应当采用实际利率法计算当期确认的融资收入。

4. 关于报表的规定

出租人应当对融资租赁做如下披露：

（1）资产负债表日后连续三个会计年度每年将收到的最低租赁收款额，以及以后年度将收到的最低租赁收款额总额。

（2）未实现融资收益的余额。

（3）分摊未实现融资收益所采用的方法。

### （二）主要会计科目及核算内容

出租人办理融资租赁业务应设置的科目如表10-3所示。

表 10-3　　出租人融资租赁业务会计科目及其核算内容

| | 名称 | 主要核算内容 |
|---|---|---|
| 资产类 | 融资租赁资产 | 核算出租人购入、租出以及收回的租赁资产。购入时，按其实际成本，借记本科目；租出时，将最低租赁收款额与未担保余值的现值之和或原账面价值作为租赁资产成本，贷记本科目 |
| 资产类 | 未担保余值 | 核算租赁资产余值中扣除就出租人而言的担保余值以后的资产余值 |
| 资产类 | 未实现融资收益 | 核算出租人在租赁期内应收的收益总额，并在租赁期内采用一定的方法进行分配。租赁开始日，应按最低收款额与最低租赁收款额和未担保余值之和的现值的差额，贷记“递延收益——未实现融资收益”科目；实际收到租金时，将本期确认的融资收益，借记本科目 |
| 资产类 | 长期应收款——应收融资租赁款 | 核算采用融资租赁方式租出资产时应向承租人收取的租金金额。在租赁开始时，按最低租赁收款额作为出租人的债权登记在该账户的借方。按合同规定收取租金时，贷记本科目，账户期末余额一般在借方，表示尚待收取的租金总额。该科目按承租人设置明细分类账户 |
| 负债类 | 租赁保证金 | 核算企业开展融资性租赁业务时，根据合同规定收到的承租企业交来的保证金。收到保证金时计入贷方。本科目按承租单位设置明细账 |
| 损益类 | 主营业务收入——融资收入 | 该科目核算租赁公司租赁期内确认的融资收益。按每期确认的融资收益，借记“未实现融资收益”，贷记本科目，期末结转“本年利润”科目 |

（三）账务处理

出租人的租赁业务过程，主要包括购入资产、资产租赁、资产到期收回、按期收回租金等环节。

1. 收取保证金。租赁合同签订后，承租人按合同规定，向出租人支付租赁保证金，出租人收到保证金时，会计分录为：

借：银行存款

　　贷：租赁保证金

2. 购入租赁资产。出租人按照承租人在合同上指定的设备购入租赁物资时，应按实际支付的租赁设备的成本入账。购入租赁设备时，会计分录为：

借：融资租赁资产

　　贷：银行存款

3. 租出资产。租赁开始日，出租人将租赁资产租给承租人时，会计分录为：

借：应收融资租赁款

　　未担保余值

　贷：融资租赁资产（最低租赁收款额与未担保余值现值之和或原账面价值）

　　　未实现融资收益

4. 收取租金。每期收到租金时，会计分录为：

借：银行存款

　贷：应收融资租赁款

5. 确认利息收入。确认利息收入时，会计分录为：

借：未实现融资收益

　贷：主营业务收入——融资收入

【例 10-1】20×0 年初，RENTWE 租赁公司购入设备一台，设备账面价值为 700 000 元，以融资租赁方式出租给 DAX 公司，租期为 6 年，承租人担保余值为 100 元，无未担保余值。每年年末等额支付租金 150 000 元，内含利率为 7.7%。

该融资租赁的有关指标计算如下：

最低租赁收款额＝150 000×6＋100＝900 100（元）

未实现融资收益＝900 100－700 000＝200 100（元）

出租人每期收到的租金中包含利息收入和租金本金两部分，据此编制应收租赁款的摊销及利息收入计算表，如表 10-4 所示。

表 10-4 **应收租赁款的摊销及利息收入计算表** 单位：元

| 日期<br>a | 租金<br>b | 确认的融资收入<br>c ＝上期 e×7.7% | 租赁投资净额减少额<br>d ＝ b－c | 租赁投资净额余额<br>e ＝上期－d |
|---|---|---|---|---|
| 20×0. 1. 1 | | | | 700 000. 00 |
| 20×0. 12. 31 | 150 000 | 53 900. 00 | 96 100. 00 | 603 900. 00 |
| 20×1. 12. 31 | 150 000 | 46 500. 30 | 103 499. 70 | 500 400. 30 |
| 20×2. 12. 31 | 150 000 | 38 530. 82 | 111 469. 18 | 388 931. 12 |
| 20×3. 12. 31 | 150 000 | 29 947. 70 | 120 052. 30 | 268 878. 82 |
| 20×4. 12. 31 | 150 000 | 20 703. 67 | 129 296. 33 | 139 582. 49 |
| 20×5. 12. 31 | 150 000 | 10 517. 51 | 139 482. 49 | 100. 00 |
| 合计 | 900 000 | 200 100. 00 | | |

租赁公司的账务处理如下：

①20×0 年 1 月 1 日，确认租赁资产的价值及应收融资租赁款，做会计分录如下：

借：长期应收款——应收融资租赁款　　900 100
　贷：融资租赁资产　　700 000
　　　未实现融资收益　　200 100

②第一年末，20×0 年 12 月 31 日收到租金时，会计分录如下：

借：银行存款　　150 000
　贷：长期应收款——应收融资租赁款　　150 000

确认利息收入时，做会计分录：

借：未实现融资收益　　53 900（700 000×7.7%）
　贷：主营业务收入——融资收入　　53 900

③第二年末，20×1 年 12 月 31 日收到租金时，会计分录如下：

借：银行存款　　150 000
　贷：长期应收款——应收融资租赁款　　150 000

确认利息收入时，会计分录为：

借：未实现融资收益　　46 500.30（603 900×7.7%）
　贷：主营业务收入——融资收入　　46 500.30

④第三年、第四年的会计分录比照上述处理。

⑤租赁期满后，DAX 公司行使优惠购买权，RENTWE 租赁公司收取价款 100 元时，会计分录如下：

借：银行存款　　100
　贷：长期应收款——应收融资租赁款　　100

## 三、承租人的核算

### （一）核算内容及要求

在融资租赁方式下，承租人要将租入的资产视同自有的资产予以管理并进行资本化处理，同时确认负债。对于租入的资产价值，按规定列入企业的资产账户。承租人为租入固定资产而发生的运输费、途中保险费、安装调试费等一切与该租入资产达到使用状态有关的费用，以及为租入资产发生的改扩建支出减去在此过程中发生的变价收入后的差额，均应记入该资产的价值。租赁期满，若资产的所有权发生转移，承租人应将该固定资产由融资租入固定资产账户转入“固定资产”相应的明细科目中。

承租人应按租赁合同中所确定的支付租金的金额、时间、方式，向出租人支付租金。承租人分期支付租金时，应将租金中相当于资产价款的部分冲减长期负债，将利息支出等费用计入当期损益。

在融资租赁方式下，租赁期内发生的各种费用，如租赁资产的维修费、折旧费等，均应由承租人负担，在企业的费用账户中核算，并应在会计报表上予以反映。

（二）主要会计科目及核算内容

承租人办理融资租赁业务应设置的科目如表 10-5 所示。

表 10-5　**承租人融资租赁业务会计科目及其核算内容**

| | 名称 | 主要核算内容 |
|---|---|---|
| 资产类 | 固定资产——融资租入固定资产 | 核算以融资租赁方式租入的固定资产，对于融资租入固定资产的原始价值、安装费用和维修费用的确定，都比照自有资产处理。在租赁开始日，承租人通常应当将租赁开始日租赁资产原账面价值与最低租赁付款额的现值两者中较低者作为租入资产的入账价值（这里的“入账价值”相当于固定资产的买价部分，不包括发生的相关费用等） |
| | 累计折旧——融资租入固定资产折旧 | 核算企业对融资租入的固定资产所提的折旧。计提时，借记有关成本费用科目，如业务及管理费等，贷记本科目。若期满时承租人购买该资产，则应借记本科目，贷记“累计折旧”科目 |
| 负债类 | 长期应付款——应付融资租赁款 | 核算按规定向出租人缴付的租金总额，贷方登记发生额应付而未付的款项，即“最低租赁付款额”；借方登记已归还的应付融资租赁款，期末贷方余额表示企业尚未偿付的应付融资租赁款。“长期应付款”账户应按长期应付款的种类设置明细分类账户 |
| | 未确认融资费用 | 核算应付未付的利息和手续费，以待日后分摊。在租赁起租日，按照长期应付款与设备入账价值之间的差额，借记本账户；按规定每年确认并支付利息和手续费时，借记“财务费用”科目，贷记本科目，该科目期末借方余额表示尚未支付的利息和手续费 |
| 损益类 | 财务费用 | 核算已确认利息支出和手续费。当费用发生或确认时，借记本账户，贷记有关账户，期末结转到“本年利润”科目。本科目应按不同的费用项目设置明细科目 |

（三）账务处理

1. 租入资产。租入资产时，会计分录为：

借：固定资产——融资租入固定资产（相当于固定资产的买价部分）

　　未确认融资费用

　贷：长期应付款——应付融资租赁款

2. 支付其他费用。承租人支付其他费用，如运输费用、安装费用和维修费用等，会计分录为：

借：固定资产——融资租入固定资产

　贷：银行存款

3. 支付租金。每期支付租金时，会计分录为：

借：长期应付款——应付融资租赁款

　贷：银行存款

4. 确认利息费用。确认利息费用时，会计分录为：

借：财务费用

　贷：未确认融资费用

5. 计提折旧。计提折旧时，会计分录为：

借：业务及管理费

　贷：累计折旧——融资租入固定资产折旧

6. 取得资产所有权。租赁期满取得资产所有权时，会计分录为：

借：固定资产

　贷：固定资产——融资租入固定资产

【例 10-2】20×0 年 1 月 1 日，DAX 公司从 RENTWE 租赁公司融资租入机器设备 1 台，账面价值为 700 000 元，租期 6 年，预计剩余使用年限为 8 年。租金每年末支付，每次 150 000 元，期末无残值。DAX 公司有优惠购买选择权为 100 元，承租人采用直线法折旧，出租人的内含利率为 7.7%。

此为承租方具有优惠购买权的融资租赁，有关指标计算如下：

最低租赁付款额＝150 000×6＋100＝900 100（元）

未确认融资费用＝900 100－700 000＝200 100（元）

承租人确定到期日将取得资产的所有权，故以 8 年计提折旧，每期折旧额为 700 000÷8＝87 500（元）。

承租人每期支付的租金中包含利息费用和租赁负债本金的偿还两部分。据此，编制长期应付款的摊销及利息费用的计算表，如表 10-6 所示。

表 10-6　　**长期应付款的摊销及利息费用的计算**　　单位：元

| 日期<br>a | 租金<br>b | 确认的融资费用<br>c =上期 e×7.7% | 应付本金减少额<br>d = b-c | 应付本金余额<br>e =上期-d |
|---|---|---|---|---|
| 20×0. 1. 1 | | | | 700 000. 00 |
| 20×0. 12. 31 | 150 000 | 53 900. 00 | 96 100. 00 | 603 900. 00 |
| 20×1. 12. 31 | 150 000 | 46 500. 30 | 103 499. 70 | 500 400. 30 |
| 20×2. 12. 31 | 150 000 | 38 530. 82 | 111 469. 18 | 388 931. 12 |
| 20×3. 12. 31 | 150 000 | 29 947. 70 | 120 052. 30 | 268 878. 82 |
| 20×4. 12. 31 | 150 000 | 20 703. 67 | 129 296. 33 | 139 582. 49 |
| 20×5. 12. 31 | 150 000 | 10 517. 51 | 139 482. 49 | 100. 00 |
| 20×6. 1. 1 | 100 | | | |
| 合计 | 900 000 | 200 100. 00 | 700 000. 00 | |

DAX 公司的会计处理如下：

①20×0 年 1 月 1 日租入设备时，做会计分录：

借：固定资产——融资租入固定资产　　700 000

　　未确认融资费用　　200 100

　贷：长期应付款——应付融资租赁款　　900 100

②20×0 年 12 月 31 日支付租金时，做会计分录：

借：长期应付款——应付融资租赁款　　150 000

　贷：银行存款　　150 000

③20×0 年末确认利息费用时的会计分录：

借：财务费用　　53 900

　贷：未确认融资费用　　53 900

④20×0 年末计提折旧时的会计分录：

借：制造费用　　87 500

　贷：累计折旧——融资租入固定资产折旧　　87 500

⑤以后年度会计分录比照上述处理。

⑥20×6 年 1 月支付 100 元时，会计分录如下：

借：固定资产　　100

　贷：固定资产——融资租入固定资产　　100

20×0 年 12 月 31 日，DAX 公司应当对融资租赁做如下披露：

（1）本公司租入该类设备的账面原值为700 000元，已提折旧87 500元，账面净值为612 500元。

（2）本公司将在20×1年至20×5年支付最低租赁付款额均为150 000元，20×6年最低租赁付款额为100元。即20×1年至20×5年将支付的最低租赁付款总额为750 100元，未确认融资费用为146 200元。

（3）未确认融资费用采用实际利率法进行分配，内含利率为7.7%。

## 第四节　其他租赁业务简介

### 一、其他租赁形式

#### （一）国内租赁和跨国租赁

国内租赁和跨国租赁是以租赁交易涉及的地理区域的不同为标准划分的。

国内租赁是指租赁交易只涉及国内区域，即租赁交易中涉及的当事人同属于一国居民。国内租赁是融通国内资金的租赁形式。

跨国租赁是指租赁交易的范围扩展到国外，即租赁交易中涉及的当事人分别属于不同的国家。跨国租赁是进行国际间融资、扩大进出口贸易的一种手段。跨国租赁又分为进口租赁和出口租赁。进口租赁是指由国外引进租赁设备，租给国内承租人使用。进口租赁常常被用作引进国际先进设备、引进国际资金的手段。出口租赁是指将国内设备出租到国外，由国外承租人租用。出口租赁是扩大国内产品出口的一种途径。

#### （二）动产租赁和不动产租赁

动产租赁，是指以各种动产，如机器设备、运输工具、计算机等为对象进行的租赁。

不动产租赁，是指以房屋、土地等不动产为对象进行的租赁。

#### （三）厂商租赁、委托租赁、风险租赁、联合租赁

厂商租赁，是指由设备生产厂商作为出租人为客户办理的，以自身生产的设备为租赁标的物的租赁交易。

委托租赁，是指出租人接受委托人的资金或租赁标的物，根据委托人的书面委托，向委托人指定的承租人办理融资租赁业务。在租赁期内租赁标的物的所有权归委托人，出租人只收取手续费，不承担风险。

风险租赁，是以风险企业为承租对象的租赁形式，风险租赁的出租人不仅可以得到租金和设备残值的收入，而且可以获得认购承租人股份的优先权。

联合租赁，类似银团贷款，即由两家以上租赁公司共同对一个项目进行联合融

资，提供租赁服务。其联合的方式可以是紧密型的，也可以是松散型的；联合的主体可以是融资租赁公司，也可以是非融资租赁公司或其他战略投资人。

（四）杠杆租赁

杠杆租赁业务的开展通常需要相关政策的支持，出租人一般只需提供全部设备金额20%～40%的投资，就可以获得设备的所有权，享受全额税后优惠。杠杆租赁多数是由一家租赁公司牵头作为主干公司，为超大型项目融资时经常采用。具体操作时，首先成立一个脱离租赁公司主体的操作机构——专为本项目成立的资金管理公司，承担项目总金额20%以上的资金，其余资金主要是吸收银行和社会闲散游资。由于采用杠杆租赁融资可享受税收好处，操作规范、综合效益好、租金回收安全、费用低，一般用于飞机、轮船、通讯设备和大型成套设备的融资租赁。

## 二、售后租回

（一）售后租回交易的实质特征

售后租回交易是指卖主（即承租人）将一项自制或外购的资产出售后，又将该项资产从买主（即出租人）处租回。通过售后租回交易，资产的原所有者（即承租人）在保留对资产的占有权、使用权和控制权的前提下，分期支付租金，减少了当前的财务压力。资产的新所有者（即出租人）通过售后租回交易，获得了新的投资机会。

售后租回交易中的资产出售和租回由一揽子合同签订，实质上是同一项交易。因此，售后租回是一项融资行为而非销售行为，销售方在出售资产时，售价与账面价值间的差额，无论是售价高于资产账面价值还是售价低于资产账面价值，都是由于高估或者低估资产的价值造成的，出售资产的损益不应当确认为出售当期的损益，而应当作为未实现损益予以递延，分期摊销。

售后租回交易中，若与租赁资产有关的风险报酬转移给承租方，即形成融资租赁，否则将形成经营租赁。无论是承租人还是出租人，应该根据租赁的分类标准，将售后租回交易认定为融资租赁或经营租赁，将出售资产的损益在租赁期内按一定标准进行摊销。

（二）售后租回交易形成融资租赁

如果售后租回交易形成一项融资租赁，那么承租人保留了与该项租赁资产所有权有关的全部风险和报酬，相当于承租人以该项资产为抵押担保获得了出租人提供的资金，售价与账面价值之间的差额（无论是售价高于还是低于资产的账面价值）在会计上均未实现，而应当予以递延，并按照租赁资产的折旧进度进行分摊，作为折旧费用的调整。

按折旧进度分摊是指在对该项租赁资产计提折旧时，按与该项资产计提折旧所采用的折旧率相同的比例对未实现的售后租回损益进行分摊。

承租人应当对融资租赁做如下披露：每类租入资产在资产负债表日的账面原值、累计折旧及账面净值；资产负债表日连续 3 个会计年度每年将收到的最低租赁收款额，以及以后年度将收到的最低租赁收款总额；未实现融资收益的余额；分摊未实现融资收益所采用的方法。

（三）售后租回交易形成经营租赁

如果售后租回交易形成经营租赁，其售价与账面价值之间的差额（无论是高于还是低于资产的账面价值）应予以递延。与售后租回形成融资租赁不同的是，经营租赁的售后租回确认的递延损益应按照租金支付的比例进行分摊，作为租金费用的调整。但有确凿证据表明售后租回交易是按照公允价值达成的，售价与资产账面价值之间的差额应当记入当期损益。

按租金支付比例进行分摊是指在确定当期该项租赁资产的租金费用时，按照确认当期该项资产租金费用所采用的支付比例相同的比例对未实现售后租回的损益进行分摊。

承租人应当对重大的经营租赁做如下披露：资产负债表日后连续 3 个会计年度每年将支付的不可撤销经营租赁的最低租赁付款额；以后年度将支付的不可撤销经营租赁的最低租赁付款额的总额。

售后租回无论是形成融资租赁还是形成经营租赁，承租人和出租人除应当按照有关规定披露售后租回交易外，还应对售后租回合同中的特殊条款做出披露。这里的“特殊条款”是指售后租回合同中规定的区别于一般租赁交易的条款，比如租赁标的物的售价等。

（四）售后租回交易的核算

1. 初始确认。承租人在出售资产时，会计分录为：

借：固定资产清理（固定资产账面净值）

　　累计折旧（已提折旧）

　　固定资产减值准备（已计提的减值准备）

　贷：固定资产（固定资产的账面原价）

2. 承租人收到价款。承租人收到出售资产的价款时，会计分录为：

借：银行存款

　贷：固定资产清理

当售价大于出售资产账面价值时，还应贷记“未实现融资收益”；当售价小于出售资产账面价值时，则应借记“未实现融资收益”。

3. 租回资产。租回资产时，若形成一项融资租赁，则会计分录为：

借：固定资产——融资租入固定资产（或在建工程）

（出租人账面原价与最低租赁付款额的现值两者中较低者）

未确认融资费用（借贷方差额）

贷：长期应付款——应付融资租赁款（最低租赁付款额）

若形成一项经营租赁，则在备查簿中予以登记。

4. 分摊未实现售后租回损益时，若形成一项融资租赁，应按照租赁资产的折旧进度分摊未实现售后租回损益；若形成一项经营租赁，应按照租赁资产租金支付比例分摊未实现售后租回损益。借记或贷记“未实现融资收益”科目，贷记“业务及管理费”等科目。

## 本章小结

1. 所谓租赁，是在约定的期间内，出租人将资产使用权让与承租人以获取租金的协议。
2. 租赁按性质不同可以划分为融资租赁和经营租赁。
3. 本章主要介绍经营租赁和融资租赁出租人与承租人的会计核算。

## 关键概念

租赁　融资租赁　经营租赁

## 思考与应用

（一）复习思考

1. 租赁有哪些类型？
2. 融资租赁和经营租赁的区别是什么？
3. 在融资租赁中，承租人和出租人在会计科目的设置上有什么不同？
4. 简述融资租赁业务的一般程序。
5. 如何判断一种租赁是否为融资租赁？
6. 什么是最低租赁收款额和最低租赁付款额？二者有何区别？

（二）操作练习

1. 20×1 年末，M 租赁公司向某保险公司融资出租一台设备，租赁合同有关内容摘录如下：

（1）租赁开始日该项设备为全新，原值 28 000 000 元。

（2）租赁期为 20×1 年 1 月 31 日至 20×4 年 12 月 31 日，预计可使用年限为 5 年。

（3）每年末支付租金为 7 200 000 元。

（4）承租人担保资产余值 4 000 000 元。

（5）租赁合同规定的利率为 6%。

（6）租赁期满时，租赁公司收回该固定资产。

要求：

（1）编制M租赁公司应收租赁款的摊销及利息收入计算表，写出相关的会计分录。

（2）编制保险公司长期应付款的摊销及利息费用的计算表，写出相关的会计分录。

2. S证券公司从M租赁公司以经营租赁方式租入设备一台，租期为4年。设备价值为6 000 000元，预计使用年限为10年，无残值。合同规定，租赁开始日租赁公司向该企业一次性收取租金250 000元，第一年与第二年末各收取租金150 000元，第三年、第四年收取租金80 000元。期末租赁公司收回设备。在租赁合同签订之前，该证券公司支付了谈判费5 000元。要求：

（1）编制S证券公司租赁相关的会计分录。

（2）编制M租赁公司相关的会计分录。

# 第十一章 期货经纪公司会计

## 学习目标

1. 了解期货经纪公司会计核算的主要特点与内容
2. 掌握商品期货的会计核算
3. 了解金融期货和期权的主要内容及会计核算

## 第一节 期货经纪公司业务概述

### 一、期货经纪公司的业务内容

期货经纪公司是代理客户从事期货交易的企业法人或由企业法人设立的分支机构。期货经纪公司接受期货投资者的委托，按照客户下达的指令，以自己的名义为期货投资者的利益进行期货交易并收取佣金。按我国目前的政策规定，期货经纪公司只能代理客户进行期货交易，不得进行自营业务。符合条件的经纪公司经批准也可以下设营业部。

期货交易法规定，只有期货交易所会员才能进入交易所进行期货交易，且只有全权会员才能接受非会员的委托，代理其进行期货交易。所以，想参与期货交易，而自身又不是期货交易所会员的公司，只能委托期货经纪公司代理其进行期货交易。

期货经纪公司作为代理客户在期货交易所进行交易的中介机构，它的主要职能是：接受客户的委托，按照客户下达的指令代客户买卖期货合约，办理各种交易手续，按客户的要求提供期货服务；向客户收取保证金，向期货交易所保证客户的履约责任，并随时向客户报告合约的交易情况和保证金的变化情况；为客户提供市场行情，充当客户的交易顾问，为客户提供咨询服务或培训等；代理客户进行实物交割。

## 二、期货经纪公司的结算制度

期货经纪公司的介入，使得期货交易分两步走：一是期货经纪公司与客户之间的委托买卖关系，经纪公司接受客户的买卖指令，然后将指令传送到交易所的交易场内，由其场内出市代表，利用交易所提供的设施和服务进行交易。相应的，经纪人和客户之间发生一系列有关保证金、佣金和手续费的收取和支付业务。二是期货交易所与经纪公司之间发生的与期货交易有关的保证金和手续费的收取与支付业务。

作为交易所与客户的中介，期货经纪公司在期货交易中负有双重责任，在期货交易中面临的风险不容忽视。为此，期货经纪公司都建有较完善的结算制度，这些制度包括下面两类：

### （一）与期货交易所对应的法规和制度

1. 登记结算制度

每份期货合约必须经过期货交易所登记、担保、结算，才能成为核算的期货合约。

2. 保证金制度

保证金是确保买卖双方履约的一种财力担保。不过，虽然期货交易所会计和期货经纪机构会计都有内容相同的保证金制度，但却有着不同的性质，在会计核算上有着重要的区别。对于期货经纪机构来说，保证金又分为以下两种：

（1）基础保证金。期货经纪机构要预先向期货交易所交纳一笔巨额的基础保证金，在一般情况下，这笔保证金不得用作交易保证金或结算款项。在经纪公司退出期货交易所时，这笔基础保证金也随之归还。

（2）交易保证金。作为期货交易的代理者，期货经纪公司要向期货交易所交纳持仓合约占用的保证金包括初始保证金、维持保证金和追加保证金。初始保证金是在新开仓时，期货经纪公司将一笔款项存入交易所，用以担保初始买卖的期货合约，其数额由交易所规定。维持保证金是期货交易所规定交易者必须维持的最低保证金水平。一旦持仓合约价值变化，使存入结算账户的资金余额低于维持保证金水平，经纪公司必须补交保证金以达到期货交易所的初始保证金水平，追加保证金是期货经纪机构补交的保证金。

3. 每日结算无负债制度

每日收市时交易所对每位会员进行交易结算，计算出各结算会员当日的盈亏，若经纪公司代理的业务发生亏损，必须补交差额资金；反之，若为盈余，则交易所会将超过规定保证金水平的款项在第二天自动支付给各期货经纪公司。

4. 违约处理制度

若期货经纪公司破产或不能履约，交易所将根据违约处理制度来限制风险，保证履约，一般用交易保证金和结算准备金抵债，若仍不能完全弥补，则用经纪公司的基础保证金补足差额。

（二）与客户对应的法规和制度

1. 账户分立制度

期货经纪公司应将所有客户交存的保证金在银行开立一个客户专用基金账户，然后再为每一客户分别开立分账户。客户专用基金与经纪机构自有资金不得相互混淆，各客户的资金也不能相互挪用。

2. 保证金制度

经纪公司要求客户为每一笔交易交纳保证金，以保证合约履行。与经纪公司交给交易所的保证金相对应，客户交给经纪公司的交易保证金可区分为三种：初始保证金、维持保证金和追加保证金。

3. 每日结算制度

期货经纪公司对客户的未平仓合约及财务状况应进行逐日盯市，每日计算。对于发生亏损，保证金数额低于维持保证金水平的客户，经纪公司要在下一个交易日开市前，书面通知客户结算状况，限期交纳追加保证金。

4. 强制平仓制度

若客户在规定的时间内没有追加保证金，则经纪公司有权对客户的未平仓合约进行强制平仓，直到账户中的保证金余额能够维持剩余头寸为止。

5. 手续费制度

无论交易者是卖还是买都必须交付一笔手续费，其支付金额由交易所规定。经纪公司向客户收取的手续费构成了经纪公司的主要业务收入来源。

期货交易是保证金交易，从参与期货交易的资金来讲，都是先以资金形态存在，然后因被持仓而转化为合约占用状态，通过买进或卖出合约平仓了结交易，合约占用形态的资金又转化为货币资金形态，按照这种顺序周而复始地运转，并在周转过程中增值或减值。与保证金的循环周转相联系，期货经纪公司与交易所、客户之间均存在着手续费的支出和收入过程。期货市场资金这种正常有序的运转，构成了期货经纪公司的会计核算对象。

## 三、期货经纪公司会计核算的内容

期货经纪公司的会计核算内容包括以下几部分：

（一）与期货交易所有关的业务核算

1. 与会员席位有关的业务核算

主要包括期货经纪公司为取得会员资格交纳的会员资格费；会员资格进行转让时取得的损益；需要缴纳的基本席位以外的席位占用费及退还席位时收回的席位占用费；期货经纪公司每年对期货交易所缴纳年会费的核算。

2. 与期货交易所日常交易有关的业务核算

主要包括期货经纪公司将期货保证金存入期货交易所；保证金的划回及提取；客户平仓后代扣的手续费；当不能用货币资金补充保证金时，提交质押物进行融资的业务；代理客户对未平仓的合约进行实物交割；交易盈亏的结转。

（二）对客户业务的核算

对客户业务的核算，包括吸收客户期货保证金的核算；客户保证金清退的核算；平仓后从保证金中收取代理手续费的核算；对客户不能用货币资金追加保证金时接受保证金质押业务的核算；代理客户进行实物交割业务的核算；客户平仓盈亏的核算。

（三）其他业务的核算

其他业务的核算，包括期货经纪公司按规定提取风险准备金及其支用的核算，由于各种原因形成的错单交易的核算，对期货经纪公司存在的结算差异的反映，客户违约处罚的核算等。

# 第二节　商品期货业务的核算

## 一、主要会计科目及核算内容

根据《期货公司会计科目设置及核算指引》，经纪公司在开展期货业务时，除准则规定的一般科目外，应专门设置的科目如表 11-1 所示。

## 二、账务处理

（一）会员资格费的核算

期货经纪公司开办期货代理业务，首先要取得会员资格。会员资格的取得方式为向期货交易所认缴会员资格费。

表 11-1 **期货公司会计科目及其核算内容**

| | 名称 | 主要核算内容 |
|---|---|---|
| 资产类 | 期货保证金存款 | 核算期货公司收到客户或分级结算制度下全面结算会员收到非结算会员缴存的货币保证金以及期货公司存入期货保证金账户的款项 |
| | 应收货币保证金 | 核算期货公司向期货结算机构（指期货交易所或分级结算制度下的特别结算会员和全面结算会员，下同）划出的货币保证金，以及期货业务盈利形成的货币保证金 |
| | 应收质押保证金 | 核算期货公司代客户向期货交易所办理有价证券充抵保证金业务形成的可用于期货交易的保证金 |
| | 应收结算担保金 | 核算分级结算制度下结算会员（包括全面结算会员和交易结算会员，下同）按照规定向期货交易所缴纳的结算担保金 |
| | 应收风险损失款 | 核算期货公司为客户垫付尚未收回的风险损失款 |
| | 应收佣金 | 核算期货公司应收取的与其经营活动相关的佣金 |
| | 期货会员资格投资 | 核算期货公司为取得会员制期货交易所会员资格以交纳会员资格费形式对期货交易所的投资 |
| 负债类 | 应付货币保证金 | 核算期货公司收到客户或分级结算制度下全面结算会员收到非结算会员缴存的货币保证金，以及期货业务盈利形成的货币保证金 |
| | 应付质押保证金 | 核算期货公司代客户向期货交易所办理有价证券充抵保证金业务形成的可用于期货交易的保证金 |
| | 应付手续费 | 核算期货公司为期货结算机构代收尚未支付的手续费 |
| | 应付佣金 | 核算期货公司应支付的与其经营活动相关的佣金 |
| | 期货风险准备金 | 核算期货公司按规定以手续费收入的一定比例提取的期货风险准备金 |
| | 应付投资者保障基金 | 核算期货公司按规定提取的期货投资者保障基金 |

续表

| | 名称 | 主要核算内容 |
|---|---|---|
| 所有者权益类 | 一般风险准备 | 核算期货公司按规定以本年实现净利润的一定比例提取的一般风险准备 |
| 损益类 | 手续费收入 | 核算期货公司向客户收取的交易手续费、代理结算手续费、交割手续费和有价证券充抵保证金业务手续费收入，以及期货公司收到期货交易所返还、减收的手续费收入 |
| | 佣金收入 | 核算期货公司确认的佣金收入 |
| | 佣金支出 | 核算期货公司发生的与其经营活动相关的佣金支出 |
| | 提取期货风险准备金 | 核算期货公司按规定以手续费收入的一定比例提取的期货风险准备金 |
| | 业务及管理费 | 核算期货公司监管费、年会费、席位使用费、客户服务费、提取期货投资者保障基金等 |

根据我国会计准则中对于长期投资的有关规定，考虑到期货交易中会员资格费的特殊性，把会员资格费支出作为长期投资处理，设置“期货会员资格投资”科目。

1. 缴纳会员资格费。经纪公司为取得交易所会员资格而缴纳会员资格费时，应按实际支付的款项入账。会计分录为：

借：期货会员资格投资

　贷：银行存款

2. 转让会员资格。若期货市场较为兴旺，经纪机构可能会以比原购入资格费更高的价款让渡会员资格。经纪公司转让或被取消会员资格，会收到转让收入或交易所实际退还的会员资格费，这些收入高于（或低于）其会员资格投资账面价值的部分，应确认为投资收益。会计分录为：

借：银行存款

　贷：期货会员资格投资

　贷或借：投资收益

（二）席位占用费的核算

企业在期货交易所认购了会员资格后，成为期货交易所的一名会员，并取得了一个基本交易席位。若一个席位费不能满足交易需要，经纪公司还想取得更多的席位，则必须申请，并缴纳席位占用费。当经纪公司因经营的需要，认为不必要占用太多的交易席位时，可以向交易所退还申请增加的交易席位，此时交易所应全额归还原来向会员收取的席位占用费。企业取得的基本席位之外的席位不可转让。

经纪公司向交易所交纳席位占用费时，会计分录为：

借：业务及管理费——席位使用费

　贷：银行存款

（三）缴纳会费的核算

期货经纪公司应按期货交易所的规定，定期（一般是每年）向交易所缴纳年会费，以维持交易所为会员服务所必需的费用开支。年会费按占用席位和期货交易所理事会审议通过的标准向期货交易所缴纳。经纪公司向交易所缴纳年会费时，会计分录为：

借：业务及管理费——年会费

　贷：银行存款

（四）开仓、持仓与保证金的核算

1. 经纪公司与期货交易所的保证金核算

期货交易所对会员实施严格的保证金制度，要求每一个会员单位必须在交易所结算部门存入资金，为期货合约买卖提供财力保证。经纪公司向交易所缴纳的保证金按是否被合约占用可分为两类：结算准备金和交易准备金。

（1）结算准备金

结算准备金是指期货经纪公司在期货交易所存入的，为交易结算预先准备的款项，它是尚未被合约占用的保证金。从资金管理角度还可进一步分为基础保证金和可用保证金。期货交易所一般会要求期货经纪公司将基础保证金一次性存入保证金账户。会员单位在正常交易过程中一般不动用基础保证金，也不允许交易所动用。可用保证金大部分是经纪公司在下单买卖合约前存入交易所的款项，其他来源还包括尚未提取的平仓盈利款及经纪公司将来交易需要增加存入的款项，期货经纪公司对这部分保证金拥有支配权，可以随时划回。不过，经纪公司划回保证金必须经由交易所结算部门批准。

期货经纪公司也可以将基础保证金同用于结算准备的保证金一起作为结算准备金，设一个账户进行管理。在这种情况下，交易所只是在结算准备金账户中确定一个基本金额，在正常的交易中不允许使用，只有在会员单位其他的保证金不足时方可动用。交易所对会员单位可开仓头寸的控制是按结算准备金账户中的金额扣除基础保证金部分后的差额来确定的。

【例 11-1】甲期货经纪公司在交易所下单买卖合约前，存入 A 交易所的保证金账户 80 万元。会计分录为：

借：应收货币保证金——A 交易所　　800 000

　贷：期货保证金存款　　800 000

若该期货经纪公司在 A 交易所做多，买入合约后价格一路下跌，在某一结算日形成的浮动亏损为 20 万元。按交易所列明的亏损金额，编制会计分录：

借：应收货币保证金——A 交易所　　200 000

　贷：应付货币保证金——X 客户　　200 000

（2）交易保证金

交易保证金是被合约占用的保证金，它随着交易量及结算价的变动而变动。交易保证金的增加一般是由于期货经纪公司开新仓或持仓合约发生异常变化，交易所要求增加交易保证金（如接近交割期，交易所为了保证合约的履行，一般要求增加保证金的水平）。交易保证金的减少是通过对冲平仓或实物交割了结期货交易，合约占用的保证金被释放退回到结算准备金账户中来实现的。

交易保证金还可进一步划分为初始保证金、维持保证金和追加保证金。在新开仓时从结算准备金账户中划转出的部分保证金称之为初始保证金。随着交易的进行，在每日收盘后，期货交易所结算部门将根据当时的盈亏情况调整会员单位的保证金账户，将盈利增加保证金金额，亏损减少保证金金额。若会员单位可用保证金账户出现亏损或因持有未平仓合约数量过多而使其保证金数额低于维持保证金水平，就必须在规定的时间内再存入一笔款项，增加交易保证金，使其达到初始保证金水平。这种补交的保证金通常称之为“追加保证金”。

客户向经纪公司下达开仓指令后，若开仓合约成交，则期货交易所结算部门就会根据成交合约的市价按一定的比例，将结算准备金账户中的可动用保证金划转到交易保证金中去。这部分被划转的保证金，经纪公司失去对其的使用权，不能再将其用于开新仓或弥补交易亏损。开新仓的经济业务本身并不涉及期货经纪公司的账务处理，交易所结算部门进行的结算准备金向交易准备金的划转并不涉及期货交易所与经纪公司间的资金运动，经纪公司无须做出会计处理，只通过结算部门的每日结算反映在结算单据上。

期货经纪公司按客户的指令开仓买入或卖出合约后，尚未对冲平仓前的状态称为持仓。持仓过程中，合约市价处于不断变化中，形成浮动盈亏。当浮动亏损达到一定程度时，可能会导致可动用的保证金低于结算准备金的最低水平，这时交易所就会发出追加保证金通知，经纪公司需追加保证金。交易所每天在交易结束后，计算每个会员的当日结算准备金金额，当会员的结算准备金低于最低准备金余额时，该结果即被视为交易所向会员发出的追加保证金通知，交易所通过结算银行从会员的专用资金账户中划扣。经纪公司支付追加保证金时，会计分录为：

借：应收货币保证金

　贷：期货保证金存款

【例 11-2】甲经纪公司在 A 交易所进行期货交易，12 月 13 日持有的期货合约全线下跌，发生浮动亏损 80 万元，当日未发生保证金存取及开仓和平仓业务，上一交易日的结算准备金余额为 120 万元，交易所要求的结算准备金的最低余额为 50 万元。

该经纪公司当日的结算准备金余额为 120-80=40（万元），应追加的保证金为 50-40=10（万元），则交易所从经纪公司专用账户划拨资金。经纪公司的账务处理为：

借：应收货币保证金——A 交易所　　　　100 000

　贷：期货保证金存款　　　　100 000

2. 经纪公司与客户的保证金核算

客户向经纪公司交纳的保证金，是其履约的财力担保。与交易所对会员单位的保证金制度不同，目前我国经纪公司一般不要求客户缴纳基础保证金，只要求缴纳交易保证金。因此，经纪公司收到的客户开户金，实际上就是客户最初存入经纪公司，准备用于下单买卖合约的保证金。经纪公司对客户的开户金额一般规定一个下限，客户可以根据自己将来要进行交易的数量向经纪公司预存一定数额的保证金。期货经纪公司必须按每一个客户开设保证金账户，进行明细分类核算。

经纪公司对收到的客户保证金，通过“应付货币保证金”科目核算。收到客户划入的保证金时，应按实际划入的款项，做如下会计分录：

借：期货保证金存款

　贷：应付货币保证金

客户划出的保证金，做相反的会计分录。

【例 11-3】某经纪公司收到甲客户的开户保证金 100 万元，将其设专户存入银行，并做会计分录：

借：期货保证金存款　　　　1 000 000

　贷：应付货币保证金——甲客户　　　　1 000 000

如果甲客户在进行一段时间的交易后，因需要资金向经纪公司申请，将未被合约占用的保证金划出 10 万元。此时，该经纪公司做如下会计分录：

借：应付货币保证金——甲客户　　　　100 000

　贷：期货保证金存款　　　　100 000

经纪公司代客户下单成交以后，将成交合约应占用的保证金从客户交存的保证金账户中划出，形成交易保证金。交易保证金的划转仅仅是结算需要，以确定是否追加保证金，此时并没有真实的资金运动，因此不涉及账务处理。

随着交易的进行，在每日收盘后，经纪公司将根据客户当日的盈亏情况调整客户的保证金账户，将盈利增加保证金金额，将亏损减少保证金金额。会员的交易保证金账户必须维持其最低的保证金额度，若客户保证金账户划转交易保证金后出现亏损，或因持有未平仓合约数量过多或合约价格向不利于客户的方向变动而出现浮动亏损，使其保证金数额低于维持保证金水平，就必须在规定的时间内再存入一笔款项，使保证金数额达到应有的水平，即追加保证金。

【例 11-4】甲期货经纪公司代理×客户在大连商品交易所做大豆期货。5 月 20 日，收取客户保证金 12 万元。5 月 28 日接受客户指令以 2 300 元/吨的价格开新仓卖出 9 月份期货合约 100 手，每手 10 吨，共计 1 000 吨。期货经纪公司按 5% 的比率收取保证金。5 月 28 日的结算价与成交价相同。5 月 29 日的结算价为 2 270 元/吨。不考虑手续费，经纪公司的账务处理如下：

① 5 月 20 日客户存入保证金：

借：期货保证金存款　　120 000

　贷：应付货币保证金——×客户　　120 000

② 5 月 28 日开新仓，按成交价计算开新仓合约应占用的保证金为 115 000 元（2 300×100×10×5%），当日收盘价与成交价相同，当日可用的保证金大于合同占用的保证金，故无须追加保证金，也不需要进行账务处理。

③ 5 月 29 日发生浮动亏损。

期货价格下跌发生的浮动亏损 =（2 270-2 300）×100×10 = -30 000（元）

当日保证金余额 = 120 000-115 000-30 000 = -25 000（元）

由于浮动亏损，该客户在经纪公司的保证金可运用部分已成负数，期货经纪公司要求该企业在 5 月 30 日开盘前补交发生的浮动亏损 30 000 元。收到结算单据列明的亏损金额，会计分录为：

借：应付货币保证金　　30 000

　贷：应收货币保证金——×客户　　30 000

3. 结算准备金存款利息的核算

经纪公司存入交易所的结算准备金是尚未被期货合约占用的保证金，对经纪公司来讲，这种结算准备金相当于在交易所的一种存款，因此交易所应支付相应的存款利息。一般情况下，交易所是按同期银行活期存款利率向经纪公司支付结算准备金存款利息。

交易所向经纪公司支付的结算准备金存款利息，是通过会员的保证金账户直接划转的。经纪公司收到交易所划转的保证金存款利息，借记“应收货币保证金”科目，贷记“利息收入”科目。

【例 11-5】在第二季度末，甲经纪公司在 A 交易所存入的结算准备金余额为 80 万元，其中基础保证金 60 万元，可用保证金 20 万元，经纪公司收到交易所支付的第二季度利息 2 000 元（设按年利率 1% 支付）。

借：应收货币保证金——A 交易所　　2 000
　贷：利息收入　　2 000

当经纪公司将该笔存款利息从保证金账户中划出时，会计分录为：

借：期货保证金存款　　2 000
　贷：应收货币保证金——A 交易所　　2 000

（五）平仓盈亏的核算

通过买入或卖出而建仓的合约，以对冲平仓的形式予以了结，是期货交易中最普通的业务。持仓合约通过对冲了结可能出现三种情况：一是平仓价等于开仓价，整个交易过程不盈不亏；二是多头的平仓价高于开仓价或空头的平仓价低于开仓价，实现平仓盈利；三是多头的平仓价低于开仓价或空头的平仓价高于开仓价，实现平仓亏损。期货交易所对会员单位合约所实现的平仓盈亏，通过结算准备金账户进行保证金的划转，经纪公司对上述三种情况的处理也各不相同。

1. 不盈不亏。平仓价等于开仓价时，整个交易过程不盈不亏，此时交易所对经纪公司的结算业务只是将原合约占用的交易保证金划转为不被合约占用的结算准备金。因此，经纪公司不需要对这类业务进行账务处理，只需要将结算单据作为资料备查即可。

2. 平仓盈利。在平仓盈利的情况下，交易所对经纪公司的结算包括两部分：一是将平仓会员实现的盈利增加其结算准备金；二是将原合约占用的交易保证金划转为不被合约占用的结算准备金，这部分无须进行账务处理。

经纪公司对平仓实现的盈利通过“应收货币保证金”和“应付货币保证金”科目核算，按期货交易所结算单据载明的平仓盈利金额，借记“应收货币保证金”科目，贷记“应付货币保证金”科目。

【例 11-6】甲经纪公司代理一家客户在郑州商品交易所做大豆期货交易。3 月 5 日，按客户指令买入 5 月份到期的大豆合约 40 手共 200 吨，成交价为 2 400 元/吨。持仓到 5 月 15 日，客户下达平仓指令将大豆合约全部平仓了结。大豆合约的平仓成交价为 2 500 元/吨。不考虑手续费，该期货经纪公司有关账务处理如下：

平仓盈利：（2 500−2 400）×200＝20 000（元）

会计分录：

借：应收货币保证金——郑州交易所　　20 000

　贷：应付货币保证金——客户　　20 000

3. 平仓亏损。在平仓亏损的情况下，交易所对经纪公司的结算包括两部分：一是将平仓会员实现的亏损减少其结算准备金；二是将原合约占用的交易保证金划转为不被合约占用的结算准备金，这部分无须进行账务处理。

经纪公司对平仓实现的亏损通过“应收保证金”和“应付保证金”科目核算，按期货交易所结算单据载明的平仓亏损金额，借记“应付货币保证金”科目，贷记“应收货币保证金”科目。

【例 11-7】乙经纪公司代理某客户在上海期货交易所从事铜期货交易。3 月 5 日，按客户指令卖出 8 月份到期的铜期货 20 手共 100 吨，成交价为 17 000 元/吨。3 月 15 日，8 月铜期货因国际市场影响价格上扬，该客户为减少风险决定先平掉 10 手，平仓成交价为 18 000 元/吨。不考虑手续费，该期货经纪公司有关账务处理如下：

平仓亏损：（17 000−18 000）×50＝−50 000（元）

会计分录：

借：应付货币保证金——某客户　　50 000

　贷：应收货币保证金——上海货期交易所　　50 000

（六）手续费的核算

在期货交易中，手续费是由提供期货交易服务的一方向接受服务的一方收取的服务报酬。期货交易所按成交情况向其会员单位收取手续费，期货经纪公司也按成交情况向客户收取手续费。在我国期货交易中，手续费按单边收取，不管交易者是买入还是卖出，是开新仓还是对冲平仓，只要合约成交都必须按一定的标准交纳手续费。

期货经纪公司向客户收取的手续费，除去上交给交易所的部分，构成了期货经纪公司的营业收入。

1. 收取手续费。经纪公司向客户收取交易手续费、交割手续费时，会计分录为：

借：应付货币保证金

　贷：手续费收入（实际划转的款项中属于经纪公司收入的部分）

　　应付手续费（为交易所代收代付的部分）

2. 向交易所支付手续费。向交易所支付手续费时，应按结算单据列明的金额记账。会计分录为：

借：应付手续费

贷：应收货币保证金

【例 11-8】甲期货经纪公司代理某客户在大连商品交易所进行大豆期货交易，12 月 13 日一次成交 100 手共计 1 000 吨，买入成交价为 2 500 元/吨，大连商品交易所收取大豆合约的交易手续费为 4 元/手，甲经纪公司向客户收取手续费为 10 元/手。经纪公司的账务处理如下：

①经纪公司从客户保证金账户中划转手续费时，会计分录为：

借：应付货币保证金——客户　　1 000

　贷：应付手续费——大连商品交易所　　400

　　手续费收入　　600

②交易所从甲经纪公司的结算准备金账户中划转手续费时，甲经纪公司的会计分录为：

借：应付手续费——大连商品交易所　　400

　贷：应收货币保证金——大连商品交易所　　400

③12 月 31 日结转营业收入，会计分录为：

借：手续费收入　　600

　贷：本年利润　　600

（七）实物交割的核算

实物交割具体是指期货合约到期时，交易双方通过该期货合约所载商品所有权的转移，了结未平仓合约的过程。当然，大部分期货交易是通过对冲平仓了结合约的，实物交割只占全部期货交易的 2% ~3% 。

实物交割是期货交易和现货交易的交叉点，完整的实物交割程序可分为两步：第一步，实物交割双方先按最后交易日的交割结算价将合约对冲平仓完成期货交易过程；第二步，实物交割双方按最后交易日的实物结算价进行实物商品的现货交易。

实物交割过程可分三个时间段，即第一通知日、最后交易日和最后交割日。

第一通知日是进入交割月份的第一营业日，经纪公司收到交易所发出的准备交割通知单。在第一通知日卖方也可能已开始准备实物交割，并向交易所提交交货通知单。交易所按买方合约持仓时间长短、交割量大小、交割地点等因素，由计算机按优化和节约的原则自动撮合配对。第一通知日后，交易所一般会将保证金的水平逐步提高，以保证合约的正常履行，降低交割风险。

最后交易日是交割月份的某一天，是未平仓合约可以对冲平仓的最后一个交易日，在最后交易日后仍未平仓的合约必须进行实物交割。

最后交割日是交割期的最后一个工作日，实物交割必须在最后交割日前完成。

第一通知日后的第一工作日到最后交割日前的一段时间为交割期，这期间任何一个工作日都可进行实物交割。

由于市场的逐日盯市制度，结算价变动引起的盈亏在每日的期货交易账户中已经反映，所以在最后交易日结束后买卖双方发生实物交割时均以最后交易日的结算价作为双方应收或应付的货款。对于以实物交割了结的合约，应以交割结算价先做对冲平仓处理。

1. 经纪公司代理买方客户进行实物交割

经纪公司应按交易所计算的实物交割货款金额向客户收取。收到交易所转来的由买方提供的实物仓单及增值税专用发票应及时转交给买方客户。

代理买方客户进行实物交割的，依据交易所提供的交割单据，按实际划转支付的交割货款金额（含增值税额，下同），借记“应付货币保证金”科目，贷记“应收货币保证金”科目。

2. 经纪公司代理卖方客户进行实物交割

经纪公司依据交易所交割单据，按实际划转收到的交割货款，借记“应收货币保证金”科目，贷记“应付货币保证金”科目。

3. 违约罚款

实物交割中有时会出现某一方违约的行为，即交割违约。如卖方客户不能按时向交易所提交货物仓单，提供的提货凭单因手续不全提不到货，所交的实物质量不符合规定等都属于交割违约。如买方客户不能及时足额地将货款汇入交易所账户，不按提货日规定的期限提货等也属于交割违约。对于交割的违约行为，交易所往往对违约方处以交易金额一定比例的违约金和罚款。

期货经纪公司在代理客户向交易所交纳的实物交割违约罚款支出时，会计分录为：

借：应收风险损失款——客户罚款

　贷：应付货币保证金

实际从客户保证金中划转违约罚款支出时，会计分录为：

借：应付货币保证金

　贷：应收风险损失款——客户罚款

（八）提取和使用期货风险准备

由于期货行业的高风险性，国家允许经纪公司提取风险准备金，来应付随时可能出现的风险。按现行制度规定，期货经纪公司应按向客户收取的手续费净收入（即手续费收入总额扣除为交易所代收、代付部分的余额）的5%提取，并计入营业费用。

1. 计提手续费。经纪公司按规定以手续费收入的一定比例提取风险准备时，会计分录为：

借：提取期货风险准备

　贷：期货风险准备金

2. 发生错单平仓亏损。经纪公司代理客户进行期货交易，发生错单的事情是不可避免的，如下单员向计算机输入客户指令时，输错了方向，将买单下成了卖单；输错数量、价格等。按现行财务制度的规定，错单合约平仓产生的亏损，按结算单据列明的金额记账。会计分录为：

借：期货风险准备金

　贷：应付货币保证金

错单平仓实现的盈利，做相反的会计分录。

3. 分清风险事故责任

经纪公司出现风险事故应分清责任。

（1）因经纪公司自身原因造成的风险损失，应按照有关规定追究有关当事人的责任。会计分录为：

借：其他应收款（由当事人负担的金额）

　　期货风险准备金（由经纪公司负担的金额）

　贷：应收货币保证金（或应付货币保证金）（实际向交易所或客户划转的金额）

（2）因客户责任造成的风险损失分不同情况处理。

①需要经纪公司代为客户垫付时，会计分录为：

借：应收风险损失款　　客户垫付（实际向交易所划转的金额）

　贷：应收货币保证金

②向客户收回垫付的风险损失款时，会计分录为：

借：应付货币保证金

　贷：应收风险损失款——客户垫付

③按规定对难以收回的风险损失垫付款予以核销时，会计分录为：

借：期货风险准备金

　贷：应收风险损失款——客户垫付

④因客户有违约、违规等行为对其实施的罚款，在客户支付罚款前，会计分录为：

借：应收风险损失款——客户罚款

　贷：营业外收入

实际收到客户支付的罚款时，会计分录为：

借：应付货币保证金（或银行存款）

　　贷：应收风险损失款——客户罚款

【例 11-9】某经纪公司 10 月份代理期货业务得到的手续费净收入为 80 万元，按 5% 的比例提取风险准备金。会计分录如下：

借：提取期货风险准备　　40 000

　　贷：期货风险准备金　　40 000

【例 11-10】甲客户向某经纪公司下达交易指令，买入大连商品交易所的 10 月大豆期货 100 手共计 1 000 吨，指定价位为 2 200 元/吨，由下单员错输成了 2 300 元/吨，这笔错单在当天收市后被发现。按经纪公司的规定在第二天开市后尽快进行对冲平仓，平仓成交价为 2 250 元/吨。错单交易造成的损失经批准后由下单员承担 50%，其余 50% 用风险准备金弥补。账务处理如下：

①错单合约平仓产生亏损（2 250-2 300）×1 000=50 000（元），做会计分录：

借：应付货币保证金　　50 000

　　贷：应收货币保证金——大连商品交易所　　50 000

②对经批准后的弥补方式处理如下：

借：其他应收款　　25 000

　　期货风险准备金　　25 000

　　贷：应付货币保证金　　50 000

【例 11-11】某经纪公司代理客户在上海期货交易所进行铝期货交易，因客户对市场变化判断失误，导致损失 60 万元，由经纪公司先为客户垫付。会计分录如下：

①为客户垫付交易损失款时，会计分录为：

借：应收风险损失款——客户垫付　　600 000

　　贷：应收货币保证金——上海期货交易所　　600 000

②为客户垫付款确认无法收回予以核销时，会计分录为：

借：期货风险准备金　　600 000

　　贷：应收风险损失款——客户垫付　　600 000

（九）质押保证金的处理

期货交易所与经纪公司间的资金往来一般是采用货币资金进行结算。根据交易所规定，会员单位也可采用质押的形式取得保证金。质押是指会员单位提出申请并经交易所批准，将持有的权利凭证移交交易所，作为会员履行保证金的担保。质押只可应用于会员保证金的担保，会员发生的交易亏损、费用、税金等，只能用货币资金结算。

可用于质押的权利凭证仅限于国债和交易所注册的标准仓单。质押价的确定方法为：以国债质押的，按同日（或验券交存日前一交易日）该品种上交所和深交所收盘价中较低价格作为基准价；以标准仓单质押的，以该品种最近已交割合约最后交易日的结算价（或交割结算价）作为基准价；质押不得高于基准价的80%。

用作质押的可上市流通的国债或标准仓单存入交易所后，其所有权并未发生转移，仍归经纪公司或客户所有，一旦有了足够的货币资金作为保证金，经纪公司就可以赎回质押品。对于质押品的核算，可以不单独设置一级科目，而是作为报表补充资料予以披露；对于质押品完整的业务过程，可以通过质押品备查登记簿做出全面、完整的反映；对于获取的质押品额度通过结算部门来掌握，不进行单独的会计核算。

同期货经纪公司向交易所质押保证金相同，客户也可以向经纪公司质押保证金。对于可用于质押的资产的要求及政策，经纪公司向交易所质押和客户向经纪公司质押相同：①可上市流通的国债，按不小于10%的折价比率提供保证金；②套期保值的标准仓单，参照交易所的规定以一定的质抵率提供保证金。对于客户质押业务的处理只做报表附注披露，不再单独进行核算。期货公司应当对质押业务做出详尽的备查登记和完整记录，以反映客户的质押情况。

金融期货和其他期货的核算，请参阅本书第七章中间业务的核算有关内容。

## 本章小结

1. 期货经纪公司是代理客户从事期货交易的企业法人或由企业法人设立的分支机构，是期货交易发展的一个不可或缺的组成部分。

2. 期货经纪公司的主要职责是接受客户委托买卖期货合约，并作为期货交易所与客户的中介，确保期货交易的正常进行。

3. 期货经纪公司的会计核算包括与期货交易所有关的业务核算、对客户业务的核算及其他业务的核素。

4. 本章重点介绍了商品期货经纪业务的会计核算。

## 关键概念

期货经纪公司　期货交易　商品期货

## 思考与应用

（一）复习思考

1. 如何理解期货经纪公司会计业务的主要特征？

2. 期货公司主要通过哪些科目进行会计核算？

3. 期货经纪公司与客户的结算制度主要涉及哪些内容？

（二）操作练习

M 期货经纪公司发生下列业务，请根据这些业务编制有关的会计分录。

1. M 公司于20×0 年1 月5 日取得上海商品交易所会员资格，同时交纳了会员资格费50 万元人民币；1 月 10 日在该交易所存入 1 000 万元，作为期货交易保证金，并交纳本年度年会费 2 万元。

2. M 公司于 6 月 12 日收到某客户保证金 120 万元。

3. 7 月 3 日收到交易所划转的保证金存款利息 2 849 元。

4. 20×1 年 5 月 27 日，该公司在上海交易所结转账单上的盈利为 235 万元，而公司提供的内部交易汇总结算账单显示的盈利为 195 万元。

5. 20×1 年 6 月 15 日收取客户交易手续费 33 万元，其中交易所代收手续费为 11 万元。

6. 提取 6 月份风险准备 5 500 元。

7. 由于报单员的失误，造成 10 000 元损失，该公司承担 70% 的损失，个人承担 30% 的损失。

# 第十二章 证券投资基金会计

## 学习目标

1. 掌握投资基金的概念、类别
2. 掌握投资基金发行及增减变动的会计核算
3. 掌握投资基金进行投资业务的会计核算
4. 掌握投资基金收入、费用的会计核算

## 第一节 证券投资基金概述

证券投资基金通俗地讲就是集中众多投资者的资金，交由专业的证券投资基金对股票、债券等进行分散投资，以谋求投资风险的最小化和投资收益的最大化。由此，证券投资基金可定义为一种利益共享、风险共担的集合证券投资方法，即通过发行基金单位，集中投资者的资金，由基金托管人托管，基金管理人管理和运用资金，从事股票、债券等金融工具投资。

### 一、证券投资基金的分类

证券投资基金的种类繁多，根据研究角度不同，有以下几种分类方法：

1. 按照基金单位是否可以增加或赎回，基金可以分为开放式基金和封闭式基金。

2. 按照组织形式的不同，基金可以分为公司型基金和契约型基金。

3. 按照基金经营目标的不同，基金可以分为积极成长型基金、成长型基金、成长及收入型基金、平衡型基金、收入型基金等。

4. 按照投资对象的不同，基金可以分为股票基金、债券基金、货币市场基金、期货基金和期权基金。

## 二、证券投资基金的当事人

尽管从不同角度可以把基金细分为多种类别，但总的来说，基金都有以下四方面的当事人：基金发起人、基金持有人、基金管理人和基金托管人。

### （一）基金发起人

基金发起人是以基金的设立和组建为目的，采取必要的措施和步骤来设立和组建基金的法人。

### （二）基金持有人

基金持有人是基金单位的持有者，他们是基金投资人，是基金资产的最终拥有人，享有基金资产的一切权益，并对此资产负有限责任。

### （三）基金管理人

基金管理人是根据法律、法规及基金章程或基金契约的规定，运用基金资产，凭借专门的知识与经验，进行科学的投资组合决策，以期所管理的基金资产不断增值，使基金持有人获得尽可能多收益的机构。在我国，基金设立后一般委托基金管理公司进行管理。

基金管理公司是适应契约型基金的操作而产生的基金经营机构。基金管理公司的主要发起人应当是依法设立的证券公司或信托投资公司，其他市场信誉较好、运作规范的机构也可以作为发起人参与基金管理公司的设立。基金管理公司可以采取有限责任公司的组织形式，也可以采取股份有限公司的组织形式。

### （四）基金托管人

经批准设立的基金，应当委托商业银行作为基金托管人托管基金资产。基金管理公司只负责基金的日常管理和操作，对投资者提供基金买卖和咨询服务，下达投资决策指令。基金托管人必须将其托管的基金与托管人的自有资产严格分开，对不同基金分别设置账户，实行分账管理，根据基金管理公司的指令对基金资产进行处理。

## 三、基金净值和基金单位资产净值的计算

基金资产净值是指在某一基金估值时点上，对全部基金资产进行估值的总市值扣除总负债以后的余额，即基金单位持有人的权益。基金单位资产净值是每一基金单位所代表的基金资产的净值。基金单位资产净值的计算公式为：

基金单位资产净值=（总资产-总负债）/ 基金单位总数

总资产指基金所持有的所有资产，包括银行存款、清算备付金、交易保证金、各种股票、债券及其他有价证券等等；总负债是指基金在运作过程中所形成的各种应付款项、短期借款等等。总资产按照当日的公允价值进行计算。基金单位总数是指开放日发行在外的基金单位的余额数量。

## 四、主要会计科目及核算内容

在我国，中国证券业协会制定了《证券投资基金会计核算业务指引》（自 2007 年 7 月 1 日起实施），证券投资基金设置和使用的会计科目见第一章附录 1。

表 12-1 列示了除金融企业通用会计科目以外，证券投资基金核算的专用科目及其核算内容。

表 12-1　　　　**证券投资基金专用科目及其核算内容**

| | 名称 | 主要核算内容 |
|---|---|---|
| 资产类 | 股票投资 | 核算股票投资的实际成本和价值变动（估值增值或减值）。本科目可按股票的种类，分别“成本”和“估值增值”进行明细核算 |
| | 债券投资 | 对非货币市场基金，本科目核算债券投资的实际成本和价值变动（估值增值或减值），可按债券的种类，分别“成本”和“估值增值”进行明细核算；对货币市场基金或中国证监会规定的特定基金品种，本科目核算实际利率摊余成本估算的公允价值，可按债券的种类，分别“面值”和“折溢价”进行明细核算 |
| | 资产支持证券投资 | 对非货币市场基金，本科目核算资产支持证券投资的实际成本和价值变动（估值增值或减值），可按资产支持证券投资的种类，分别“成本”和“估值增值”进行明细核算；对货币市场基金或中国证监会规定的特定基金品种，本科目核算实际利率摊余成本估算的公允价值，可按资产支持证券投资的种类，分别“面值”和“折溢价”进行明细核算 |
| | 基金投资 | 核算基金投资的实际成本和价值变动（估值增值或减值）。本科目可按基金的种类，分别“成本”和“估值增值”进行明细核算 |
| | 权证投资 | 核算权证投资的实际成本和价值变动（估值增值或减值）。核算权证投资的实际成本和价值变动（估值增值或减值）。本科目可按权证的种类，分别“成本”和“估值增值”进行明细核算 |
| | 应收申购款 | 核算应向办理申购业务的机构收取的申购款项和转换转入款项（不含申购费和转换费） |
| | 待摊费用 | 核算已经发生的、影响基金份额净值小数点后第四位，应在受益期内分摊计入本期和以后各期的费用，如注册登记费、上市年费、账户服务费、信息披露费、审计费用和律师费用等。本科目可按费用项目进行明细核算 |

续表

| | 名称 | 主要核算内容 |
|---|---|---|
| 负债类 | 应付赎回款 | 核算按规定应付基金份额持有人的赎回款和转换转出款 |
| | 应付赎回费 | 核算按规定计算的，应付给办理赎回业务或转换业务的机构的赎回费或转换转出费 |
| | 应付管理人报酬 | 核算按规定计提的，应付给管理人的报酬。本科目可按管理人报酬的类别进行明细核算 |
| | 应付托管费 | 核算按规定计提的，应支付给托管人的托管费 |
| | 应付销售服务费 | 核算按规定计提的，应支付的销售服务费 |
| | 应付交易费用 | 核算因证券交易而应支付的交易费用 |
| | 预提费用 | 核算预计将发生的、影响基金份额净值小数点后第四位，应在受益期内预提计入本期的费用，如注册登记费、上市年费、信息披露费、账户服务费、审计费用和律师费用等 |
| 共同类 | 证券清算款 | 核算因买卖证券、回购证券、申购新股、配售股票、ETF现金替代等业务而发生的，应与证券登记结算机构或证券交易对手方办理资金结算的款项。本科目可按不同证券登记结算机构或证券交易对手方等进行明细核算 |
| | 远期投资 | 核算约定于到期日结算证券等标的物的合约的公允价值。本科目应在远期合约的交易日开始按其公允价值进行初始确认，在远期合约有效期内对其进行估值、后续计量，在远期合约到期结算时终止确认。本科目可按远期合约的种类进行明细核算 |
| 所有者权益类 | 实收基金 | 核算对外发行基金份额所募集的总金额在扣除平准金分摊部分后的余额。对分级/类基金等特定基金品种，本科目可按不同级/类基金等设置明细账，进行明细核算 |
| | 损益平准金 | 核算非利润转化而形成的损益平准项目，如申购、转换转入、赎回、转换转出款中所含的未分配利润和公允价值变动损益。本科目可按损益平准金的种类进行明细核算，分别“已实现”和“未实现”进行明细核算 |

续表

| | 名称 | 主要核算内容 |
|---|---|---|
| 损益类 | 其他收入 | 核算基金确认的除利息收入、投资收益和公允价值变动损益以外的其他各项收入，包括赎回费扣除基本手续费后的余额、手续费返还、ETF 替代损益，以及基金管理人等机构为弥补基金财产损失而支付给基金的赔偿款项等。本科目可按其他收入的种类进行明细核算 |
| | 管理人报酬 | 核算按规定计提的基金管理人报酬，包括管理费和业绩报酬。本科目可分别“管理费”和“业绩报酬”进行明细核算 |
| | 托管费 | 核算按规定计提的托管费 |
| | 销售服务费 | 核算按规定计提的销售服务费 |
| | 交易费用 | 核算进行股票、债券、资产支持证券、基金、权证等交易过程中发生的交易费用 |

## 第二节　证券投资基金发行及增减变动的核算

证券投资基金发起人要设立或扩募基金必须向中国证监会提交必要的文件，在其设立或扩募基金的申请被中国证监会批准后，就要向投资者推销基金单位、募集资金，这称为基金发行。

基金的设立申请被批准后开始向社会募集资金，称为基金的募集期。封闭式基金自批准之日起 3 个月内募集的资金超过该基金批准规模 80% 的，该基金方可成立。开放式基金自批准之日起 3 个月内净销售额超过 2 亿元的，该基金方可成立。如果基金未能成立，则基金发起人必须承担基金募集费用，已募集的资金加计银行活期存款利息必须在 30 天内退还基金认购人。

基金管理公司对所管理的基金以基金作为会计核算主体，独立建账、独立核算，不同基金之间在名册登记、账户设置、资金划拨、账簿记录等方面都是相互独立的。

（一）基金合同生效日的核算

基金募集结束，在基金合同生效日，按投资者投入的金额记账。会计分录为：

借：银行存款

　贷：实收基金

【例 12-1】20×8 年 3 月 1 日，某开放式基金 XYZ 基金募集期满，基金规模为

5 亿元人民币，基金管理公司编制会计分录如下：

借：银行存款　　　　　　　　　　　　500 000 000

　贷：实收基金　　　　　　　　　　　　　500 000 000

对封闭式基金，实际收到的金额中包括了额定募集费用与实际发生募集费用的差额。

交易型开放式指数基金（Exchange Traded Funds，简称 ETF 基金），是一种在交易所上市交易的、基金份额可变的开放式基金。

如本基金为 ETF，在基金合同生效日的会计分录为：

借：股票投资——成本（与投资者协议的认购股票的价款）

　　银行存款（投资者缴纳的现金认购款）

　贷：实收基金

（二）基金申购、转入确认日的核算

基金申购、转入确认日的会计分录为：

借：应收申购款（基金申购款或转换转入款）

　贷：实收基金（实收基金的余额占基金净值的比例，确认有效的申购款或转换转入款中含有的实收基金）

　　损益平准金——未实现（“利润分配——未分配利润”未实现部分的余额占基金净值的比例）

　　损益平准金——已实现（差额）

开放式基金投资者的申购金额中，包含申购费用和净申购金额。每一笔申购金额可以买到的基金单位计算方法如下：

申购费用=申购金额×申购费率

净申购金额=申购金额-申购费用

申购份数=净申购金额÷申购当日基金单位资产净值

如本基金为 ETF，在投资者申购本基金时，在申购确认日，会计分录为：

借：股票投资——成本（股票的公允价值）

　　证券清算款（投资者应缴纳的现金替代及现金差额款）

　贷：实收基金（实收基金的余额占基金净值的比例，确认有效的申购款中含有的实收基金）

　　损益平准金（基金申购款与实收基金的差额）

【例 12-2】20×8 年 3 月 2 日，XYZ 开放式基金单位基金资产净值为 1.0029 元，3 月 2 日投资者申购 XYZ 基金 100 万元，申购费率为 1%。

申购费用=申购金额×申购费率

=1 000 000×1% =10 000（元）

净申购金额=申购金额-申购费用

=1 000 000-10 000=990 000（元）

申购份数=净申购金额÷申购当日基金单位资产净值

=990 000÷1.0029=987 137.30（元）

①3 月 2 日的会计分录为：

| | | |
|---|---|---|
| 借：应收申购款 | 990 000 | |
| 　　损益平准金——已实现 | 16.72 | |
| 　贷：实收基金 | | 987 137.30 |
| 　　　损益平准金——未实现 | | 2 879.42 |

②交易日第二天（t+1 日）款项交割，基金公司的会计分录为：

| | | |
|---|---|---|
| 借：银行存款 | 990 000 | |
| 　贷：应收申购款 | | 990 000 |

（三）基金赎回、转出确认日的核算

开放式基金可以根据基金管理运作的实际需要收取赎回费，赎回时投资者得到的金额为赎回总金额扣除赎回费剩余的部分。有关计算如下：

赎回总额=赎回份数×赎回当日基金单位净值

赎回费用=赎回总额×赎回费率

赎回金额=赎回总额-赎回费用

基金赎回、转出确认日的会计分录为：

借：实收基金（基金赎回款或转换转出款中含有的实收基金）

　　损益平准金——未实现（“利润分配——未分配利润”未实现部分的余额占基金净值的比例）

　贷：应付赎回款（应付投资者赎回款或转换转出款）

　　　应付赎回费（赎回费或转换转出费中基本手续费部分）

　　　其他收入（赎回费或转换转出费扣除基本手续费后的余额部分）

　　　损益平准金——已实现（差额）

如本基金为 ETF，在投资者赎回本基金时，会计分录为：

借：实收基金（实收基金的余额占基金净值的比例，确认有效的赎回款中含有的实收基金）

　　损益平准金（基金赎回款或转换转出款与实收基金的差额）

　　股票投资——估值增值（结转股票投资估值增值或减值）

　贷：股票投资——成本（结转股票投资成本）

　　　证券清算款（应支付给投资者的现金替代或现金差额款）

贷：投资收益——股票投资收益（差额）

同时，将原计入相关股票的公允价值变动损益转出，会计分录为：

借：公允价值变动损益

贷：投资收益——股票投资收益

【例 12-3】承上例，20×8 年 3 月某日，投资者申请赎回 XYZ 开放式基金 50 万份，假定当日基金单位资产净值仍为 1.0029 元，赎回费率为 0.5%，应付代办赎回业务的 Y 银行 300 元。

赎回总额 = 赎回份数×赎回当日基金单位净值

= 500 000×1.0029 = 501 450（元）

赎回费用 = 赎回总额×赎回费率

= 501 450×0.5% = 2 507.25（元）

赎回金额 = 赎回总额-赎回费用

= 501 450-2 507.25 = 498 942.75（元）

会计分录为：

| | | |
|---|---|---|
| 借：实收基金 | 500 000 | |
| 损益平准金——未实现 | 1 454.25 | |
| 贷：应付赎回款 | | 498 942.75 |
| 其他收入 | | 2 507.25 |
| 损益平准金——已实现 | | 4.25 |

次日交割款项，会计分录为：

| | | |
|---|---|---|
| 借：应付赎回款 | 498 942.75 | |
| 贷：银行存款 | | 498 942.75 |

（四）基金红利再投资确认日的核算

基金红利再投资金额计入“应付利润”科目，会计分录为：

借：应付利润（基金红利再投资金额）

贷：实收基金（实收基金的余额占基金净值的比例，对基金红利再投资金额中含有的实收基金）

损益平准金——未实现（“利润分配——未分配利润”未实现部分的余额占基金净值的比例）

损益平准金——已实现（差额）

## 第三节 证券投资基金投资业务的核算

证券投资基金成立以后，各类投资基金通常选择其认为最能取得投资效益的资产组合和经营运作方式。60%以上的基金资产投资于股票的，为股票基金；80%以上的基金资产投资于债券的，为债券基金；仅投资于货币市场工具的，为货币市场基金；投资于股票、债券和货币市场工具，并且股票投资和债券投资的比例不符合规定的，为混合基金；基金名称显示投资方向的，应当有80%以上的非现金基金资产属于投资方向确定的内容。①

## 一、股票投资的核算

证券投资基金欲在证券登记结算机构进行证券买卖交易，必须先在证券登记结算机构存入一定数额的款项以备进行证券交易时的资金交割与交收。为证券交易的资金交割与交收而存入证券登记结算机构的款项通过“结算备付金”科目核算。

将款项存入证券登记结算机构时，会计分录为：

借：结算备付金

　贷：银行存款

从证券登记结算机构收回资金，做相反的分录。

“结算备付金”科目按不同证券登记结算机构，如“上海证券中央登记结算公司”、“深圳证券登记结算有限公司”等设置明细账，进行明细核算。期末，“结算备付金”科目借方余额反映存入证券登记结算机构尚未使用的款项。

### （一）买入股票的核算

1. 买入股票的交易日，会计分录为：

借：股票投资——成本（股票的公允价值）

　　交易费用（应付的相关费用）

　贷：证券清算款（应支付的证券清算款）

　　　应付交易费用（应付的交易费用）

其中，一级费用、过户费、证管费、经手费、印花税，为交易当天结算，需计入证券清算款中；二级费用、佣金，计入应付交易费用。

2. 资金交收日，按实际交收的证券清算款记账，会计分录为：

借：证券清算款

　贷：结算备付金（或银行存款）

### （二）申购新股的核算

申购新股，应按新股的不同发行方式、不同资金结算方式分别进行账务处理。

① 参照现行中国证券监督管理委员会《证券投资基金运作管理办法》的规定。

1. 通过交易所网上申购的

（1）申购当日，会计分录为：

借：证券清算款——新股申购

　贷：证券清算款

（2）交收日，按实际交收的申购款记账，会计分录为：

借：证券清算款

　贷：结算备付金（或银行存款）

（3）申购新股中签时，按确认的中签金额记账，会计分录为：

借：股票投资——成本

　　交易费用

　贷：证券清算款

　　　应付交易费用

（4）收到退回余款（未中签部分），会计分录为：

借：结算准备金

　贷：证券清算款

2. 网下申购的

（1）预交申购款，按实际预交金额记账，会计分录为：

借：证券清算款

　贷：银行存款

（2）申购新股确认日，按实际确认的申购新股金额记账，会计分录为：

借：股票投资——成本

　　交易费用

　贷：证券清算款

　　　应付交易费用

（3）实际确认的申购新股金额小于已经预交的申购款的，在收到退回余款时，会计分录为：

借：银行存款

　贷：证券清算款

（4）实际确认的申购新股金额大于已经预交的申购款的，在补付申购款时，按支付的金额记账，会计分录为：

借：证券清算款

　贷：银行存款

3. 通过市值配售的

通过市值配售的新股在确认日按确认的中签金额记账，会计分录为：

借：股票投资——成本

　贷：证券清算款

【例 12-4】20×8 年 3 月 1 日，XYZ 基金在上海证券中央登记结算公司购入 150 万股 A 股票，购入价格 10 元/股，应付佣金 12 750 元，其他各项一级费用 3 000元，印花税率为 2‰。会计分录为：

| | | |
|---|---|---|
| 借：股票投资——成本 | 15 000 000 | |
| 　交易费用 | 45 750 | |
| 　贷：证券清算款 | | 15 033 000 |
| 　　应付交易费用 | | 12 750 |

次日为资金交收日，会计分录为：

| | | |
|---|---|---|
| 借：证券清算款——上海证券中央登记结算公司 | 15 033 000 | |
| 　贷：结算准备金——上海证券中央登记结算公司 | | 15 033 000 |

（三）本基金申购、赎回 ETF 时的核算

本基金申购、赎回 ETF 时，涉及对本科目的账务处理，比照“基金投资”科目的相关规定进行。会计分录为：

借：股票投资——成本

　证券清算款

　交易费用

　基金投资——估值增值

　贷：基金投资——成本

　　应付交易费用

　　投资收益——基金投资收益

借：公允价值变动损益

　贷：投资收益——基金投资收益

如本基金为 ETF，在投资者申购、赎回本基金时，涉及对股票投资的账务处理，比照“实收基金”科目的相关规定进行。

（四）股票持有期间获得股票股利的核算

股票持有期间获得股票股利（包括送红股和公积金转增股本）时，应于除权除息日，按股权登记日持有的股数及送股或转增比例，计算确定增加的股票数量，在本账户“数量”栏进行记录。

因持有股票而享有的配股权，配股除权日在配股缴款截止日之后的，在除权日

按所配的股数确认未流通部分的股票投资，与已流通部分分别核算。配股除权日在配股缴款截止日之前的，按照权证的有关原则进行核算。

（五）基金持有股票期间上市公司宣告发放现金股利的核算

基金持有股票期间上市公司宣告发放现金股利的，应于除权除息日记账，会计分录为：

借：应收股利

　贷：投资收益——股利收益

（六）估值日对持有的股票进行估值的核算

估值日对持有的股票进行估值时，如为估值增值，按当日与上一日估值增值的差额记账，会计分录为：

借：股票投资——估值增值

　贷：公允价值变动损益

如为估值减值，做相反的会计分录。

（七）卖出股票的核算

1. 交易日，会计分录为：

借：证券清算款（收取的证券清算款）

　　交易费用（应付的相关费用）

　　股票投资——估值增值（结转股票投资估值增值或减值）

　贷：股票投资——成本（结转股票投资成本）

　　　应付交易费用（应付的交易费用）

　　　投资收益——股票投资收益（差额）

同时，将原计入该卖出股票的公允价值变动损益转入投资收益，其会计分录略。

2. 资金交收日，按实际交收的证券清算款记账，会计分录为：

借：结算准备金

　贷：证券清算款

卖出股票的成本按移动加权平均法逐日结转。

【例 12-5】承前例，20×8 年 3 月 2 日，XYZ 基金以 12 元/股的价格卖出 A 股票 50 万股，应支付的佣金为 5 100 元，其他一级费用 1 150 元，印花税率为 2‰。则：

应收取的证券清算款 = 6 000 000 − 1 150 − 5 100 − 6 000 000×2‰ = 5 981 750（元）

会计分录为：

| | |
|---|---|
| 借：证券清算款 | 5 981 750 |
| 　　交易费用 | 18 250 |

| | | |
|---|---|---|
| 　贷：股票投资——成本 | | 5 000 000 |
| 　　　应付交易费用 | | 5 100 |
| 　　　投资收益——股票投资收益 | | 994 900 |

次日为资金交收日，会计分录为：

| | | |
|---|---|---|
| 借：结算准备金 | 5 981 750 | |
| 　贷：证券清算款 | | 5 981 750 |

## 二、债券投资的核算

### （一）非货币市场基金债券投资的主要账务处理

1. 买入债券

（1）交易日的会计分录为：

借：债券投资——成本（债券的公允价值）

　　应收利息（支付价款中所包含的应收利息）

　　交易费用（应付的相关费用）

　贷：证券清算款（应付的金额）

　　　应付交易费用（应付的交易费用）

　　　银行存款（当日实际支付的金额）

（2）资金交收日，按实际交收的金额记账，会计分录为：

借：证券清算款

　贷：银行存款

【例 12-6】20×8 年 3 月 1 日，XYZ 基金在上交所购入 B 债券 10 万张，含息价 110 元/张，每张含息 5 元，支付各种手续费 1 100 元。会计分录为：

| | | |
|---|---|---|
| 借：债券投资——成本 | 10 500 000 | |
| 　　应收利息 | 500 000 | |
| 　　交易费用 | 1 100 | |
| 　贷：证券清算款 | | 11 000 000 |
| 　　　银行存款 | | 1 100 |

3 月 2 日资金交收时，做如下会计分录：

| | | |
|---|---|---|
| 借：证券清算款——××交易所 | 11 000 000 | |
| 　贷：结算准备金——××交易所 | | 11 000 000 |

2. 持有债券期间计息

（1）每日按债券投资的票面利率计算确认利息收入，会计分录为：

借：应收利息

贷：利息收入——债券利息收入

（2）债券派息日，按应收利息记账，会计分录为：

借：证券清算款

贷：应收利息

资金交收日，按收到的金额记账，会计分录为：

借：银行存款

贷：证券清算款

3. 估值日对持有债券的估值

如为估值增值，按当日（不含应收利息）与上一日估值增值的差额记账，会计分录为：

借：债券投资——估值增值

贷：公允价值变动损益

如为估值减值，做相反的会计分录。

4. 卖出债券

（1）交易日的会计分录为：

借：证券清算款（应收或实收的金额）

交易费用（应付的相关费用）

债券投资——估值增值（结转债券估值增值或减值）

贷：债券投资——成本（结转债券投资成本）

应收利息（应收或实收价款中包含的应收利息）

应付交易费用（应支的交易费用）

投资收益——债券投资收益（差额）

同时，将原计入该卖出债券的公允价值变动损益转入投资收益，其会计分录略。

卖出债券的成本按移动加权平均法逐日结转。

（2）资金交收日，按实际交收的证券清算款记账，会计分录为：

借：结算备付金（或银行存款）

贷：证券清算款

【例 12-7】承前例，20×8 年 3 月 2 日，XYZ 基金以含息价 112 元/张的价格卖出 B 债券 5 万张，支付手续费 560 元。会计分录为：

| | | |
|---|---|---|
| 借：证券清算款 | 5 599 440 | |
| 交易费用 | 560 | |
| 贷：债券投资——成本 | | 5 250 000 |
| 应收利息——应收 B 债券利息 | | 250 000 |

贷：投资收益——债券投资收益　　100 000

5. 债券到期

收回债券本金和利息时，会计分录为：

借：证券清算款（实际收到或应收的金额）
　　债券投资——估值增值（债券估值增值或减值）
　贷：债券投资——成本（债券投资成本）
　　　应收利息（应收回的债券利息）
　　　投资收益——债券投资收益（差额）

同时，将原计入该到期收回债券的公允价值变动损益转入投资收益，其会计分录略。

6. 可转换债券转股票

（1）转股时，会计分录为：

借：股票投资——成本（可转换股票的公允价值）
　　证券清算款（应收取的现金余额返还）
　　交易费用（支付的相关费用）
　　债券投资——估值增值（结转债券投资估值增值或减值）
　贷：债券投资——成本（结转债券投资成本）
　　　应收利息（已计利息部分）
　　　应付交易费用（应支付的交易费用）
　　　投资收益——债券投资收益（差额）

同时，将原计入该转换债券的公允价值变动损益转入投资收益，其会计分录略。

（2）资金交收日按实际收到的现金余额返还，会计分录为：

借：结算备付金（或银行存款）
　贷：证券清算款

转股债券按移动加权平均法结转成本时，应考虑当日新买入的可转换债券（若有）。可转换债券转股当天卖出转股股票的，卖出的股票按转股前该股票的移动加权平均成本进行结转。

（二）货币市场基金债券投资的主要账务处理

1. 买入债券

（1）交易日，会计分录为：

借：债券投资——面值（债券的面值）
　　应收利息（支付价款中包含的应收利息）
　　债券投资——折溢价（差额）

贷：证券清算款（应支付的金额）

应付交易费用（应支付的交易费用）

银行存款（实际支付的金额）

支付的交易费用计入债券投资账面价值。

（2）资金交收日，按实际交收的金额记账，会计分录为：

借：证券清算款

贷：结算备付金（或银行存款）

2. 持有债券期间

持有债券期间，每日确认利息收入。

（1）对贴现债以外的其他债券，会计分录为：

借：应收利息（按票面利率计算确定的应收利息）

贷：利息收入——债券利息收入（按摊余成本和实际利率计算确定的利息收入）

债券投资——折溢价（差额）

（2）对贴现债券，按摊余成本和实际利率计算确定的利息收入记账，会计分录为：

借：债券投资——折溢价

贷：利息收入——债券利息收入

（3）债券派息日，按应收利息记账，会计分录为：

借：证券清算款

贷：应收利息

资金交收日，按收到的金额记账，会计分录为：

借：结算备付金（或银行存款）

贷：证券清算款

3. 卖出债券

（1）交易日，会计分录为：

借：证券清算款（或银行存款）（应收或实收的金额）

贷：债券投资——面值、折溢价（结转债券投资面值和折溢价）

应收利息（应收或实收价款中包含的应收利息）

应付交易费用（应支付的交易费用）

投资收益——债券投资收益（差额）

借：应付交易费用

贷：交易费用

同时，将原已计入债券的公允价值变动损益转入投资收益，其会计分录略。

（2）资金交收日，按实际交收的证券清算款记账，会计分录为：

借：结算备付金（或银行存款）

　贷：证券清算款

4. 货币市场基金存续期间

货币市场基金存续期间，基金管理人应定期计算货币市场基金投资组合的摊余成本与其他可参考公允价值指标之间的偏离程度，并定期测试其他可参考公允价值指标确定方法的有效性。

投资组合的摊余成本与其他可参考公允价值指标产生重大偏离的，应按其他公允价值指标对组合的账面价值进行调整，调整差额确认为"公允价值变动损益"，并按其他公允价值指标进行后续计量。如基金份额净值恢复至1元，可恢复使用摊余成本法估算公允价值。

5. 到期收回

到期收回债券本金和利息时，会计分录为：

借：银行存款（或证券清算款）（按实际收到或应收的金额）

　贷：债券投资——面值、折溢价（债券账面余额）

　　　应收利息（应收回的债券利息）

## 三、资产支持证券投资的核算

基金取得资产支持证券支付的款项时，应当区分属于资产支持证券投资本金部分和证券投资收益部分。

对非货币市场基金，将收到的本金部分冲减"资产支持投资——成本"科目，对货币市场基金，将收到的本金部分冲减"资产支持投资——面值"科目，并相应结转"资产支持投资——折溢价"科目。将收到的收益部分冲减应计利息（若有）后的差额，记入资产支持证券利息收入。

借：资产支持证券投资——成本

　　资产支持证券投资——折溢价

　　交易费用

　贷：证券清算款

借：资产支持证券投资——面值

　　资产支持证券投资——折溢价

　　交易费用

　贷：银行存款

借：应收利息

贷：资产支持证券利息收入

借：资产支持证券利息收入

贷：资产支持证券投资——折溢价

对资产支持证券的付息延期，在确定其付息的可能性仍很大的情况下，可不调整已确认的利息收入。其他与资产支持证券投资相关业务的账务处理比照债券投资。

## 四、基金投资的核算

### （一）买入非上市交易的开放式基金

1. 申购日，按申购金额记账，会计分录为：

借：证券清算款

贷：银行存款

2. 交易日（非上市交易的开放式基金的交易日为申购成功的确认日），会计分录为：

借：基金投资——成本（基金的公允价值）

交易费用（应付的相关费用）

贷：证券清算款（应支付或实际支付的金额）

应付交易费用（应付的交易费用）

### （二）本基金申购 ETF

1. 申购确认日，会计分录为：

借：基金投资——成本（基金的公允价值）

交易费用（应付的相关费用）

股票投资——估值增值（结转股票或债券投资估值增值或减值）

贷：股票投资——成本（结转股票或债券投资成本）

证券清算款（应支付的金额）

应付交易费用（应付交易费用）

投资收益——股票投资收益（差额）

同时，将原计入该股票或债券的公允价值变动损益转入投资收益，其会计分录略。

2. 资金交收日，按实际交收的证券清算款记账，会计分录为：

借：证券清算款

贷：结算准备金

3. 基金转换转入时，参照买入基金的处理，会计分录为：

借：基金投资——成本

贷：证券清算款

（三）持有基金期间分派的红利

1. 除息日，按照基金管理人宣告的分红派息比例或每万份收益确认红利收益，会计分录为：

借：应收股利

　贷：投资收益——股利投资收益

2. 实际收到现金红利时，会计分录为：

借：结算备付金（或银行存款）

　贷：应收股利

3. 选择红利再投资，应在份额确认日根据注册登记机构确认的金额，参照买入基金的账务处理做会计分录：

借：基金投资——成本

　贷：应收股利

（四）估值日

对持有的基金进行估值时，如为估值增值，按当日与上一日估值增值的差额记账，会计分录为：

借：基金投资——估值增值

　贷：公允价值变动损益

如为估值减值，做相反的会计分录。

（五）卖出基金

1. 交易日（非上市交易的开放式基金的交易日为赎回成功的确认日），会计分录为：

借：证券清算款（应收或实际收到的金额）

　　交易费用（应付的相关费用）

　　基金投资——估值增值（结转基金投资估值增值或减值）

　贷：基金投资——成本（结转基金投资成本）

　　　投资收益——基金投资收益（差额）

　　　应付交易费用（应付交易费用）

同时，将原计入该卖出基金的公允价值变动损益转入投资收益，其会计分录略。

2. 本基金赎回 ETF 时，在赎回确认日，会计分录为：

借：股票投资——成本（股票或债券的公允价值）

　　证券清算款（应收的金额）

借：交易费用（应付的相关费用）

　　基金投资——估值增值（结转基金投资估值增值或减值）

贷：基金投资——成本（结转的基金投资成本）

应付交易费用（应付交易费用）

投资收益——基金投资收益（差额）

同时，将原计入该基金的公允价值变动损益转入投资收益，其会计分录略。

3. 资金交收日，按实际交收的证券清算款记账，会计分录为：

借：结算备付金（或银行存款）

贷：证券清算款

卖出基金的成本按移动加权平均法逐日结转。

4. 基金转换转出时，参照卖出基金的处理，会计分录为：

借：证券清算款

贷：基金投资——成本

基金管理公司买入返售金融资产和卖出回购金融资产的核算可参阅商业银行中间业务核算部分的相关内容。

## 五、权证投资的核算

### （一）买入权证

1. 交易日，会计分录为：

借：权证投资——成本（权证的公允价值）

交易费用（应付的相关费用）

贷：证券清算款（应付的证券清算款）

应付交易费用（应付的交易费用）

2. 资金交收日，按实际交收的证券清算款记账，会计分录为：

借：证券清算款

贷：结算备付金（或银行存款）

### （二）缴纳保证金

缴纳保证金时，按证券登记机构确定的金额记账，会计分录为：

借：存出保证金——权证保证金

贷：结算备付金（或银行存款）

### （三）估值日

对持有的权证进行估值时，如为估值增值，按当日与上一日估值增值的差额记账，会计分录为：

借：权证投资——估值增值

贷：公允价值变动损益

如为估值减值，做相反的会计分录。

（四）卖出权证

1. 交易日做会计分录：

借：证券清算款（应收金额）
　　交易费用（应付的相关费用）
　　权证投资——估值增值（结转权证投资估值增值或减值）
　贷：权证投资——成本（结转权证投资成本）
　　　应付交易费用（应付的交易费用）
　　　投资收益——权证投资收益（差额）

同时，将原计入该卖出权证的公允价值变动损益转入投资收益，其会计分录略。

2. 资金交收日，按实际交收的证券清算款记账，会计分录为：

借：银行存款（或结算备付金）
　贷：证券清算款

（五）权证行权

1. 认购权证时的会计分录为：

借：股票投资（股票的公允价值）
　　交易费用（应付的相关费用）
　　权证投资——估值增值（结转权证投资估值增值或减值）
　贷：权证投资——成本（结转权证投资成本）
　　　证券清算款（行权价款及相关费用合计）
　　　应付交易费用（应支付的交易费用）
　　　投资收益——权证投资收益（差额）

同时，将原计入该权证的公允价值变动损益转入投资收益，其会计分录略。

2. 认沽权证以证券结算方式行权，会计分录为：

借：证券清算款（行权价款及费用的差额）
　　交易费用（应付的相关费用）
　　股票投资——估值增值（结转股票投资估值增值或减值）
　　权证投资——估值增值（结转权证投资估值增值或减值）
　贷：股票投资——成本（结转股票投资成本）
　　　权证投资——成本（结转权证投资成本）
　　　应付交易费用（应支付的交易费用）
　贷：投资收益——权证投资收益（差额）
　　　　　　　——股票投资收益（差额）

同时，将原计入卖出股票和原计入权证的公允价值变动损益转入投资收益，其会计分录略。

3. 权证以现金结算方式行权，会计分录为：

借：证券清算款（确定的金额扣减交易费用）
　　交易费用（应付的相关费用）
　　权证投资——估值增值（结转权证投资估值增值或减值）
　贷：权证投资——成本（结转权证投资成本）
　　　应付交易费用（应付的交易费用）
　　　投资收益——权证投资收益（差额）

同时，将原计入该权证的公允价值变动损益转入投资收益，其会计分录略。

（六）放弃行权

放弃行权确定日，会计分录为：

借：权证投资——估值增值（结转权证投资估值增值或减值）
　贷：权证投资——成本（结转权证投资成本）
　　　投资收益——权证投资收益（差额）

同时，将原计入该权证的公允价值变动损益转入投资收益，其会计分录略。

## 六、远期投资的核算

（一）签订远期买入卖出证券合约

签订远期买入证券的合约时，应在备查簿中登记约定到期应收到的证券净价、利息及数量；签订远期卖出证券的合约时，应在备查簿中登记约定到期应付出的证券净价、利息及数量。

（二）估值日对远期合约估值

1. 对远期买入证券的远期合约估值时，如为估值增值，按当日与上一日估值增值的差额记账，会计分录为：

借：远期投资——估值增值
　贷：公允价值变动损益

如为估值减值，做相反的会计分录。

2. 对远期卖出证券的远期合约估值时，如为估值增值，按当日与上一日估值增值的差额记账。会计分录为：

借：公允价值变动损益
　贷：远期投资——估值增值

如为估值减值，做相反的会计分录。

（三）远期合约到期结算

远期合约到期结算时，在备查簿中予以注销，并将远期合约的公允价值变动损益转出。

# 第四节　证券投资基金损益的核算

## 一、基金收益的核算

（一）利息收入的核算

基金管理公司因债券投资、资产支持证券投资、银行存款、结算备付金、存出保证金、按买入返售协议融出资金等而实现的利息收入，在“利息收入”科目核算。

按中国证监会的相关规定，对存于相关账户（如以基金管理人名义开立的账户）的申购款，在登记注册业务规则规定的份额确认日（含）至划入托管账户日（不含）期间孳生的利息，归入基金资产。对以上利息收入，应按已确认的相关资金乘以在正常情况及流程下停留于相关账户的天数，再乘以适用利率（账户间存在不同利率的，适用利率从低，并按该原则于每个付息周期确认实收利息）逐日计算。

利息收入的账务处理，在债券投资、资产支持证券投资、银行存款、结算备付金和买入返售金融资产等相关业务的核算过程中均有体现。一般在按权责发生制计提利息时的会计分录为：

借：应收利息

　贷：利息收入

（二）公允价值变动损益的核算

对于基金管理公司持有的、以公允价值计量的股票投资、债券投资、资产支持投资、基金投资、权证投资、远期投资和其他衍生工具投资，以及交易性金融负债等公允价值变动形成的损益，设置“公允价值变动损益”科目核算，作为直接计入当期损益的利得或损失。

公允价值变动损益的账务处理，参照各类基金投资估值增值或减值时的核算方式进行，这里不再赘述。

（三）投资收益的核算

证券投资基金的投资收益包括以下内容：

1. 买卖股票、债券、资产支持证券、基金等实现的差价收益。

2. 股票、基金投资等获得的股利收益。

3. 卖出或放弃权证、权证行权等实现的损益。

4. 其他衍生工具投资产生的相关损益。

核算时使用“投资收益”科目。“投资收益”可按股票投资收益、债券投资收益、资产支持证券投资收益、基金投资收益、权证投资收益、远期投资收益、其他衍生工具收益、股利收益等进行明细核算。

投资收益的账务处理，参照各类基金投资获得买卖差价收益或股利收益等时的会计核算方式进行。

（四）其他收入的核算

对于证券投资基金确认的除上述收入以外的其他各项收入，包括赎回费扣除基本手续费后的余额、手续费返还、ETF替代损益，以及基金管理人等机构为弥补基金财产损失而支付给基金的赔偿款项等，设置“其他收入”科目核算。本科目可按其他收入的种类进行明细核算。

其他收入的主要账务处理如下：

1. 发生其他收入，借记有关科目，贷记本科目。

2. ETF买进替代证券或强制退款时，以“证券清算款——可退替代款”科目核算替代价格与该替代证券市价之差乘以替代数量确定的金额，以“证券清算款——应退替代款”核算替代价格与实际买入成本或强制退款成本之差乘以替代数量计算的金额，差额计入“其他收入——ETF替代损益”。会计分录为：

借：证券清算款——可退替代款

　贷：证券清算款——应退替代款

　　　其他收入——ETF替代损益

3. 对基金管理人支付给基金的相关赔偿款（如定期存款提前支取利息损失的赔偿款），做会计分录：

借：银行存款

　贷：其他收入

期末，应将“其他收入”科目的余额全部转入“本期利润”科目，结转后本科目应无余额。

## 二、基金费用的核算

（一）管理人报酬的核算

证券投资基金经营、管理基金每年要从基金资产中提取一定的管理费，用于证券投资基金该年度的各项必要开支。基金管理费按照基金资产净值的一定比例提取，基金管理费的提取比例为基金资产净值的0.25%～2.5%，一般是逐日累计、按月支付。提取基金管理费时按照前一日的基金资产净值乘以按当年实际天数折算的日费率计算。计算方法如下：

管理人报酬=前一日基金资产净值×年管理费率/当年天数

按基金契约和招募说明书的规定计提的基金管理人报酬，包括管理费和业绩报酬，在“管理人报酬”科目核算。管理人报酬应按照基金契约和招募说明书规定的方法和标准计提，并按计提的金额入账。计提基金管理费和业绩报酬时，会计分录为：

借：管理人报酬

　贷：应付管理人报酬

支付基金管理人报酬时，会计分录为：

借：应付管理人报酬

　贷：银行存款

（二）托管费的核算

基金托管人保管并处理基金资产也要收取一定费用，即托管费。托管费的年费用标准一般为基金资产净值的0.2%，计提方式也是逐日累计，按月支付。其计算方法如下：

基金托管费=前一日基金资产净值×年托管费率/当年天数

按基金契约和招募说明书的规定计提的基金托管费通过“托管费”科目核算。基金托管费应按照基金契约和招募说明书规定的方法和标准计提，并按计提的金额入账。会计分录为：

借：托管费

　贷：应付托管费

支付托管费时，会计分录为：

借：应付托管费

　贷：银行存款

（三）销售服务费的核算

基金销售服务费是指基金管理人根据基金合同的约定及相关法律的规定，从开放式基金财产中计提的一定比例的费用，用于支付销售机构的佣金、基金的营销费以及基金份额持有人服务费等。证券投资基金设置“销售服务费”科目核算，计提销售服务费时，会计分录为：

借：销售服务费

　贷：应付销售服务费

支付销售服务费时，会计分录为：

借：应付销售服务费

　贷：银行存款

### （四）交易费用的核算

交易费用是指可直接归属于取得或处置某项基金资产或承担某项基金负债的新增外部成本，包括支付给交易代理机构的规费、佣金、代征的税金及其他必要的可以正确估算的支出。回购的交易费用和货币市场基金采用摊余成本法核算的投资交易所发生的交易费用应作为取得成本，计入相关基金资产或基金负债的价值。

证券投资基金设置“交易费用”科目，核算进行股票、债券、资产支持证券、基金、权证等交易过程中发生的交易费用，具体会计分录略。

### （五）利息支出的核算

证券投资基金对基金运作过程中发生的银行借款利息支出、交易性金融负债利息支出、卖出回购金融资产支出等，设置“利息支出”科目核算。本科目可按利息支出的种类进行明细核算。

在借款期内逐日计提利息支出时，按借款本金与适用的利率计提的金额记账，会计分录为：

借：利息支出

　贷：应付利息

### （六）其他费用的核算

基金运作过程中发生的除上述费用支出以外的其他各项费用，如注册登记费、上市年费、信息披露费用、持有人大会费用、审计费用、律师费用等通过“其他费用”科目核算。

（1）发生的其他费用，如不影响估值日基金份额净值小数点后第四位，发生时直接计入基金损益，会计分录为：

借：其他费用

　贷：银行存款

（2）发生的其他费用如果影响基金份额净值小数点后第四位的，应采用待摊或预提的方法，待摊或预提计入基金损益，会计分录为：

借：其他费用

　贷：待摊费用

（3）已经发生的其他费用，如影响估值日基金单位净值小数点后第四位，采用待摊方法的，发生时做会计分录：

借：待摊费用

　贷：银行存款

摊销时做会计分录：

借：其他费用

贷：待摊费用

（4）采用预提方法的，预提时会计分录为：

借：其他费用

贷：预提费用

实际支付费用时的会计分录为：

借：预提费用

贷：银行存款

## 三、基金的收益与分配的核算

### （一）基金净收益

基金净收益是指基金收益扣除按照有关规定应扣除的费用后的余额。本期实现的基金净收益（或基金净亏损）通过“本期利润”科目核算。期末结转基金收益时，会计分录为：

借：利息收入

投资收益

其他收入

公允价值变动损益（贷方余额）

贷：本期利润

借：本期利润

贷：管理人报酬

托管费

销售服务费

交易费用

利息支出

其他费用

本期收入和支出相抵后即结出本期实现的净损益。期末，应将本期实现的净利润进行结转，会计分录为：

借：本期利润

贷：利润分配（未分配利润）

如为净损失，做相反的会计分录。

### （二）收益分配

基金净收益再扣除应纳的税额即为基金可分配的收益。由于我国目前对基金免征营业税和所得税，而股票交易的印花税在股票交易的同时已经交纳，所以目前基金可分配的收益就是基金净收益。我国《证券投资基金运作管理办法》规定，基金收益分配应当采用现金方式；封闭式基金的收益分配，每年不得少于一次，年度收益分配比例不得低于基金年度已实现收益的90%。开放式基金的基金合同应当约定每年基金收益分配的最多次数和基金收益分配的最低比例，开放式基金的基金份额持有人可以事先选择将所获分配的现金收益，按照基金合同有关基金份额申购的约定转为基金份额；基金份额持有人事先未做出选择的，基金管理人应当支付现金。

1. 除权日，根据基金利润分配方案记账，会计分录为：

借：利润分配——应付利润

　　贷：应付利润

2. 将“利润分配——应付利润”明细科目的余额转入“利润分配——未分配利润”明细科目，会计分录为：

借：利润分配——应付利润

　　贷：利润分配——未分配利润

结转后，除“未分配利润”明细科目外，本科目的其他明细科目应无余额。“利润分配”科目期末余额，反映累计未分配利润（或未弥补亏损）。

## 本章小结

1. 证券投资基金是一种利益共享、风险共担的集合证券投资方法，即通过发行基金单位，集中投资者的资金，由基金托管人托管，基金管理人管理和运用资金，从事股票、债券等金融工具投资。

2. 证券投资基金有多种分类方式并具有四方面的当事人：基金发起人、基金持有人、基金管理人和基金托管人。

3. 证券投资基金核算内容包括证券投资基金发行及增减变动的核算、证券投资基金投资业务的核算及证券投资基金损益的核算。

## 关键概念

证券投资基金　基金发起人　基金托管人　基金管理人

## 思考与应用

1. 证券投资基金有哪些种类？各类基金的特点如何？
2. 证券投资基金有哪些具体的当事人？他们各有什么职责？
3. 证券投资基金发行业务的核算要点是什么？
4. 证券投资基金投资业务的核算要点是什么？
5. 简述证券投资基金损益的构成及基本核算思路。

# 第十三章 损益和所有者权益核算

## 学习目标

1. 掌握金融企业收入的内容及会计核算
2. 掌握金融企业费用的内容及会计核算
3. 掌握金融企业利润的组成及会计核算
4. 掌握金融企业所有者权益的组成及会计核算

## 第一节 收入的核算

### 一、收入的定义和特征

依据《企业会计准则第 14 号——收入》的表述，收入是指企业在日常活动中形成的，会导致所有者权益增加的、与所有者投入资本无关的经济利益的总流入。

收入所具备的基本特征包括以下几个方面：

1. 收入是企业日常活动中形成的，而不是偶发交易形成的。

2. 收入最终能够引起所有者权益的增加。经济利益流入企业并被确认为收入，既可能表现为金融企业资产的增加，也可能表现为负债的减少，或者两者兼而有之，但无论如何都最终会使企业所有者权益增加。

3. 收入不包括所有者向企业投入资本导致的经济利益流入，也不包括为第三方或客户代收的款项。

4. 收入必须能够以货币计量。

收入准则界定的收入包括销售商品收入、提供劳务收入和让渡资产使用权收入。金融企业收入的主要形式是让渡资产使用权收入，因此本节重点介绍这类收入的确认与计量。

金融企业财务收入包括两大类：第一类是营业收入，包括利息收入、手续费及佣金收入、租赁收入、其他营业收入、汇兑损益、公允价值变动损益、投资收益等；第二类是营业外收入，即与金融企业业务经营无直接关系的各项收入，如罚款收入、处置非流动资产利得等。其中，营业收入是构成金融企业收益的主要来源。

## 二、收入的确认

### （一）收入确认的条件

收入的确认是会计核算的起点。金融企业所取得的营业收入等只有具备以下条件才能予以确认。

1. 与交易相关的经济利益能够流入企业

经济利益是指直接或间接流入企业的现金或现金等价物。只有当与交易相关的经济利益能够流入银行时，金融企业才能够确认收入。例如，商业银行因发放贷款而形成的利息，如果估计收回本息的可能性不大，即使其能够可靠地计量，也不能确认为收入。

2. 收入的金额能够可靠地计量

收入的金额能否可靠地计量，是确认收入的前提、基本条件。金融企业在提供服务的过程中，由于不确定因素的存在，使得售价存在变动的可能，则在新的售价出现以前不能确认为收入。例如，利息收入应根据合同或协议规定的存贷款利率及期限确定，如果不能可靠计量，就不能确认为收入。当然，根据配比原则，如果为获取收入而发生的费用不能可靠计量的话，也不能确认为收入。

### （二）各类收入的确认

金融企业收入确认的具体方式可归纳如下两点：

1. 利息收入

金融企业发放的贷款，应按期计提利息并确认为收入。发放贷款到期（含展期）90 天后尚未收回的，其应计利息停止计入当期利息收入，纳入表外核算；已计提的贷款应收利息，在贷款到期 90 天后仍未收回的，冲减原已计入损益的利息收入，转作表外核算。

利息收入的金额应按让渡资金使用权的时间和适用利率计算确定。

2. 手续费及佣金收入

手续费及佣金收入应当在向客户提供相关服务时确认。

## 三、主要会计科目及核算内容

为全面反映和监督金融企业营业收入的实现，核算收入的增减变动情况，金融企业应根据其业务经营范围设置“利息收入”、“手续费及佣金收入”、“租赁收入”、“其他业务收入”、“汇兑损益”、“公允价值变动损益”、“投资收益”等科目，这类收入性质的科目，贷方记录发生的各项收入，会计期末通过这些科目的借方转入“本年利润”科目的贷方，因此，会计期末结转后，此类科目没有余额。

由于上述大部分科目的核算内容已陆续在之前的章节中做过介绍，本章不再列表说明。

## 四、营业收入的核算

### （一）利息收入的核算

利息收入是金融企业发放各类贷款（包括银团贷款、贸易融资、贴现和转贴现融出资金、协议透支、信用卡透支和垫款等）、与其他金融机构（包括中央银行、同业等）之间发生资金往来业务、买入返售金融资产等取得的利息收入的增减变动情况。利息收入在金融企业的整个营业收入中占有很大的比重，是金融企业财务损益的重要内容之一。

利息收入以贷款利息收入为主，并按国家规定的利率计算。

会计核算使用的总账科目为“利息收入”，该科目可设置下列明细科目：存放同业利息收入、存放中央银行利息收入、发放贷款及垫款利息收入、买入返售金融资产利息收入、其他利息收入等。其具体的相关账务处理如下：

1. 确认并计提当期利息时，会计分录为：

借：应收利息（或买入返售金融资产）（按合同利率计算）

借或贷：贷款——利息调整

　贷：利息收入（按实际利率计算）

2. 实际收到利息时，会计分录为：

借：银行存款（或吸收存款）——××借款人户（或其他有关科目）

　贷：应收利息

3. 逾期仍未收到利息时，应按规定在表外科目反映如下：

收：未收贷款利息

4. 期末结转利润时，会计分录为：

借：利息收入

　贷：本年利润

（二）手续费及佣金收入的核算

手续费及佣金，也是金融企业财务收入的主要来源。金融企业的手续费及佣金收入包括办理结算业务、咨询业务、担保业务、代保管等代理业务及办理受托贷款及投资等业务收取的手续费、代理买卖证券、代理承销证券、代理兑付证券、代理保管证券、代理保险业务等代理业务以及其他相关服务实现的手续费及佣金收入。

会计核算使用的总账科目为“手续费及佣金收入”，该科目可设置下列明细科目：结算手续费收入、佣金收入、业务代办手续费收入、基金托管收入、咨询服务收入、担保收入、受托贷款手续费收入、代保管收入等。

商业银行办理业务，发生手续费收入时的会计分录为：

借：吸收存款（或银行存款，或库存现金、代理承销证券款等科目）

——××户

贷：手续费及佣金收入

（三）租赁收入的核算

租赁公司设置“主营业务收入——融资收入（或租金收入）”科目，专门核算租赁公司根据租赁准则确认的租赁收入的增减变动情况（非专业租赁公司的租赁收入使用“其他业务收入”核算）。

1. 确认租赁收入时，会计分录为：

借：未实现融资收益（或应收经营租赁款）

贷：主营业务收入（或其他业务收入）——融资收入（或租金收入）

2. 期末结转利润时，会计分录为：

借：主营业务收入（或其他业务收入）——融资收入（或租金收入）

贷：本年利润

（四）其他业务收入的核算

其他业务收入，是指金融企业除主营业务以外的其他经营活动取得的收入，包括出租固定资产、出租无形资产等实现的收入。

会计核算使用的总账科目为“其他业务收入”，该科目可设置“出租固定资产收入”和“出租无形资产收入”明细科目。

1. 发生其他业务收入时，会计分录为：

借：应收项目（或货币资金类科目）

贷：其他业务收入——××收入户

2. 期末结转利润时，会计分录为：

借：其他业务收入——××收入户

贷：本年利润

（五）汇兑损益的核算

汇兑损益是金融企业发生的外币交易因汇率变动而产生的损益。采用统账制的金融企业，期末应将各外币货币性项目的外币期末余额按期末汇率折算为记账本位币，其与原账面记账本位币的差额，即为当期汇兑损益；采用分账制的金融企业，期末应将所有以外币表示的“货币兑换”科目余额按期末汇率折算为记账本位币金额，其与“货币兑换——记账本位币”科目余额之间的差额即为当期汇兑损益。会计核算使用的总账科目为“汇兑损益”。

（六）公允价值变动损益的核算

金融企业的公允价值变动损益，是指交易性金融资产、交易性金融负债、指定以公允价值计量且其变动计入当期损益的金融资产或金融负债，以及采用公允价值模式计量的投资性房地产、衍生工具、套期保值业务等公允价值变动形成的应计入当期损益的利得或损失。

会计核算使用的总账科目为“公允价值变动损益”，该科目可按交易性金融资产、交易性金融负债、投资性房地产等进行明细核算。

（七）投资收益的核算

投资收益是指金融企业根据相关准则确认的投资收益或投资损失。金融企业的投资收益包括：

1. 处置交易性金融资产、交易性金融负债、可供出售金融资产实现的损益。

2. 金融企业的持有至到期投资和买入返售金融资产在持有期间取得的投资收益和处置损益。

3. 证券公司自营证券所取得的买卖价差收入等。

会计核算使用的总账科目为“投资收益”（准则规定，债券利息收入也可在“利息收入”科目核算），该科目可按照投资项目进行明细核算。

## 五、营业外收入的核算

营业外收入是指金融企业发生的与其经营业务活动无直接关系的各项收入。主要包括：处置非流动资产利得、非货币性资产交换利得、债务重组利得、罚没利得、政府补助利得、确实无法支付而按规定程序经批准后转作营业外收入的应付款项等。这些收入的形成，并不是金融企业经营某项业务而产生的，因此，归为营业外收入。

会计核算使用的总账科目为“营业外收入”，该科目按照营业外收入项目

设置下列明细科目：处置非流动资产利得、非货币性资产交换利得、债务重组利得、罚没利得、政府补助利得、确实无法支付的应付款项等。

1. 发生各项营业外收入时，会计分录为：

借：银行存款（或库存现金，或待处理财产损溢、固定资产清理等科目）

贷：营业外收入——××收入

2. 期末结转利润时，会计分录为：

借：营业外收入——××收入

贷：本年利润

## 第二节　费用的核算

### 一、费用的概念、特征及其内容

#### （一）费用的概念和特征

《企业会计准则——基本准则》将费用表述为：费用是指企业在日常活动中发生的、会导致所有者权益减少的、与向所有者分配利润无关的经济利益的总流出。

费用作为会计要素和会计报表要素的构成内容之一，是与收入相对应而存在的。费用具有以下几个方面的特征：

1. 费用从企业的日常活动中产生，而不是从偶发的交易或事项中产生。

2. 费用既可能表现为企业资产的减少，也可能表现为负债的增加，或者两者兼而有之。

3. 费用不包括为第三方或客户垫付的款项。

4. 费用是因经营活动而引起的银行所有者权益的减少。

#### （二）金融企业成本费用的组成

金融企业的营业成本，是指在业务经营过程中发生的与业务经营有关的支出，包括利息支出、手续费及佣金支出、其他业务成本等。

金融企业财务支出与费用收入相对应，可分成为三大类：第一类是营业支出，即银行在经营业务过程中所发生的各项支出，包括利息支出、手续费及佣金支出、其他业务成本等；第二类是营业税金及附加；第三类是营业外支出，即与银行业务经营无直接关系的各项支出，如处置非流动资产损失、非货币性资产交换损失、债务重组损失、罚款支出、捐赠支出、非常损失等。

### 二、费用的确认

金融企业在经营过程中发生的各种费用，应按权责发生制会计基础对收入、费用进行配比，按实际发生数确认计量。

根据收入与费用的相关程度，确认的费用可以分为以下三类：

1. 直接费用。指直接为取得营业收入而发生的费用，即与当期的营业收入有直接联系（或称因果关系）的费用。

2. 期间费用。指那些仅仅有助于当期营业收入的实现，或者数额不大，不便于在各期分配的费用，或者不能提供明确的未来经济利益，即便对其分摊也没有意义的费用。

3. 跨期费用。指受益期限在一个会计期间以上的费用，即其经济效益有望在若干个会计期间发生，并且只能大致和间接地确定其与收益的联系，该项费用就应当按照配比原则，按规定方法在受益期间计入各期费用，并从各期收入中得到补偿，如固定资产折旧和无形资产摊销等。

## 三、主要会计科目及核算内容

为了反映和监督金融企业营业成本费用的发生情况，应设置“利息支出”、“手续费及佣金支出”、“业务及管理费”、“其他业务成本”等损益类科目。此类科目借方反映成本费用的实际发生数，会计期末，借方余额全部转入“本年利润”科目的借方，结转后此类科目应无余额。

由于上述大部分科目的核算内容已陆续在之前的章节中做过介绍，本章不再列表说明。

## 四、费用的核算

### （一）营业支出的核算

1. 利息支出的核算

利息支出是金融企业吸收的各种存款、与其他金融机构之间发生资金往来业务、卖出回购金融资产等产生的利息支出，以及按期分摊的未确认融资费用。

会计核算使用的总账科目为“利息支出”，该科目可设置下列明细科目：同业拆借利息支出、向中央银行借款利息支出、吸收存款利息支出、卖出回购金融资产利息支出、发行债券利息支出、其他利息支出等。

（1）发生利息支出时，会计分录为：

借：利息支出——××利息支出户

　贷：应付利息——应付××利息户

（2）实际支付已预提的应付利息时，会计分录为：

借：应付利息

　贷：银行存款（或吸收存款）——××户（或其他有关科目）

（3）期末结转利润时，会计分录为：

借：本年利润

　贷：利息支出——××利息支出户

2. 手续费及佣金支出的核算

手续费及佣金支出是金融企业发生的各项以现金支付或转账支付的手续费及佣金。

会计核算设置的总账科目为“手续费及佣金支出”，该科目可设置手续费支出、佣金支出、证券经纪业务支出、其他支出等明细科目。

(1) 发生手续费及佣金支出时，会计分录为：

借：手续费及佣金支出——××支出户

　贷：存放中央银行款项（或银行存款，或吸收存款——代办单位存款户）

(2) 期末结转利润时，会计分录为：

借：本年利润

　贷：手续费及佣金支出——××手续费支出户

3. 业务及管理费的核算

金融企业的业务及管理费，是指金融企业在业务经营及管理工作过程中发生的各项费用，包括固定资产折旧、业务宣传费、业务招待费、电子设备运转费、安全防卫费、企业财产保险费、邮电费、劳动保护费、外事费、印刷费、公杂费、低值易耗品摊销、职工工资、差旅费、水电费、租赁费（不包括融资租赁费）、修理费、职工福利费、职工教育经费、工会经费、房产税、车船使用税、土地使用税、印花税、会议费、诉讼费、公证费、咨询费、无形资产摊销、长期待摊费用摊销、待业保险费、劳动保险费、取暖费、审计费、技术转让费、研究开发费、绿化费、董事会费、上交管理费、广告费、银行结算费等。

会计核算使用的总账科目为“业务及管理费”，该科目可按费用种类设置业务宣传费、业务招待费、业务管理费等明细科目。

(1) 发生直接支付或计提费用时，会计分录为：

借：业务及管理费——××费用户

　贷：银行存款（或库存现金，或其他应付款）

(2) 发生转账摊销的费用时，会计分录为：

借：业务及管理费——××费用户

　贷：应付职工薪酬

　　　累计折旧

　　　累计摊销等

(3) 期末结转利润时，会计分录为：

借：本年利润

　贷：业务及管理费

4. 其他业务成本

其他业务成本是指金融企业除主营业务活动以外的其他经营活动所发生的支出，包括出租固定资产的累计折旧、出租无形资产的累计摊销等。

会计核算使用的总账科目为“其他业务成本”，该科目可按业务类别设置明细科目。

（1）发生其他业务成本时，会计分录为：

借：其他业务成本——××户

　贷：累计折旧（或累计摊销等科目）

（2）期末结转利润时，会计分录为：

借：本年利润

　贷：其他业务成本——××户

（二）营业税金及附加的核算

营业税金和附加是指金融企业经营活动发生的营业税、消费税、城市维护建设税、资源税和教育费附加等相关税费。金融企业必须根据国家税法的规定，按适用税率或费率交纳各种税收或附加费，主要有营业税、城市维护建设税和教育费附加。

会计核算使用的总账科目为“营业税金及附加”（房产税、车船使用税、土地使用税、印花税在“管理费用”等科目核算，不在本科目核算），该科目可按税费类别，设置营业税、城市维护建设税、教育费附加等明细科目。

1. 期末计提应纳营业税金及附加时，会计分录为：

借：营业税金及附加

　贷：应交税费——应交营业税

　　　　　　——应交城市维护建设税

　　　　　　——教育费附加

2. 实际交纳营业税金及附加时，会计分录为：

借：应交税费——应交营业税

　　　　　——应交城市维护建设税

　　　　　——教育费附加

　贷：存放中央银行款项（或银行存款）

3. 期末结转利润时，会计分录为：

借：本年利润

贷：营业税金及附加

（三）营业外支出的核算

营业外支出是指金融企业发生的与业务经营无直接关系的各项支出，金融企业的营业外支出包括处置非流动资产损失、非货币性资产交换损失、债务重组损失、罚款支出、捐赠支出、非常损失等。

会计核算使用的总账科目为“营业外支出”，该科目可设置处置非流动资产损失、非货币性资产交换损失、债务重组损失、罚款支出、捐赠支出、非常损失等明细科目。

1. 发生各项营业外支出时，会计分录为：

借：营业外支出——××户

贷：银行存款（或库存现金，或待处理财产损溢、固定资产清理等科目）

2. 期末结转利润时，会计分录为：

借：本年利润

贷：营业外支出——××户

（四）资产减值损失的核算

资产减值损失是金融企业按规定提取的各项准备金，包括贷款损失准备、坏账准备、长期投资减值准备、固定资产减值准备、在建工程减值准备、无形资产减值准备、抵债资产减值准备等。

核算使用的总账科目为“资产减值损失”，该科目可按减值资产的类别设置明细科目核算。

1. 提取资产损失准备时，会计分录为：

借：资产减值损失

贷：贷款损失准备（或其他有关科目）

2. 期末结转利润时，会计分录为：

借：本年利润

贷：资产减值损失

# 第三节　利润的核算

## 一、金融企业利润及其组成

利润是指金融企业在一定会计期间的经营成果，其包括收入减去费用后的净额、直接计入当期损益的利得和损失等。它是金融企业经营成果的综合反映，是衡量金融企业在一定会计期间的经营业绩和获利能力的重要综合指标。

根据《企业会计准则》，利润由营业利润、利润总额和净利润组成。

（一）营业利润

营业利润是金融企业主要的利润来源，它是金融企业日常经营活动所产生的利润。金融企业的营业利润用公式表示为：

营业利润=营业收入-营业成本-业务及管理费-营业税金及附加-资产减值损失+公允价值变动净收益+投资净收益+汇兑净收益

（二）利润总额

利润总额是指营业利润加上营业外收入、减去营业外支出后的金额。用公式可以表示为：

利润总额 = 营业利润 + 营业外收入-营业外支出

营业外收入和营业外支出，属于直接计入所有者权益的利得和损失，是金融企业发生的与经营业务活动无直接关系的各项收入和各项支出，是日常经营活动以外偶然发生的，而且各项收入和支出之间彼此独立，没有相互对应关系。营业外收支是金融企业利润的组成部分，对金融企业的利润总额和净利润都有一定影响。

（三）净利润

净利润是指扣除资产损失后的利润总额减去所得税后的余额。其公式表示如下：

净利润=利润总额-所得税费用

## 二、主要会计科目及核算内容

利润及利润分配业务核算涉及的主要会计科目及核算内容见表13-1。

表13-1 **利润及利润分配业务的会计科目及其核算内容**

| | 名称 | 主要核算内容 |
|---|---|---|
| 所有者权益类 | 本年利润 | 核算金融企业当期实现的净利润（或发生的净亏损）。年度终了，应将本年收入和支出相抵后结出本年实现的净利润（或净亏损），转入“利润分配——未分配利润”科目，结转后本科目无余额 |
| | 利润分配 | 核算金融企业利润的分配（或亏损的弥补）和历年分配（或弥补）后的余额。本科目应分别“提取法定盈余公积”、“提取任意盈余公积”、“应付现金股利或利润”、“转作股本的股利”、“盈余公积补亏”和“未分配利润”等进行明细核算 |

## 三、金融企业利润的核算

金融企业一般应按月计算利润，也可根据需要按季或者按年计算利润。与此同时，金融企业还应计算每一会计期间的所得税费用，并按照国家的有关规定，计算缴纳所得税。

金融企业结转“本年利润”科目期末（月末、季末、年末）余额的方法有两种——账结法、表结法。按照规定，金融企业应按季计算盈亏，年终结转损益。

（一）账结法

“账结法”，是指通过设置“本年利润”科目，核算金融企业当年实现的利润或亏损总额，本期利润将直接在“本年利润”科目中结转并反映出来。

金融企业应于每月月末（季末）将各损益类科目的余额转入“本年利润”科目，结转后，各损益类账户余额为零。然后结算出“本年利润”科目借、贷方发生额的差额，如果是贷方差额，即为本期的利润额，以及本年累计利润总额；如果为借方差额，则为本期的亏损额，以及本年累计亏损总额。

金融企业结转损益类各科目时，会计分录为：

借：利息收入
　　手续费及佣金收入
　　租赁收入
　　其他业务收入
　　汇兑收益
　　公允价值变动损益
　　投资收益
　　营业外收入等
　贷：本年利润

借：本年利润
　贷：利息支出
　　　手续费及佣金支出
　　　其他业务成本
　　　业务及管理费
　　　营业税金及附加
　　　营业外支出
　　　资产减值损失
　　　所得税费用等

年终通过“本年利润”结出的利润（或亏损）总额应全数转入“利润分配”科目下设立的“未分配利润”账户。

账结法的优点是各月均可通过“本年利润”科目提供其当期利润额，记账业务程序完整。但从实用角度讲，采用“账结法”增加了编制结转损益分录的工作量。

（二）表结法

“表结法”，是指金融企业在月末、季末计算利润（或亏损）时，不通过“本年利润”账户，而是通过编制利润表直接计算出来，反映本期现实的利润或亏损。表结法用于月末和季末对利润的反映。

如果采用表结法，每月结账时，损益类各科目的余额，不需要结转到“本年利润”科目，只是在年度终了进行年度决算时，才用账结法结出损益类各科目的全年累计余额及其构成情况。所以，每月结账时，只要结出各损益类科目的累计余额，就可以直接根据这些余额，逐项填入利润表，通过利润表计算出从年初到本月末为止的本年累计利润，然后，减去上月末本表中的本年累计利润数，就是本月份的利润或亏损总额。

金融企业在采用表结法的情况下，每月、每季编制资产负债表时，如果平时不进行利润分配，表内“未分配利润”项目应填制利润表中的利润总额与“未分配利润”科目余额的合计数；如果平时进行利润分配，应根据利润表中的“利润总额”与“利润分配”的差额来填制资产负债表中的“未分配利润”项目。

表结法在平时直接在利润表结转，省去了转账环节并可以从科目余额得出本年累计的指标，同时并不影响利润表的编制及有关损益指标的利用。

（三）年终结转

综上所述，采用表结法计算利润，“本年利润”科目平时不用，年终使用；采用账结法计算利润，每月使用“本年利润”科目。无论采用哪种方法，年度终了时，都必须将“本年利润”科目结平，转入“利润分配——未分配利润”科目。

年末转账，如为盈利，会计分录为：

借：本年利润

　贷：利润分配——未分配利润

如为亏损，则会计分录为：

借：利润分配——未分配利润

　贷：本年利润

结转后，“本年利润”科目应无余额。

# 第四节　所有者权益的核算

## 一、所有者权益的概念及其组成

所有者权益也称股东权益，是指所有者在企业资产中享有的经济利益，其金额为资产减去负债后的余额。它是企业所有者对净资产的要求权，反映了企业的产权关系。

金融企业所有者权益，是指银行所有者对银行资产中享有的经济利益，反映了所有者对金融企业资产的索取权，是金融企业全部资产中扣除债权人权益后由所有者享有的部分。

所有者权益按其主要的来源包括投资者投入的实收资本（股本）、资本公积、盈余公积、一般风险准备和未分配利润五个部分。盈余公积、未分配利润和一般风险准备统称为留存收益。

1. 实收资本

金融企业的实收资本是指投资者按照企业章程，或合同、协议的规定，实际投入金融企业的资本。这部分是所有者初始投资的财产，具体包括：国家投资、其他单位投资、社会个人投资和外商投资等。在股份制金融企业，实收资本表现为公司实际发行的股票面值，所以称为股本；在非股份制金融企业，投资者投入的资本称为实收资本。

2. 资本公积

资本公积是所有者共有的、非正式经营活动增加的所有者权益。它是指不应计入当期损益，会导致所有者权益发生增减变动的，与所有者投入资本或者向所有者分配利润无关的利得或者损失。资本公积中既包括资本（或股本）溢价，也包括直接计入所有者权益的利得和损失。资本（或股本）溢价是指所有者投入金融企业的资本超过注册资本或者股本部分的金额；资本公积中的利得是指由金融企业经营活动所形成的，会导致所有者权益增加的，与所有者投入资本无关的经济利益的流入；资本公积中的损失是指由金融企业经营活动所发生的，会导致所有者权益减少的，与所有者分配利润无关的经济利益的流出。直接计入所有者权益的利得和损失主要包括可供出售金融资产的公允价值变动额、现金流量套期中套期工具利得或损失属于有效套期的部分等。

3. 盈余公积

盈余公积是指金融企业按照规定比例从净利润中提取的、有特定用途的积累资金，包括法定盈余公积金和任意盈余公积金。金融企业提取的盈余公积金经批准可以用于弥补亏损、转增资本和分配股利。

4. 一般风险准备

一般风险准备，是指金融企业按一定比例从净利润中提取的、用于弥补尚未识别的可能性损失的准备。由于金融企业经营风险高于普通企业，为防范风险，合理进行会计核算，国家规定金融企业必须针对银行经营业务的特点及高风险性，按规定计提风险准备。风险准备同盈余公积和未分配利润一样都是从净利润中提取的，是企业所得净收益的积累。金融企业按规定计提的一般风险准备，用于弥补亏损，不得用于分红和转增资本。

5. 未分配利润

未分配利润是指金融企业当年实现的利润在缴纳所得税、按规定进行利润分配之后形成的，留待以后年度分派的待分配利润，是净利润中尚未确定用途、归所有者所有的资金。

## 二、主要会计科目及核算内容

核算所有者权益涉及的主要会计科目及核算内容见表 13-2（本年利润和利润分配科目见表 13-1）。

表 13-2　　　所有者权益涉及的主要会计科目及其核算内容

| | 名称 | 主要核算内容 |
|---|---|---|
| 所有者权益类 | 实收资本（股本） | 核算金融企业接受投资人投入的实收资本。本科目可按投资者进行明细核算 |
| | 资本公积 | 核算金融企业收到投资者出资额超过其在注册资本或股本中所占份额的部分。本科目应分别“资本（股本）溢价”和“其他资本公积”进行明细核算 |
| | 盈余公积 | 核算金融企业从净利润中提取的盈余公积。本科目应当分别“法定盈余公积”和“任意盈余公积”进行明细核算 |
| | 一般风险准备 | 核算金融企业按规定从净利润中提取的一般风险准备 |

## 三、实收资本的核算

### （一）对实收资本数额的要求

为了保证金融企业的稳健运行，防范金融风险，人民银行规定了设立金融企业的最低资本要求。目前的中资银行的最低资本要求是：设有分支机构的全国性银行的最低实收资本金为 20 亿元人民币；不设立分支机构的全国性银行的最低实收资本金为10亿元人民币；区域性银行的最低实收资本金为8亿元人民币；合作银行的最低实收资本金为5亿元人民币。

在经济特区设立外资银行总行或中外合资银行的最低实收资本金为8 000万元人民币的等值外汇，其中实收资本不得低于50%；在经济特区设立的外资银行分行必须持有其总行拨给的不低于4 000万元人民币的等值外币。

我国目前实行的是注册资本制度，要求银行的实收资本与注册资本保持一致，当银行的实收资本比原来的资本增减超过20%时，应持资金使用证明或验资证明向原登记机关申请变更登记，不得擅自改变注册资本规模或抽逃资金。

（二）实收资本的会计核算

1. 接受现金资产投资

投资者以现金投入的资本，应当以实际收到或者存入企业开户银行的金额作为实收资本入账。实际收到或者存入企业开户银行的金额超过其在该企业注册资本中所占份额的部分，计入资本公积。会计分录为：

借：存放中央银行款项（或××存款）

　　贷：实收资本（或股本）

　　　　资本公积——资本（或股本）溢价

以外币投资时，除记录外币账簿外，资产账户还应按当日国家外汇牌价折合成人民币记账。

2. 接受非现金资产投资

金融企业收到投资人投入的固定资产或无形资产投资时，需按照评估确认的价值或合同、协议约定的价值和在注册资本中享有的份额记账。会计分录为：

借：固定资产（或无形资产）

　　贷：实收资本（或股本）

3. 实收资本（股本）增加

一般企业增加资本有三个途径：接受投资者追加投资、资本公积和盈余公积转增资本。

（1）资本公积转增资本，会计分录为：

借：资本公积——资本（或股东）溢价

　　贷：实收资本（或股本）

（2）盈余公积转增资本，会计分录为：

借：盈余公积

　　贷：实收资本（或股本）

（3）股份制金融企业发放股票股利时，将股东大会批准的利润分配方案中应当分配的股票股利办理增资手续后，应按其折股方式进行处理。

如按股票面值折股的，不涉及股票溢价问题。会计分录为：

借：利润分配——转作股本的股利

　贷：股本

如按照股票的现行市场价格折股，股东大会正式批准的分配股票股利的数额与折股的股票面值总额则将发生差额。该差额作为资本公积处理。会计分录为：

借：利润分配——转作股本的股利

　贷：股本

　　资本公积——股本溢价

4. 实收资本（或股本）减少

非股份制金融企业按法定程序报经批准减少注册资本的，于实际发生时登记入账。会计分录为：

借：实收资本

　贷：存放中央银行款项（或银行存款）

当股份制金融企业采用收购本企业股票方式减资时，按股票面值和注销股数计算的股票面值总额冲减股本，按注销库存股的账面余额与所冲减股本的差额冲减股本溢价，股本溢价不足冲减的，再冲减盈余公积直至未分配利润。如果回购股票支付的价款低于面值总额的，所注销库存股的账面余额与所冲减股本的差额作为增加股本的溢价处理。当股份有限制金融企业回购本企业股票时，购回股票支付的价款大于面值总额，会计分录为：

借：库存股

　贷：存放中央银行款项（或银行存款）

同时，注销本企业股票时，会计分录为：

借：股本

　　资本公积——股本溢价

　　盈余公积

　　未分配利润

　贷：库存股

当股份有限制金融企业回购本企业股票时，购回股票支付的价款低于面值总额，会计分录为：

借：库存股

　贷：存放中央银行款项（或银行存款）

同时，注销本企业股票时，会计分录为：

借：股本

　　贷：库存股

　　　　资本公积——股本溢价

## 四、资本公积和盈余公积的核算

（一）资本公积的核算

1. 资本（股本）溢价

资本（股本）溢价是指金融企业投资者投入的资金超过其在注册资本（股本）中所占份额的部分。按有关规定，按投资者所缴付的全部资金，借记有关资产科目，按其认缴的资本金贷记“实收资本”科目，当发行股票时，按其认购的股票面值总额贷记“股本”科目，大于实收资本或股本的部分，记入“资本公积——资本（或股本）溢价”科目。与发行权益性证券直接相关的手续费、佣金等交易费用，借记“资本公积——股本溢价”，贷记“存放中央银行款项”。

2. 其他资本公积

（1）享有的被投资单位资本公积变动的份额。长期股权投资采用权益法核算的，在持股比例不变的情况下，被投资单位除净损益以外所有者权益的其他变动，企业按持股比例计算应享有的份额，计入其他资本公积。如果是利得，会计分录为：

借：长期股权投资

　　贷：资本公积——其他资本公积

如果是损失，应当做相反的会计分录。

当处置采用权益法核算的长期股权投资时，应当将原记入资本公积的相关金额转入投资收益。

（2）持有至到期投资转换为可供出售金融资产公允价值与账面价值的差额。金融企业将持有至到期投资转换为可供出售金融资产时，转换日该项持有至到期投资的公允价值与账面价值的差额，应计入其他资本公积。公允价值高于账面价值时，会计分录为：

借：可供出售金融资产——成本

　　贷：持有至到期投资——成本

　　　　资本公积——其他资本公积

公允价值低于账面价值，做相反的会计分录。在该可供出售金融资产发生减值或终止确认时转出，计入当期损益。

（3）资本公积用于转增资本。银行按规定的程序增资时，应按其他资本公积转增资本的数额记账。会计分录为：

借：资本公积——其他资本公积

　贷：实收资本

（4）自用房地产或存货转换为投资性房地产公允价值与账面价值的差额。商业银行将自用房地产或存货转换为采用公允价值计量的投资性房地产时，转换当日的公允价值大于账面价值的差额，应计入其他资本公积；处置该项投资性房地产时，应转销与其相关的其他资本公积。会计分录为：

借：投资性房地产——成本

　贷：开发产品（或固定资产等科目）

　　资本公积——其他资本公积

（5）可供出售金融资产的公允价值变动。可供出售金融资产的公允价值高于其账面余额的差额应计入其他资本公积；反之，应冲减其他资本公积。在该可供出售金融资产发生减值或终止确认时转出，计入当期损益。会计分录为：

借：可供出售金融资产——公允价值变动

　贷：资本公积——其他资本公积

或

借：资本公积——其他资本公积

　贷：可供出售金融资产——公允价值变动

（二）盈余公积的核算

金融企业的盈余公积分为法定盈余公积和任意盈余公积。

法定盈余公积，是指金融企业按照规定的比例从净利润中提取的盈余公积。法定盈余公积金按照税后利润的10%提取，累计提取达到注册资本的50%时，可不再提取。

任意盈余公积，是金融企业经股东大会或类似机构批准按规定比例从净利润中提取的盈余公积。

1. 盈余公积的用途

金融企业提取盈余公积主要可以用于以下几个方面：

（1）弥补亏损。金融企业发生亏损时，应自行弥补。弥补亏损的渠道主要有三条：

① 用以后年度税前利润弥补。按照现行制度规定，企业发生亏损时，可以用以后五年内实现的税前利润弥补，即税前利润弥补亏损的期间为五年。

② 用以后年度税后利润弥补。企业发生的亏损经过五年期间未弥补足额的，尚未弥补的亏损应用所得税后的利润弥补。

③ 以盈余公积弥补亏损。企业以提取的盈余公积弥补亏损时，应当由公司董事会提议，并经股东大会批准。

（2）转增资本。经股东大会决议批准，可以将盈余公积转增资本时。在转增资本前要办理增资手续，在实际将盈余公积转增资本时，要按照转增前实收资本的结构比例，相应地增加各投资者对企业的资本投资份额。法定盈余公积转增资本后，留存的法定盈余公积的数额不得少于注册资本的25%。

（3）分配股利。经股东大会特别决议也可动用盈余公积分配股利，但是，企业如果有未弥补亏损，必须先用盈余公积补亏，补亏后盈余公积的数额仍符合分配股利条件的，方可进行分配。

2. 盈余公积的会计核算

（1）提取盈余公积。金融企业按照规定的比例，从净利润中提取盈余公积金时，会计分录为：

借：利润分配——提取法定盈余公积

　　　　　　——提取任意盈余公积

　贷：盈余公积——法定盈余公积

　　　　　　　——任意盈余公积

外资银行提取储备基金、企业发展基金时，会计分录为：

借：利润分配——提取储备基金，

　　　　　　——提取企业发展基金

　贷：盈余公积——储备基金

　　　　　　　——企业发展基金

（2）盈余公积分配股票股利或转增资本。用盈余公积分配股票股利或转增资本时，应当于实际分配股票股利或转增资本时做会计分录：

借：盈余公积

　贷：实收资本（或股本）

（3）盈余公积弥补亏损。金融企业经股东大会或类似机构决议，用盈余公积弥补亏损时，会计分录为：

借：盈余公积

　贷：利润分配——盈余公积补亏

（三）一般风险准备的核算

从事存贷款业务的金融企业，为了达到稳健经营，避免由于贷款损失准备不足对金融企业资本产生过度侵蚀而设立了一般风险准备金，作为利润分配处理，构成所有者权益的组成部分。

1. 计提范围

金融企业提取的一般风险准备所针对的风险资产具体包括贷款（含抵押、质押、担保等贷款）、银行卡透支、贴现、信用垫款（含银行承兑汇票垫款、信用证垫款、担保垫款等）、进出口押汇、股权投资和债权投资（不含采用成本与市价孰低法或公允价值法确定期末价值的证券投资和购买的国债本息部分的投资）、拆借（拆出）、存放同业款项、应收利息（不含贷款、拆放同业应收利息）、应收股利、应收租赁款、其他应收款等资产。

2. 计提比例

金融企业应当于每年年度终了根据承担风险和损失的资产余额的一定比例提取一般风险准备。一般风险准备的计提比例由金融企业综合考虑其所面临的风险状况等因素确定，原则上一般风险准备余额不低于风险资产期末余额的1%。

一般风险准备由金融企业总行（总公司）统一计提和管理。即一般风险准备金由金融企业总行集中提取，分行不用计提。总行如有利润后，要提一般风险准备。

3. 一般风险准备的会计核算

提取一般风险准备时，会计分录为：

借：利润分配——提取一般风险准备

　贷：一般风险准备

按规定使用一般风险准备弥补亏损时，会计分录为：

借：一般风险准备

　贷：利润分配——一般风险准备补亏

（四）利润分配的核算

金融企业的股东大会或类似权力机构决定当期利润分配方案，在董事会或者类似权力机构向股东大会或类似权力机构提出利润分配方案后，由股东大会或类似权力机构批准通过后实施。

1. 利润分配的顺序和原则

金融企业本年实现净利润（减弥补亏损，下同），应当按照提取法定盈余公积金、提取一般（风险）准备金、向投资者分配利润的顺序进行分配。

以前年度未分配的利润，并入本年实现净利润向投资者分配。资本充足率、偿付能力充足率、净资本负债率未达到有关法律、行政法规规定标准的，不得向投资者分配利润。向投资者分配利润的顺序如下：

（1）支付优先股股利

（2）提取任意盈余公积金

（3）支付普通股股利

（4）转作资本（股本）

2. 未分配利润

金融企业的未分配利润具有两层含义，一是留待以后年度处理的利润，二是未指定特定用途的利润。从数量上来讲，未分配利润是期初未分配利润，加上本期实现的净利润，减去提取的各种盈余公积和分出利润后的余额。

在按规定做了各种分配后，将“利润分配”科目其他各账户的余额转入“未分配利润”账户。结转后，“未分配利润”账户的贷方余额是未分配利润，留待以后年度进行利润分配；如出现借方余额，则表示未弥补亏损。

3. 利润分配的会计核算

（1）利润结转。年度终了，金融企业将各财务收入、财务支出科目的余额通过“本年利润”科目结转出当年的净利润，再将“本年利润”科目余额转入“利润分配——未分配利润”。会计分录为：

借：本年利润

　　贷：利润分配——未分配利润

如为亏损，做相反的会计分录。

（2）提取法定盈余公积，会计分录为：

借：利润分配——提取法定盈余公积

　　贷：盈余公积——法定盈余公积

（3）提取一般风险准备，会计分录为：

借：利润分配——提取一般风险准备

　　贷：一般风险准备

（4）提取任意盈余公积，会计分录为：

借：利润分配——提取任意盈余公积

　　贷：盈余公积——任意盈余公积

（5）向投资者分配的利润，若是分配现金股利，会计分录为：

借：利润分配——应付股利（或应付利润）

　　贷：应付股利（或应付利润）

若是分配股票股利，会计分录为：

借：利润分配——转作股本的股利

　　贷：股本

（6）最后，将当期“利润分配”科目下各明细科目余额转入“未分配利润”明细科目，会计处理如下：

借：利润分配——未分配利润

　贷：利润分配——提取法定盈余公积

　　　　　　——提取任意盈余公积

　　　　　　——提取一般风险准备金

　　　　　　——应付利润（或应付股利）

结转后，除“未分配利润”明细科目外，利润分配科目的其他明细科目应无余额。“未分配利润”明细科目贷方余额为历年来积累的未分配利润，留待以后年度进行利润分配；借方余额为历年未弥补的亏损。

## 本章小结

1. 金融企业的营业收入主要是让渡资产使用权收入和提供劳务收入，包括利息收入、手续费及佣金收入、租赁收入等。

2. 与营业收入相对应的费用包括利息支出、手续费及佣金支出、营业税金及附加、业务及管理费等。

3. 收入与费用的核算以权责发生制会计为基础，形成的利润包括营业利润、利润总额和净利润。

4. 金融企业的所有者权益包括实收资本、资本公积、盈余公积和未分配利润，还包括金融企业特有的一般风险准备。

## 关键概念

营业收入　营业利润　一般风险准备

## 思考与应用

1. 简述金融企业收入的主要构成及各类收入的确认方式。

2. 简述金融企业成本费用的组成。

3. 金融企业结转“本年利润”期末余额的方法有哪两种？二者的区别何在？

4. 何为一般风险准备？金融企业计提一般风险准备的目的和用途是什么？计提范围和比例应如何确定？

5. 简要说明人民银行对设立各类银行业金融机构的最低资本金要求。

6. 金融企业利润分配的顺序是什么？

# 第十四章 财务报告

## 学习目标

1. 了解财务报告的组成和种类
2. 掌握商业银行资产负债表主要项目的列报方式
3. 掌握商业银行利润表主要项目的列报方式
4. 掌握商业银行经营活动现金流量的基本内容
5. 了解财务报表附注的作用和内容

## 第一节　企业财务报告概述

### 一、财务报告的组成

财务会计报告（又称财务报告）是指企业对外提供的反映企业某一特定日期的财务状况和某一会计期间的经营成果、现金流量等会计信息的文件。财务报告的目标是向财务报告使用者提供与企业财务状况、经营成果和现金流量有关的会计信息，反映企业管理层受托责任履行情况，有助于财务报告使用者做出经济决策。财务报告的使用者包括投资者、债权人、政府及有关部门及社会公众。

财务报告包括财务会计报表及附注和其他应当在财务报告中披露的相关信息和资料。

财务报表是对企业财务状况、经营成果和现金流量的结构性表述，财务报表至少应当包括下列组成部分：

1. 资产负债表

2. 利润表

3. 现金流量表

4. 所有者权益（或股东权益）变动表

5. 附注

财务报表的信息是会计确认、计量和报告的直接结果，其编制受到会计准则或会计制度的严格制约，金融企业应当按照企业会计准则的有关规定编制并对外提供真实、完整的财务报告。

## 二、财务报告的种类

财务报表是财务报告的核心，是将财务信息传递给企业外界报表使用者的主要手段。但财务报告比财务报表提供的信息范围要大得多，财务会计报告除了财务报表，还包括很多在财务报表中无法直接列示的信息，如财务指标分析信息，财务预测信息，经济环境对企业经营成果和财务状况的影响，企业管理者对企业业绩的说明及评价等。财务会计报告可以根据需要，按照不同的标准进行分类。

1. 按经济内容不同，可以把财务会计报告分为会计报表、会计报表附注。

2. 按编报时间不同，可以分为中期报告和年度报告。

3. 按所反映资金运动形态不同，可以分为静态会计报表和动态会计报表。

4. 按报送对象不同，可以分为对外财务报告和对内财务会计报告。

5. 按编报范围不同，可以分为个别财务会计报告和合并财务会计报告。

## 三、财务报告编制的基本要求

为了真实、正确地反映银行的财务状况和经营活动成果，保证财务报告所提供的信息能够满足使用者的需要，必须按照一定的程序、方法和统一的要求进行编制。企业在编制财务报告过程中，应该做到以下几点：

### （一）以持续经营为基础

企业应当以持续经营为基础，根据实际发生的交易和事项，按照企业会计准则的规定进行确认和计量，在此基础上编制财务报表。

### （二）一致性

财务报表项目的列报应当在各个会计期间保持一致，不得随意变更，但下列情况除外：

1. 会计准则要求改变财务报表项目的列报。

2. 企业经营业务的性质发生重大变化后，变更财务报表项目的列报能够提供更可靠、更相关的会计信息。

3. 重要性。

财务报表的某项目的省略或者错报会影响使用者据此做出经济决策，那么，该项目便具有重要性。

在财务报表中列报的项目中，性质或功能不同的项目，应当在财务报表中单独列报；性质或功能类似的项目，其所属类别具有重要性的，应当按其类别单独列报。

重要性应当根据企业所处环境，从项目的性质和金额大小两方面予以判断。

（三）完整性

1. 在财务报表中的资产项目和负债项目的金额、收入项目和费用项目的金额不得相互抵消，但满足抵消条件的除外。

2. 当期财务报表的列报，至少应当提供所有列报项目上一可比会计期间的比较数据；报表项目的列报发生变更的，需要在附注中说明。

3. 财务报表中必须披露的内容包括：编报企业的名称、财务报表日期或涵盖的会计期间、人民币金额单位、编报的范围等。

4. 企业至少应当按年编制财务报表。年度财务报表涵盖时间短于一年的，在披露时应说明原因。

# 第二节　商业银行财务报告

## 一、资产负债表

（一）报表内容与格式

资产负债表是反映企业在某一特定时期财务状况的报表。它反映企业在某一特定日期所拥有或控制的经济资源、所承担的现时义务和所有者对净资产的要求权。在我国，商业银行的资产负债表采用账户式结构，即报表的基本结构分为左右两方，左方列示资产各个项目，反映全部资产的分布及存在形态；右方列示负债和所有者权益各个项目，反映全部负债和所有者权益的内容及构成情况。资产负债表左右双方平衡，即资产总计等于负债和所有者权益总计。

商业银行的各项资产或负债按照流动性列示能够提供可靠且更相关信息的，可以按照其流动性顺序列示。

商业银行资产负债表的格式见表14-1。

表 14-1

**资产负债表**

编制单位： 年 月 日 单位：

| 资产 | 期末余额 | 年初余额 | 负债及所有者权益 | 期末余额 | 年初余额 |
|---|---|---|---|---|---|
| 资产： | | | 负债： | | |
| 现金及存放中央银行款项 | | | 向中央银行借款 | | |
| 存放同业款项 | | | 同业及其他金融机构存放款项 | | |
| 贵金属 | | | 拆入资金 | | |
| 拆出资金 | | | 交易性金融负债 | | |
| 交易性金融资产 | | | 衍生金融负债 | | |
| 衍生金融资产 | | | 卖出回购金融资产款 | | |
| 买入返售金融资产 | | | 吸收存款 | | |
| 应收利息 | | | 应付职工薪酬 | | |
| 发放贷款和垫款 | | | 应交税费 | | |
| 可供出售金融资产 | | | 应付利息 | | |
| 持有至到期投资 | | | 预计负债 | | |
| 长期股权投资 | | | 应付债券 | | |
| 投资性房地产 | | | 递延所得税负债 | | |
| 固定资产 | | | 其他负债 | | |
| 无形资产 | | | 负债合计 | | |
| 递延所得税资产 | | | 所有者权益（或股东权益）： | | |
| 其他资产 | | | 实收资本（或股本） | | |
| | | | 资本公积 | | |
| | | | 减：库存股 | | |
| | | | 盈余公积 | | |
| | | | 一般风险准备 | | |
| | | | 未分配利润 | | |
| | | | 所有者权益（或股东权益）合计 | | |
| 资产总计 | | | 负债及所有者权益（或股东权益）总计 | | |

（二）报表编制

1. 栏目设置及“年初余额”的填列方法

资产负债表的编制是以日常会计核算记录的数据为基础进行归类、整理和汇总，加工成报表项目的过程。资产负债表各项目都列有“期末余额”和“年初余额”两个栏目，是一种比较资产负债表。

表中“年初余额”栏内各项目数字，应根据上年末资产负债表“期末余额”栏内所列数字填列。如果本年度资产负债表规定的各个项目的名称和内容同上年度不一致，应对上年年末资产负债表各项目的名称和数字按照本年度的规定进行调整，按调整后的数字填入本表“年初余额”栏内。

2. 各项目“期末余额”的填列方法

（1）“现金及存放中央银行款项”项目，反映商业银行业务库存现金和存放中央银行的准备金存款。本项目根据“库存现金”和“存放中央银行款项”两个总账科目的期末余额合计数填列。

（2）“存放同业款项”项目，反映商业银行与同业进行资金往来而发生的存放于同业的款项。本项目应根据“存放同业款项”科目的期末余额填列。

（3）“贵金属”项目，反映商业银行在国家允许范围内买入的黄金等贵重金属数量。本项目应根据“贵金属”科目的期末余额填列。

（4）“拆出资金”项目，反映商业银行与其他金融企业之间的资金拆借业务。本项目根据“拆出资金”科目的期末余额填列。

（5）“交易性金融资产”项目，反映商业银行为交易目的持有的债券投资、股票投资、基金投资、权证投资等交易性金融资产的公允价值。本项目根据“交易性金融资产”科目的期末余额填列。

（6）“衍生金融资产”项目，反映商业银行持有的衍生金融资产价值。根据“衍生工具”科目的期末借方余额、“套期工具”期末借方余额、“被套期项目”期末借方余额的合计数填列。

（7）“买入返售金融资产”项目，反映商业银行按返售协议约定先买入再按固定价格返售给卖出方的票据、证券、贷款等金融资产所融出的资金。本项目根据“买入返售金融资产”科目期末余额填列。

（8）“应收利息”项目，反映商业银行发放贷款、持有至到期投资、可供出售金融资产、存放中央银行款项、拆出资金、买入返售金融资产等应收取的利息。本项目应根据“应收利息”科目的期末余额填列。

（9）“发放贷款和垫款”项目，反映商业银行按规定发放的各种客户贷款，包括质押贷款、抵押贷款、保证贷款、信用贷款等。还包括按规定发放的银团贷款、贸易融资、协议透支、信用卡透支、转贷款以及垫款等，本项目根据“贷款”、“贴现资产”等科目借方余额合计，减“贷款损失准备”科目的期末余额后的金额填列。

（10）“可供出售金融资产”项目，反映商业银行持有的可供出售金融资产的价值，包括划分为可供出售的股票投资、债券投资等金融资产。本项目应根据“可供出售金融资产”科目的期末余额填列。

（11）“持有至到期投资”项目，反映商业银行持有至到期投资的摊余价值。本项目应根据“持有至到期投资”所属明细科目的期末余额抵减“持有至到期投资减值准备”科目余额后分析填列。

（12）“长期股权投资”项目，反映商业银行持有的采用成本法和权益法核算的长期股权投资。本项目应根据“长期股权投资”科目的期末余额抵减“长期股权投资减值准备”科目余额后的净值填列。

（13）“投资性房地产”项目，反映商业银行投资性房地产的价值，包括采用成本模式计量的投资性房地产和采用公允价值模式计量的投资性房地产。本项目应根据“投资性房地产”科目的期末余额抵减“投资性房地产减值准备”科目余额后的净值填列。

（14）“固定资产”项目，反映商业银行持有固定资产的原价企业。本项目应根据“固定资产”科目的期末余额减去“累计折旧”、“固定资产减值准备”备抵科目余额后的净值填列。

（15）“无形资产”项目，反映商业银行持有的无形资产，包括专利权、非专利技术、商标权、著作权、土地使用权等。本项目应根据“无形资产”科目的期末余额减去“累计摊销”、“无形资产减值准备”备抵科目余额后的净值填列。

（16）“递延所得税资产”项目，反映商业银行根据所得税准则确认的可抵扣暂时性差异产生的所得税资产。本项目应根据“递延所得税资产”科目的期末余额填列。

（17）“其他资产”项目，反映商业银行除上述以外的各项资产，如长期待摊费用、存出保证金、应收股利、抵债资产等。本项目应根据所发生的其他资产科目期末余额合计数分析填列。

（18）“向中央银行借款”项目，反映商业银行从中央银行借入的款项。本科目根据“向中央银行借款”科目的期末余额填列。

（19）“同业及其他金融机构存放款项”项目，反映商业银行与同业进行资金往来而发生的同业存放于本银行的款项以及吸收的境内、境外金融机构的存款。期末本项目应根据“同业存放款项”科目所属明细科目的期末余额填列。

（20）“拆入资金”项目，反映商业银行从境内、境外金融机构拆入的款项。本项目应根据“拆入资金”科目的期末余额填列。

（21）“交易性金融负债”项目，反映商业银行承担的交易性金融负债的公允价值吸收存款。本项目应根据“交易性金融负债”科目的期末余额填列。

（22）“衍生金融负债”根据“衍生工具”的科目期末贷方余额，“套期工具”期末贷方余额，“被套期项目”期末贷方余额等科目合计数填列。

（23）“吸收存款”项目，反映商业银行吸收的除同业存放款项以外的其他各种存款，包括单位（企业、事业单位、机关、社会团体等）存款、个人存款、信用卡存款、特种存款、转贷款资金和财政性存款等。本项目应根据“吸收存款”科目所属的“本金”、“利息调整”等明细科目期末余额计算填列。

（24）“卖出回购金融资产款”项目，反映商业银行按回购协议卖出票据、证券、贷款等金融资产所融入的资金。本项目应根据“卖出回购金融资产款”科目的期末余额填列。

（25）“应付职工薪酬”项目，反映商业银行根据有关规定应付给职工的各种薪酬。本项目应根据“应付职工薪酬”科目期末余额填列。

（26）“应交税费”项目，反映商业银行按照税法规定计算应交纳的各种税费。本项目应根据“应交税费”科目的期末余额填列。

（27）“应付利息”项目，反映商业银行按照合同约定应支付的利息，包括吸收存款、分期付息到期还本的长期借款、企业债券等应支付的利息。本项目应根据“应付利息”科目的期末余额填列。

（28）“预计负债”项目，反映商业银行根据或有事项等相关准则确认的各项预计负债，包括对外提供担保、未决诉讼、产品质量保证、重组义务、亏损性合同以及固定资产和矿区权益弃置义务等产生的预计负债。本项目应根据“预计负债”科目的期末余额填列。

（29）“应付债券”项目，反映商业银行为筹集（长期）资金而发行的债券本金和利息。本项目应根据“应付债券”科目的明细科目期末余额分析填列。

（30）“递延所得税负债”项目，反映商业银行根据所得税准则确认的应纳税暂时性差异产生的所得税负债。本项目应根据“递延所得税负债”科目的期末余额填列。

（31）“其他负债”项目，反映商业银行除上述以外的各项负债。如“长期应付款”、“存入保证金”、“应付股利”、“其他应付款”等。本项目应根据所发生的其他负债科目期末余额合计数分析填列。另外，根据“长期应付款”减去“未确认融资费用”科目期末余额后的净值填列。

（32）“实收资本”或“股本”项目，反映商业银行实际收到的资本总额。本项目根据“实收资本”科目期末余额填列。

（33）“资本公积”项目，反映商业银行收到投资者出资超出其在注册资本或股本中所占的份额以及直接计入所有者权益的利得和损失等。本项目根据“资本公积”科目期末余额减去“库存股”期末借方余额后的净值填列。

（34）“盈余公积”项目，反映商业银行的资本公积和盈余公积的期末余额。本项目根据“盈余公积”科目的期末余额填列。

（35）“一般风险准备”项目，反映商业银行按规定从净利润中提取的一般风险准备。本项目应根据“一般风险准备”科目的期末余额填列。

（36）“未分配利润”项目，反映商业银行盈利中尚未分配的部分。本项目根据“本年利润”和“利润分配”科目的余额计算填列。未弥补的亏损应在本项目内用“-”号表示。

## 二、利润表

### （一）报表内容与格式

利润表是反映企业在一定的会计期间经营成果的会计报表。通过编制利润表可以如实反映商业银行实现的收入、发生的费用，以及应当计入当期利润的利得和损失的金额及其构成等情况，可以帮助财务报表的使用者全面了解企业的经营成果，并用以考核利润计划的完成情况，对企业未来的经营情况及获利能力进行科学预测。

利润表的结构分为单步式和多步式两种，商业银行利润表采用多步式结构，构成利润的主要内容分为营业收入、营业利润、利润总额、净利润、每股收益五个方面，各项目之间通过分步式的加减关系，最后计算出净利润。将营业利润放在首位，突出营业收入的重要性，因此便于报表使用者进行相关的分析。商业银行利润表的具体格式见表 14-2。

表 14-2 **利润表**

编制单位： 年 月 单位：

| 项目 | 本期金额 | 上期金额 |
| --- | --- | --- |
| 一、营业收入 | | |
| 利息净收入 | | |
| 利息收入 | | |
| 利息支出 | | |
| 手续费及佣金净收入 | | |
| 手续费及佣金收入 | | |
| 手续费及佣金支出 | | |
| 投资收益（损失以“-”号填列） | | |

续表

| 项目 | 本期金额 | 上期金额 |
|---|---|---|
| 其中：对联营企业和合营企业的投资收益 | | |
| 公允价值变动收益（损失以“-”号填列） | | |
| 汇兑收益（损失以“-”号填列） | | |
| 其他业务收入 | | |
| 二、营业支出 | | |
| 营业税金及附加 | | |
| 业务及管理费 | | |
| 资产减值准备 | | |
| 其他业务成本 | | |
| 三、营业利润（亏损以“-”号填列） | | |
| 加：营业外收入 | | |
| 减：营业外支出 | | |
| 四、利润总额（亏损以“-”号填列） | | |
| 减：所得税费用 | | |
| 五、净利润（亏损以“-”号填列） | | |
| 六、每股收益： | | |
| （一）基本每股收益 | | |
| （二）稀释每股收益 | | |

（二）报表编制

1. 栏目设置

编制利润表时，应根据审查无误的会计账簿中的有关资料进行编制。本表各项目均需填列“本期金额”和“上期金额”两栏。其中：“上期金额”栏内各项数字，应根据上年度利润表的“本期金额”栏内所列数字填列，如果上年度利润表中的项目名称和内容与本年度利润表不相一致，应对上年度利润表项目的名称和数字按本年度的规定进行调整。“本期金额”栏内各期数字，除“基本每股收益”和“稀释每股收益”项目外，应当按照各损益类科目的发生额分析填列。

2. 利润表内各项目内容和填列方法

（1）“营业收入”项目，反映商业银行经营业务取得的各种收入的总额。本项目根据“利息净收入”、“手续费及佣金净收入”、“投资收益”、“公允价值变动收益”、“汇兑收益”、“其他营业收入”等项目汇总计算填列。

（2）“利息收入”项目，反映商业银行根据收入准则确认的利息收入。本项目应根据“利息收入”所属明细科目期末发生额合计数填列。

（3）“利息支出”项目，反映商业银行发生的利息支出。本项目根据“利息支出”所属明细科目期末发生额合计数填列。

（4）“手续费及佣金收入”项目，反映商业银行确认的手续费及佣金收入。本项目根据“手续费及佣金收入”科目所属明细科目期末发生额合计数填列。

（5）“手续费及佣金支出”项目，反映商业银行发生的与其经营活动相关的各项手续费、佣金等支出。本项目根据“手续费及佣金支出”科目所属明细科目期末发生额合计数填列。

（6）“投资收益”项目，反映商业银行确认的投资收益和投资损失。本项目应根据“投资收益”科目的发生额分析填列。

（7）“公允价值变动收益”项目，反映商业银行进行交易性金融资产、交易性金融负债，以及采用公允价值模式计量的投资性房地产、衍生工具、套期保值业务中公允价值变动形成的应计入当期损益的利得或损失。本项目应根据“公允价值变动收益”所属明细科目期末发生额合计数分析填列。

（8）“汇兑收益”项目，反映商业银行发生外币交易因汇率变动而产生的汇兑收益。本项目应根据“汇兑收益”科目期末发生额填列。

（9）“其他业务收入”项目，反映商业银行确认的除主营业务以外的其他经营活动实现的收入，包括开办如咨询服务等业务收取的其他营业收入等。本项目根据“其他营业收入”所属明细科目期末发生额合计数填列。

（10）“营业支出”项目，反映商业银行各项营业支出的总额。本项目根据“营业税金及附加”、“业务及管理费用”、“资产减值准备”、“其他营业成本”等项目汇总计算填列。

（11）“营业税金及附加”项目，反映商业银行按规定缴纳应由经营收入负担的各种税金及附加费。本项目应根据“营业税金及附加”科目期末发生额填列。

（12）“业务及管理费”项目，反映商业银行在业务经营和管理过程中所发生的各项费用。本项目应根据“业务及管理费”科目期末发生额分析填列。

（13）“资产减值准备”项目，反映商业银行根据资产减值等准则计提各项资产减值准备所形成的损失。本项目应根据“资产减值准备”科目期末发生额填列。

（14）“其他业务成本”项目，反映商业银行除主营业务活动以外的其他经营活动所发生的支出、采用成本模式计量的投资房地产的累计折旧或累计摊销等。本项目根据“其他营业成本”科目期末发生额填列。

（15）“营业利润”项目，反映商业银行当期的经营利润，发生经营亏损也在本项目反映，发生的亏损用“-”号表示。按营业收入减营业支出后的差额填列。

（16）“营业外收入”项目，反映商业银行发生的与其经营活动无直接关系的各项净收入。本项目根据“营业外收入”所属明细科目期末发生额合计数填列。

(17)“营业外支出”项目，反映商业银行发生的与其经营活动无直接关系的各项净支出。本项目根据“营业外支出”所属明细科目期末发生额合计数填列。

(18)“利润总额”项目，反映商业银行当期实现的全部利润（或亏损）总额，如为亏损，则以“-”号表示。按营业利润加上营业外收入、减去营业外支出后的差额填列。

(19)“所得税费用”项目，反映商业银行根据所得税准则确认的应从当期利润总额中扣除的所得税费用。本项目根据“所得税费用”科目期末发生额填列。

(20)“净利润”项目，反映商业银行的利润总额减去所得税费用后的金额填列。

(21)“每股收益”项目，反映普通股或潜在普通股已公开交易的商业银行，以及正处于公开发行普通股或潜在普通股过程中的商业银行，还应当在利润表中列示每股收益信息。其中“基本每股收益”、“稀释每股收益”按规定公式计算填列。

## 三、现金流量表

### (一) 报表内容

现金流量表是反映企业在一定会计期间的现金和现金等价物流入、流出情况的报表。其报表的结构分为主表和附注两个部分。主表是按不同业务活动对企业现金流量影响的不同，分别列示各类业务活动的现金流入量、现金流出量和现金净流量。通过现金收入和现金支出的主要类别反映来自经营活动的现金流量。附注是对主表信息的补充说明和验证，便于报表编制者对现金流量表编制过程的验算以及报表使用者对现金流量表信息的分析和理解。

商业银行的现金流量主要由经营活动产生的现金流量、投资活动产生的现金流量以及筹资活动产生的现金流量组成。

1. 经营活动产生的现金流量

经营活动是指商业银行除投资活动和筹资活动以外的所有交易或事项，包括对外发放的贷款和收回的贷款、吸收的存款和支付的存款本金、同业存款及存放同业款项、向其他金融企业拆借的资金、利息收入和利息支出、收回的已于前期核销的贷款等。

经营活动产生的现金流量是商业银行通过运用所拥有的资产自身创造的现金流量，主要是与企业净利润有关的现金流量。通过现金流量表中反映的经营活动产生的现金流入和流出，说明企业经营活动对现金流入和流出净额的影响程度。

2. 投资活动产生的现金流量

投资活动是指商业银行长期资本以及不包括在现金等价物范围内的投资的购建和处置。包括取得或收回权益性证券的投资、购买或收回债券投资，购建和处置固定资产、无形资产和其他长期资产等。

投资活动产生的现金流量中不包括作为现金等价物的投资，作为现金等价物的投资属于现金自身的增减变化，如购买还有一个月到期的债券等，都属于现金内部各项目转换，不会影响现金流量净额的变动。通过现金流量表中反映的投资活动产生的现金流量，可以分析企业通过投资获取现金流量对企业现金流量净额的影响程度。

3. 筹资活动产生的现金流量

筹资活动是指导致商业银行资本及债务规模和构成发生变化的活动，包括吸收权益性资本、发行债券、借入资金、支付股利、偿还债务等。

通过现金流量表中筹资活动产生的现金流量，可以分析商业银行的筹资能力，以及筹资产生的现金流量对企业现金流量净额的影响程度。

（二）报表编制方法及格式

1. 现金流量表的编制方法

（1）直接法。通过现金收入和现金支出的主要类别直接反映企业经营活动中的现金流量。一般是以利润表中的营业收入为起算点，调整与经营活动有关项目的增减变动，然后计算出经营活动产生的现金流量。有关现金流量的信息可以通过下列途径之一取得：第一，企业的会计记录；第二，根据有关项目对利润表中的营业收入、营业成本及其他项目进行调整。

（2）间接法。以本期净利润为起算点，调整不涉及现金的收入、费用、营业外收支等有关项目的增减变动，计算出经营活动产生的现金流量。

（3）其他方法。企业可以采用工作底稿或 T 型账户法，也可以根据有关科目记录分析填列。

我国企业会计准则要求采用直接法编报现金流量表的主表，便于分析企业经营活动现金流量的来源和用途，预测现金流量的未来前景；采用间接法编报现金流量表的附表，便于对净利润与经营活动现金净流量进行比较，了解净利润与经营活动现金流量差异的原因，从现金流量的角度分析净利润的质量。因此，我国企业应当同时采用直接法和间接法两种方法编报现金流量表。

2. 商业银行现金流量表的格式

我国企业现金流量表采用报告式结构，分类反映经营活动产生的现金流量、投资活动产生的现金流量和筹资活动产生的现金流量，最后汇总反映企业某一期间现金及现金等价物的净增加额。商业银行现金流量表的格式见表 14-3。

表 14-3

**现金流量表**

编制单位： 年 月 日 单位：

| | 本期金额 | 上期金额 |
|---|---|---|
| 一、经营活动产生的现金流量 | | |
| 客户存款和同业存放款项净增加额 | | |
| 向中央银行借款净增加额 | | |
| 向其他金融机构拆入资金净增加额 | | |
| 收取利息、手续费及佣金的现金 | | |
| 收到的其他与经营活动有关的现金 | | |
| 经营活动现金流入小计 | | |
| 客户贷款及垫款净增加额 | | |
| 存放中央银行和同业款项净增加额 | | |
| 支付手续费及佣金的现金 | | |
| 支付给职工以及为职工支付的现金 | | |
| 支付各种税费 | | |
| 支付的其他与经营活动有关的现金 | | |
| 经营活动现金流出小计 | | |
| 经营活动现金产生的现金流量净额 | | |
| 二、投资活动产生的现金流量 | | |
| 收回投资所收到的现金 | | |
| 取得投资收益收到的现金 | | |
| 收到的其他与投资活动有关的现金 | | |
| 投资活动现金流入小计 | | |
| 投资支付的现金 | | |
| 购建固定资产、无形资产和其他长期资产所支付的现金 | | |
| 支付的其他与投资活动有关的现金 | | |
| 投资活动现金流出小计 | | |
| 投资活动产生的现金流量净额 | | |
| 三、筹资活动产生的现金流量 | | |
| 吸收投资收到的现金 | | |
| 发行债券所收到的现金 | | |
| 收到的其他与筹资活动有关的现金 | | |
| 筹资活动现金流入小计 | | |
| 偿还债务所支付的现金 | | |
| 分配股利、利润或偿付利息支付的现金 | | |
| 支付的其他与筹资活动有关的现金 | | |
| 筹资活动现金流出小计 | | |
| 筹资活动产生的现金流量净额 | | |
| 四、汇率变动对现金流量的影响额 | | |
| 五、现金及现金等价物净增加额 | | |
| 加：期初现金及现金等价物余额 | | |
| 六、期末现金及现金等价物余额 | | |

现金流量表补充资料披露格式略。

## 四、所有者权益变动表

### （一）报表内容与格式

所有者权益变动表，是指反映构成所有者权益各组成部分当期增减变动情况的报表。当期损益、直接计入所有者权益的利得和损失，以及与所有者的资本交易导致的所有者权益的变动，应当分别列示。在所有者权益变动表中，企业至少应当单独列示反映下列信息项目：

1. 净利润。
2. 直接计入所有者权益的利得和损失项目及其总额。
3. 会计政策变更和差错更正的累积影响金额。
4. 所有者投入资本和向所有分配利润等。
5. 提取的盈余公积。
6. 实收资本或股本、资本公积、盈余公积、未分配利润的期初和期末余额及其调节情况。

所有者权益变动表的格式见表 14-4。

表 14-4　　所有者权益变动表

编制单位：　　年度　　单位：

| 项目 | 本年金额 | | | | | | | 上年金额 | | | | | | |
|---|---|---|---|---|---|---|---|---|---|---|---|---|---|---|
| | 实收资本（或股本） | 资本公积金 | 减：库存股 | 盈余公积 | 一般风险准备 | 未分配利润 | 所有者权益合计 | 实收资本（或股本） | 资本公积金 | 减：库存股 | 盈余公积 | 一般风险准备 | 未分配利润 | 所有者权益合计 |
| 一、上年年末余额 | | | | | | | | | | | | | | |
| 加：会计政策变更 | | | | | | | | | | | | | | |
| 前期差错更正 | | | | | | | | | | | | | | |
| 二、本年年初余额 | | | | | | | | | | | | | | |
| 三、本年增减变动金额（减少以“-”号填列） | | | | | | | | | | | | | | |

续表

| 项目 | 本年金额 | | | | | | | 上年金额 | | | | | | |
|---|---|---|---|---|---|---|---|---|---|---|---|---|---|---|
| | 实收资本（或股本） | 资本公积金 | 减：库存股 | 盈余公积 | 一般风险准备 | 未分配利润 | 所有者权益合计 | 实收资本（或股本） | 资本公积金 | 减：库存股 | 盈余公积 | 一般风险准备 | 未分配利润 | 所有者权益合计 |
| （一）净利润 | | | | | | | | | | | | | | |
| （二）直接计入所有者权益的利得和损失 | | | | | | | | | | | | | | |
| 1. 可供出售金融资产公允价值变动净额 | | | | | | | | | | | | | | |
| （1）计入所有者权益的金额 | | | | | | | | | | | | | | |
| （2）转入当期损益的金额 | | | | | | | | | | | | | | |
| 2. 现金流量套期工具公允价值变动净额 | | | | | | | | | | | | | | |
| （1）计入所有者权益的金额 | | | | | | | | | | | | | | |
| （2）转入当期损益的金额 | | | | | | | | | | | | | | |
| （3）计入被套期项目初始确认金额中的金额 | | | | | | | | | | | | | | |
| 3. 权益法下被投资单位其他所有者权益变动的影响 | | | | | | | | | | | | | | |
| 4. 与计入所有者权益项目相关的所得税影响 | | | | | | | | | | | | | | |
| 5. 其他 | | | | | | | | | | | | | | |
| 上述（一）和（二）小计 | | | | | | | | | | | | | | |
| （三）所有者投入和减少资本 | | | | | | | | | | | | | | |
| 1. 所有者投入资本 | | | | | | | | | | | | | | |
| 2. 股份支付计入所有者权益的金额 | | | | | | | | | | | | | | |
| 3. 其他 | | | | | | | | | | | | | | |
| （四）利润分配 | | | | | | | | | | | | | | |
| 1. 提取盈余公积 | | | | | | | | | | | | | | |
| 2. 提取一般风险准备 | | | | | | | | | | | | | | |

续表

| 项目 | 本年金额 | | | | | | | 上年金额 | | | | | | |
|---|---|---|---|---|---|---|---|---|---|---|---|---|---|---|
| | 实收资本（或股本） | 资本公积金 | 减：库存股 | 盈余公积 | 一般风险准备 | 未分配利润 | 所有者权益合计 | 实收资本（或股本） | 资本公积金 | 减：库存股 | 盈余公积 | 一般风险准备 | 未分配利润 | 所有者权益合计 |
| 3. 对所有者（或股东）的分配 | | | | | | | | | | | | | | |
| 4. 其他 | | | | | | | | | | | | | | |
| （五）所有者权益内部结转 | | | | | | | | | | | | | | |
| 1. 资本公积转增资本（或股本） | | | | | | | | | | | | | | |
| 2. 盈余公积转增资本（或股本） | | | | | | | | | | | | | | |
| 3. 盈余公积弥补亏损 | | | | | | | | | | | | | | |
| 4. 一般风险准备弥补亏损 | | | | | | | | | | | | | | |
| 5. 其他 | | | | | | | | | | | | | | |
| 四、本年年末余额 | | | | | | | | | | | | | | |

（二）报表各项目的填列方法

（1）“上年年末余额”项目，反映商业银行上年资产负债表中的实收资本（或股本）、资本公积、库存股、盈余公积、未分配利润的年末余额。

（2）“会计政策变更”、“前期差错更正”项目，分别反应商业银行采用追溯调整法处理的会计政策变更的累积影响金额和采用追溯重述法处理的会计差错更正的累积影响金额。

（3）“本年增减变动额”项目。

①“净利润”项目，反映使用银行当年实现的净利润（或净亏损）金额。

②“直接计入所有者权益的利得和损失”项目，反映商业银行当年直接计入所有者权益的利得和损失金额。

“可供出售金融资产公允价值变动净额”项目，反映商业银行持有的可供出售金融资产当年公允价值变动的金额。

“权益法下被投资单位其他所有者权益变动的影响”项目，反映金融企业对按照权益法核算的长期股权投资，在被投资单位除当年实现的净损益以外其他所有者权益当年变动中应享有的份额。

“与计入所有者权益项目相关的所得税影响”项目，反映商业银行根据《企业会计准则第 18 号——所得税》规定应计入所有者权益项目的当年所得税影响金额。

③“所有者投入和减少资本”项目，反映商业银行当年所有者投入的资本和减少的资本。

“所有者投入资本”项目，反映商业银行接受投资者投入形成的实收资本（或股本）和资本溢价或股本溢价。

“股份支付计入所有者权益的金额”项目，反映商业银行处于等待期中的权益结算的股份支付当年计入资本公积的金额。

④“利润分配”项目，反映商业银行当年的利润分配金额。

“提取盈余公积”项目，反映商业银行按照规定提取的盈余公积。

“一般风险准备”项目，反映商业银行按规定提取的一般风险准备。

“对所有者（或股东）的分配”项目，反映对所有者（或股东）分配的利润（或股利）金额。

⑤“所有者权益内部结转”项目，反映商业银行构成所有者权益的组成部分之间的增减变动情况。

“资本公积转增资本（或股本）”项目，反映商业银行以资本公积转增资本或股本的金额。

“盈余公积转增资本（或股本）”项目，反映商业银行以盈余公积转增资本或股本的金额。

“盈余公积弥补亏损”项目，反映商业银行以盈余公积弥补亏损的金额。

## 五、商业银行财务报表附注

会计报表附注是财务报表不可或缺的组成部分，是对在资产负债表、利润表、现金流量表和所有者权益变动表等报表中列示项目的文字描述或明细资料，以及对未能在这些报表中列示项目的说明等。商业银行应当按照规定披露附注信息，主要包括下列内容：

（一）商业银行的基本情况

（二）财务报表的编制基础

（三）遵循企业的会计准则的声明

（四）重要的会计政策和会计估计

（五）会计政策和会计估计变更以及差错更正的说明

（六）报表重要项目说明

报表重要项目说明共包括对27项内容的披露，具体如下：

1. 现金及存放中央银行款项

2. 拆出资金

3. 交易性金融资产（不含衍生金融资产）

4. 衍生工具

5. 买入返售金融资产

6. 发放贷款和垫款（包括贷款和垫款按个人和企业、按行业、按地区、按担保方式的分布情况，逾期贷款及贷款损失准备的详细披露）

7. 可供出售金融资产

8. 持有至到期投资

9. 其他资产

10. 分别借入中央银行款项、国家外汇存款等披露期末账面余额和年初账面余额

11. 分别同意、其他金融机构存放款项披露期末账面余额和年初账面余额

12. 分别拆入、非银行金融机构拆入披露期末账面余额和年初账面余额

13. 交易性金融负债（不含衍生金融负债）

14. 卖出回购金融资产

15. 吸收存款

16. 应付债券

17. 其他负债

18. 一般风险准备的期末、年初余额及计提比例

19. 利息净收入

20. 手续费及佣金收入

21. 投资收益

22. 公允价值变动收益

23. 业务及管理费

24. 分部报告

25. 担保物

26. 金融资产转移

27. 其他项目比照一般企业披露

（七）或有事项的披露

（八）资产负债表日后事项比照一般企业进行披露

（九）关联方关系及其交易比照一般企业进行披露

（十）风险管理

按照《企业会计准则第37号——金融工具列报》第25条至第45条的相关规定进行披露。

这些附表和附注有助于报表的使用者更加全面地了解和把握银行的财务状况并做出相关决策。

## 第三节　其他金融企业的财务报告

其他非银行金融企业的财务报表，由于业务经营内容的不同，与商业银行财务报表的区别主要体现在资产负债表、利润表和现金流量表的内容方面。本节将以证券公司和证券投资基金为例加以说明。

### 一、证券公司财务报表及其编制

（一）资产负债表

1. 报表格式

证券公司资产负债表如表14-5所示。

表14-5　　资产负债表

编制单位：　　年　月　日　　单位：

| 资产 | 期末余额 | 年初余额 | 负债和所有者权益（或股东权益） | 期末余额 | 年初余额 |
|---|---|---|---|---|---|
| 资产： | | | 负债： | | |
| 货币资金 | | | 短期借款 | | |
| 其中：客户资金存款 | | | 其中：质押借款 | | |
| 结算备付金 | | | 拆入资金 | | |
| 其中：客户备付金 | | | 交易性金融负债 | | |
| 拆出资金 | | | 衍生金融负债 | | |
| 交易性金融资产 | | | 卖出回购金融资产款 | | |
| 衍生金融资产 | | | 代理买卖证券款 | | |
| 买入返售金融资产 | | | 代理承销证券款 | | |
| 应收利息 | | | 应付职工薪酬 | | |
| 存出保证金 | | | 应交税费 | | |
| 可供出售金融资产 | | | 应付利息 | | |
| 持有至到期投资 | | | 预计负债 | | |
| 长期股权投资 | | | 长期借款 | | |

续表

| 资产 | 期末余额 | 年初余额 | 负债和所有者权益（或股东权益） | 期末余额 | 年初余额 |
|---|---|---|---|---|---|
| 投资性房地产 | | | 应付债券 | | |
| 固定资产 | | | 递延所得税负债 | | |
| 无形资产 | | | 其他负债 | | |
| 其中：交易席位费 | | | 负债合计 | | |
| 递延所得税资产 | | | 所有者权益（或股东权益）： | | |
| 其他资产 | | | 实收资本（或股本） | | |
| | | | 资本公积 | | |
| | | | 减：库存股 | | |
| | | | 盈余公积 | | |
| | | | 一般风险准备 | | |
| | | | 未分配利润 | | |
| | | | 所有者权益（或股东权益）合计 | | |
| 资产总计 | | | 负债和所有者权益（或股东权益）总计 | | |

2. 报表各项目的填列方法

此表“期末余额”一栏中，除下列项目以外的其他项目，可比照商业银行资产负债表的列报方式填列。

（1）“货币资金”项目，反映证券公司期末持有的现金、银行存款和其他货币资金总额，应根据“库存现金”、“银行存款”、“其他货币资金”科目的期末余额合计填列。证券经纪业务取得的客户资金存款应在本项目下单独反映。

（2）“结算备付金”项目，反映证券公司期末持有的为证券交易的资金清算与交收而存入指定清算机构的金额，应根据“结算备付金”科目的期末余额填列。证券经纪业务取得的客户备付金应在本项目下单独反映。

（3）“存出保证金”项目，反映证券公司因办理业务需要存出或缴纳的各种保证金款项期末余额，应根据“存出保证金”科目的期末余额填列。

（4）“其他资产”项目，反映证券公司应收账款、应收股利、其他应收款、长期待摊费用等资产的账面余额，应根据有关科目的期末余额填列。已计提减值准备的，还应扣减相应的减值准备。

长期应收款账面余额扣减累计减值准备和未实现融资收益后的净额、抵债资产账面余额扣减累计跌价准备后的净额、“代理兑付证券”科目减去“代理兑付证券款”科目后的借方余额，也在本项目反映。

（5）“代理买卖证券”和“代理承销证券款”项目，反映证券公司接受客户代理买卖证券资金、承销证券后应付未付给委托单位的款项，应根据“代理买卖证券”和“代理承销证券款”科目的期末贷方余额填列。

（6）“其他负债”项目，反映证券公司应付股利、其他应付款、递延收益等负债的账面余额，应根据有关科目的期末余额填列。

长期应付款账面余额减去未确认融资费用后的净额、“代理兑付证券”科目减去“代理兑付证券款”科目后的贷方余额，也在本项目反映。

（二）利润表

1. 报表格式

证券公司的利润表如表 14-6 所示。

表 14-6 **利润表**

编制单位： ____年____月 单位：

| 项目 | 本期金额 | 上期金额 |
|---|---|---|
| 一、营业收入 | | |
| 手续费及佣金净收入 | | |
| 其中：代理买卖证券业务净收入 | | |
| 证券承销业务净收入 | | |
| 受托客户资产管理业务净收入 | | |
| 利息净收入 | | |
| 投资收益（损失以“-”号填列） | | |
| 其中：对联营企业和合营企业的投资收益 | | |
| 公允价值变动收益（损失以“-”号填列） | | |
| 汇兑收益（损失以“-”号填列） | | |
| 其他业务收入 | | |
| 二、营业支出 | | |
| 营业税金及附加 | | |
| 业务及管理费 | | |
| 资产减值损失 | | |
| 其他业务成本 | | |
| 三、营业利润（亏损以“-”号填列） | | |
| 加：营业外收入 | | |
| 减：营业外支出 | | |
| 四、利润总额（亏损总额以“-”号填列） | | |
| 减：所得税费用 | | |
| 五、净利润（净亏损以“-”号填列） | | |
| 六、每股收益： | | |
| （一）基本每股收益 | | |
| （二）稀释每股收益 | | |

2. 报表各项目的填列方法

除下列项目以外的其他项目，可比照商业银行利润表的列报方式填列。

（1）“营业收入”项目，反映“手续费及佣金净收入”、“利息净收入”、“投资收益”、“公允价值变动收益”、“汇兑收益”、“其他业务收入”等项目的金额合计。

（2）“手续费及佣金收入”项目，反映证券公司确认的代理承销、兑付和买卖证券等业务实现的手续费及佣金收入减去发生的各项手续费、佣金支出后的净额。

“代理买卖证券业务净收入”、“证券承销业务净收入”、“受托客户资产管理业务净收入”等应在本项目下单独反映。

（三）所有者权益（股东权益）变动表

证券公司所有者权益（股东权益）变动表的内容和格式可参照商业银行相关报告的内容和格式填列。

（四）现金流量表

1. 报表格式

证券公司现金流量表如表 14-7 所示。

表 14-7 **现金流量表**

编制单位： ____年____月 单位：

| 项目 | 本期金额 | 上期金额 |
| --- | --- | --- |
| 一、经营活动产生的现金流量 | | |
| 处置交易性金融资产净增加额 | | |
| 收取利息、手续费及佣金的现金 | | |
| 拆入资金净增加额 | | |
| 回购业务资金净增加额 | | |
| 收到其他与经营活动有关的现金 | | |
| 经营活动现金流入小计 | | |
| 支付利息、手续费及佣金的现金 | | |
| 支付给职工以及为职工支付的现金 | | |
| 支付的各项税费 | | |
| 支付其他与经营活动有关的现金 | | |
| 经营活动现金流出小计 | | |
| 经营活动产生的现金流量净额 | | |
| 二、投资活动产生的现金流量 | | |
| 收回投资收到的现金 | | |
| 取得投资收益收到的现金 | | |
| 收到其他与投资活动有关的现金 | | |

续表

| 项目 | 本期金额 | 上期金额 |
|---|---|---|
| 投资活动现金流入小计 | | |
| 投资支付的现金 | | |
| 购建固定资产、无形资产和其他长期资产支付的现金 | | |
| 支付其他与投资活动有关的现金 | | |
| 投资活动现金流出小计 | | |
| 投资活动产生的现金流量净额 | | |
| 三、筹资活动产生的现金流量 | | |
| 吸收投资收到的现金 | | |
| 发行债券收到的现金 | | |
| 收到其他与筹资活动有关的现金 | | |
| 筹资活动现金流入小计 | | |
| 偿还债务支付的现金 | | |
| 分配股利、利润或偿付利息支付的现金 | | |
| 支付其他与筹资活动有关的现金 | | |
| 筹资活动现金流出小计 | | |
| 筹资活动产生的现金流量净额 | | |
| 四、汇率变动对现金及现金等价物的影响 | | |
| 五、现金及现金等价物净增加额 | | |
| 加：期初现金及现金等价物余额 | | |
| 六、期末现金及现金等价物余额 | | |

2. 报表各项目的填列方法

除下列项目以外，证券公司现金流量表的其他项目可比照商业银行现金流量表的列报方式填列。

（1）“处置交易性金融资产净增加额”项目，反映证券公司本期处置以公允价值计量且其变动计入当期损益的金融资产所取得的现金，减去相关处置费用后的净额。

（2）“处置可供出售金融资产净增加额”项目，反映证券公司本期处置可供出售金融资产所取得的现金，减去相关处置费用后的净额。

（3）“拆入资金净增加额”项目，反映证券公司本期从境内外金融机构拆入款项所取得的现金，减去拆借给境内外金融机构款项支付现金后的净额。

（4）“回购业务资金净增加额”项目，反映证券公司本期按回购协议卖出票据、证券、贷款等金融资产所融入的现金，减去按返售协议约定先买入、再按固定价格返售给卖出方的票据、证券、贷款等金融资产所融出现金后的净额。

### （五）财务报表附注

证券公司应当按照规定披露附注信息，主要包括下列内容：

1. 证券公司的基本情况
2. 财务报表的编制基础
3. 遵循企业会计准则的声明
4. 重要会计政策和会计估计
5. 会计政策和会计估计变更以及差错更正的说明

以上 1 至 5 项，应当比照一般企业进行披露。

6. 报表重要项目的说明

报表重要项目的说明包括以下 16 项内容：

（1）货币资金

（2）买入返售金融资产

（3）存出保证金

（4）代理承销证券的方式（全额包销、余额包销、代销）、承销证券的种类等情况

（5）代理兑付债券的方式、种类，记名证券或无记名证券情况

（6）交易席位费

（7）其他资产

（8）卖出回购金融资产款

（9）代理买卖证券款

（10）代理承销证券款

（11）代理兑付证券款

（12）其他负债

（13）受托客户资产管理

（14）手续费及佣金净收入

（15）受托客户资产管理手续费及佣金收入

（16）分部报告

7. 或有事项，比照商业银行进行披露
8. 资产负债表日后事项，比照商业银行进行披露
9. 关联方关系及其交易，比照商业银行进行披露
10. 风险管理

（1）风险管理政策和组织架构

（2）信用风险

（3）流动风险

（4）市场风险

## 二、证券投资基金财务报表及其编制

### （一）资产负债表

1. 报表格式

证券投资基金的资产负债表如表14-8所示。

表14-8　　资产负债表

编制单位：　　年　月　日　　单位：

| 资产 | 期末余额 | 年初余额 | 负债和所有者权益 | 期末余额 | 年初余额 |
|---|---|---|---|---|---|
| 资产： | | | 负债： | | |
| 银行存款 | | | 短期借款 | | |
| 结算备付金 | | | 交易性金融负债 | | |
| 存出保证金 | | | 衍生金融负债 | | |
| 交易性金融资产 | | | 卖出回购金融资产款 | | |
| 其中：股票投资 | | | 应付证券清算款 | | |
| 债券投资 | | | 应付赎回款 | | |
| 资产支持证券投资 | | | 应付管理人报酬 | | |
| 衍生金融资产 | | | 应付托管费 | | |
| 买入返售金融资产 | | | 应付销售服务费 | | |
| 应收证券清算款 | | | 应付交易费用 | | |
| 应收利息 | | | 应交税费 | | |
| 应收股利 | | | 应付利息 | | |
| 应收申购款 | | | 应付利润 | | |
| 其他资产 | | | 其他负债 | | |
| | | | 负债合计 | | |
| | | | 所有者权益： | | |
| | | | 实收基金 | | |
| | | | 未分配利润 | | |
| | | | 所有者权益合计 | | |
| 资产总计 | | | 负债和所有者权益总计 | | |

附注：基金份额净值　　元，基金份额总额　　份。

2. 报表各项目的填列方法

本表“期末余额”各项目的内容及填列方法如下：

（1）“银行存款”项目，反映期末存在商业银行的各种款项。本项目应根据“银行存款”科目的期末余额填列。

（2）“结算备付金”项目，反映期末存在证券登记结算机构的款项。本项目应根据“结算备付金”科目的期末余额填列。

（3）“存出保证金”项目，反映交存的存出保证金期末数。本项目应根据“存出保证金”科目期末余额填列。

（4）“交易性金融资产”项目，反映期末基金持有的以公允价值计量且变动计入当期损益的金融资产的公允价值。本项目应根据“股票投资”、“债券投资”、“资产支持证券投资”和“基金投资”等科目期末余额合计计算填列。其中“股票投资”、“债券投资”、“资产支持证券投资”项目，应分别根据“股票投资”、“债券投资”、“资产支持证券投资”科目的期末余额计算填列项目。

（5）“衍生金融资产”项目反映期末基金持有的权证投资、远期投资、其他衍生工具、套期工具和被套期项目等属于衍生金融资产的公允价值。本项目应根据上述科目所属明细科目的期末借方金额合计计算填列。

（6）“买入返售金融资产”项目，反映已经买入但尚未到期返售证券所融出的资金。本项目应根据“买入返售金融资产”科目期末余额填列。

（7）“应收证券清算款”项目，反映期末尚未收回的证券清算款。本项目应根据“证券清算款”科目所属明细科目期末借方余额填列。

（8）“应收利息”项目，反映期末尚未收回的债券投资、资产支持证券投资、买入返售金融资产、银行存款、结算备付金、存出保证金利息等各项利息。本项目应根据“应收利息”科目期末余额填列。

（9）“应收申购款”项目，反映期末应收取的有效申购款和转换转入款。本项目应根据“应收申购款”科目期末余额填列。

（10）“其他资产”项目，反映期末除上述资产以外的其他资产，包括其他应收款和待摊费用等项目的总额。本项目应根据有关科目的期末余额合计填列。如其他资产数额较大的，应在会计报表附注中披露其内容和金额。

（11）“短期借款”项目，反映期末尚未归还的短期借入资金的本金。本项目应根据“短期借款”科目期末余额填列。

（12）“交易性金融负债”项目，反映期末尚未到期的交易性金融负债，应根据“交易性金融负债”科目的期末余额填列。

(13)“衍生金融负债”项目，反映远期投资、其他衍生工具、套期项目、被套期项目等属于衍生金融负债的金额，应根据上述科目所属明细科目的期末贷方余额填列。

(14)“卖出回购金融资产款”项目，反映已经卖出但尚未到期回购的证券款。本项目应根据“卖出回购金融资产款”科目的期末余额填列。

(15)“应付证券清算款”项目，反映期末应付未付的证券款。本项目应根据“证券清算款”科目所属明细科目期末贷方余额填列。

(16)“应付赎回款”项目，反映期末尚未支付的基金赎回款和转换转出款。本项目应根据“应付赎回款”科目期末余额填列。

(17)“应付管理人报酬”项目，反映期末尚未支付给基金管理人的报酬。本项目应根据“应付管理人报酬”科目期末余额填列。

(18)“应付托管费”项目，反映期末尚未付给基金托管人的托管费。本项目应根据“应付托管费”科目期末余额填列。

(19)“应付销售服务费”项目，反映期末尚未支付的销售服务费。本项目应根据“应付销售服务费”科目期末余额填列。

(20)“应付交易费用”项目，反映期末尚未支付的佣金等交易费用。本项目应根据“应付交易费用”科目期末余额填列。

(21)“应付利息”项目，反映期末尚未支付的各项利息。本项目应根据“应付利息”科目期末余额填列。

(22)“应付利润”项目，反映期末尚未支付给基金份额持有人的利润，本项目应根据“应付利润”科目的期末余额填列。

(23)“其他负债”项目，反映除上述负债以外的其他负债，包括应付赎回费、其他应付款、预提费用等项目的总额。本项目应根据有关科目期末余额填列。其他负债数额较大的，应在会计报表附注中披露其内容和金额。

(24)“实收基金”项目，反映期末对外发行基金份额所募集的总金额在扣除平准金分摊部分后的余额。本项目应根据“实收基金”科目期末余额填列。

(25)“未分配利润”项目，反映期末尚未分配的基金净利润，年末余额反映历年积累的未分配利润（或未弥补亏损）。本项目应根据“本期利润”和“利润分配”科目的期末余额分析计算填列。未弥补的亏损在本项目内用“-”号填列。

（二）利润表

1. 报表格式

证券投资基金的利润表如表 14-9 所示。

表 14-9　　　　　　　　　**利润表**

编制单位：　　　　　　　　　　年　月　　　　　　　　　　单位：

| 项目 | 本期金额 | 上期金额 |
|---|---|---|
| 一、收入 | | |
| 1. 利息收入 | | |
| 其中：存款利息收入 | | |
| 债券利息收入 | | |
| 资产支持证券利息收入 | | |
| 买入返售金融资产收入 | | |
| 2. 投资收益（损失以“-”填列） | | |
| 其中：股票投资收益 | | |
| 债券投资收益 | | |
| 资产支持证券投资收益 | | |
| 衍生工具收益 | | |
| 股利收益 | | |
| 3. 公允价值变动收益（损失以“-”号填列） | | |
| 4. 其他收入（损失以“-”号填列） | | |
| 二、费用 | | |
| 1. 管理人报酬 | | |
| 2. 托管费 | | |
| 3. 销售服务费 | | |
| 4. 交易费用 | | |
| 5. 利息支出 | | |
| 其中：卖出回购金融资产支出 | | |
| 6. 其他费用 | | |
| 三、利润总额 | | |

2. 报表各项目的填列方法

利润表反映一定期间内基金实现的利润情况。其“本期金额”栏各项目的内容及其填列方法如下：

（1）“利息收入”项目，反映本期基金实现的利息收入。本项目应根据“利息收入”科目期末结转“本期利润”科目的数额合计计算填列。

（2）“投资收益”项目，反映本期基金实现的证券投资收益、衍生工具收益和股利收益等。本项目应根据“投资收益”科目期末结转“本期利润”科目的数额合计计算填列。

（3）“公允价值变动收益”项目，反映本期产生的公允价值变动损益。本项目应根据“公允价值变动损益”科目借贷方发生额分析计算填列。如为公允价值变动损失，应以“-”号填列。

（4）“其他收入”项目，反映除上述收入以外的其他各项收入。本项目应根据“其他收入”科目期末结转“本期利润”科目的数额填列。如为其他损失，应以“-”号填列。

（5）“管理人报酬”、“托管费”、“销售服务费”项目，分别反映按照基金合同和招募说明书的规定计提的基金管理人报酬、托管费、销售服务费。本项目应分别根据“管理人报酬”、“托管费”、“销售服务费”科目期末结转“本期利润”科目的数额填列。

(6)“交易费用”项目，反映在非货币市场基金运作过程中发生的各项交易费用。本项目应根据“交易费用”科目期末结转“本期利润”科目的数额填列。

(7)“利息支出”项目，反映基金运作过程中发生的各项利息支出。本项目应根据“利息支出”科目期末结转“本期利润”科目的数额填列。其中，“卖出回购金融资产支出”项目，应根据“利息支出”明细科目“卖出回购金融资产支出”期末结转“本期利润”科目的数额填列。

(8)“其他费用”项目，反映在基金运作过程中发生的除上述费用支出之外的其他各项费用。本项目应根据“其他费用”科目期末结转“本期利润”科目的数额填列。

(9)“利润总额”项目，反映本期基金利润总额，如为亏损总额应以“-”号填列。

(三) 所有者权益(基金净值)变动表

1. 报表格式

证券投资基金的所有者权益(基金净值)变动表如表 14-10 所示。

表 14-10　　**所有者权益(基金净值)变动表**

编制单位：　　年　月　　单位：

| 项目 | 本期金额 | | | | 上期金额 | | | |
|---|---|---|---|---|---|---|---|---|
| | 实收基金 | 未分配利润 | 所有者权益 | 合计 | 实收基金 | 未分配利润 | 所有者权益 | 合计 |
| 一、期初所有者权益(基金净值) | | | | | | | | |
| 二、本期经营活动产生的基金净值变动数(本期净利润) | | | | | | | | |
| 三、本期基金份额交易产生的基金净值变动数(减少以“-”号填列) | | | | | | | | |
| 其中：1. 基金申购款 | | | | | | | | |
| 2. 基金赎回款 | | | | | | | | |
| 四、本期向基金份额持有人分配利润产生的基金净值变动数 | | | | | | | | |
| 五、期末所有者权益(基金净值) | | | | | | | | |

2. 报表各项目的填列方法

本表反映一定时期基金所有者权益增减变动的情况。

表中各项目应当根据期初所有者权益（基金净值）构成、本期基金经营活动产生的基金净值变动（基金净利润）、本期基金份额交易产生的基金净值变动、本期向基金份额持有人分配利润产生的基金净值变动、期末所有者权益（基金净值）构成等情况列示。

表中“未分配利润”栏目反映当期基金的利润分配情况，包括期初基金未分配利润、当期利润总额、当期损益平准金、当期已分配利润以及期末未分配利润等信息。

## 本章小结

1. 财务报告是指企业对外提供的反映企业某一特定日期的财务状况和某一会计期间的经营成果、现金流量等会计信息的文件。

2. 财务报表包括资产负债表、利润表、现金流量表、所有者权益（或股东权益）变动表及财务报表附注。

3. 本章重点介绍了商业银行的财务报表以及证券公司财务报表，还介绍了比较特殊的证券投资基金会计报表。

## 关键概念

财务报表　财务报表附注

## 思考与应用

1. 商业银行的主要财务报告有哪些？各自的作用如何？
2. 商业银行的资产负债表与工商企业的资产负债表有何区别？为什么？
3. 试对商业银行经营活动产生的现金流量内容进行分析。
4. 何为财务报表附注？财务报表附注在财务报告中的作用是什么？

# 参考文献


[1] 王允平，关新红，李晓梅．金融企业会计［M］.4 版．北京：经济科学出版社，2012.

[2] 李晓梅，关新红．金融企业会计［M］.3 版．北京：首都经济贸易大学出版社，2011.

[3] 李晓梅，关新红．商业银行会计实务［M］．北京：中国市场出版社，2010.

[4] 关新红，李晓梅．金融企业会计［M］．北京：中国人民大学出版社，2012.

[5] 刘学华．金融企业会计［M］.2 版．上海：立信会计出版社，2008.

[6] 王晓枫．金融企业会计［M］．大连：东北财经大学出版社，2008.

[7] 邵丽丽，袁树民．衍生金融工具会计［M］．上海：上海财经大学出版社，2011.

[8] 中国人民银行支付结算司．中国人民银行支付系统制度汇编［M］．北京：中国金融出版社，2006.

[9] 中国人民银行支付结算司．新版票据与结算凭证使用手册［M］．北京：中国金融出版社，2006.

[10] 中国人民银行支付结算司．中国支付系统发展报告 2012［R］．中国农村金融服务报告，2013（1）.

[11] 中华人民共和国财政部．企业会计准则 2006［M］．北京：经济科学出版社，2006.

[12] 中华人民共和国财政部．企业会计准则——应用指南 2006［M］．北京：经济科学出版社，2006.